图书在版编目（CIP）数据

风景名胜区规划与可持续旅游 / 刘晓，严国泰主编. -- 上海：同济大学出版社，2022.12
（理想空间 / 夏南凯，俞静主编；90）
ISBN 978-7-5765-0568-9

Ⅰ. ①风… Ⅱ. ①刘… ②严… Ⅲ. ①风景区规划－研究－中国②旅游业发展－研究－中国 Ⅳ. ①F592.1 ②F592.3

中国版本图书馆 CIP 数据核字（2022）第 251313 号

理想空间
2022-12(90)

主办单位　上海同济城市规划设计研究院有限公司
地　　址　上海市杨浦区中山北二路 1111 号同济规划大厦 1408 室
网　　址　http://www.tjupdi.com
邮　　编　200092

出版发行　同济大学出版社
经　　销　全国各地新华书店
策划制作　《理想空间》编辑部
印　　刷　上海颛辉印刷厂有限公司
开　　本　635mm x 1000mm　1/8
印　　张　16.25
字　　数　320 000
印　　数　1-3 000
版　　次　2022 年 12 月第 1 版
印　　次　2022 年 12 月第 1 次印刷
书　　号　ISBN 978-7-5765-0568-9
定　　价　55.00 元

购书请扫描二维码

本书使用图片均由文章作者提供。

编者按

中国的风景名胜区凝结了大自然亿万年的神奇造化，承载着华夏文明五千年的丰厚积淀，是中国优秀传统文化的重要载体。风景名胜区是自然与文化交融的文化景观，在中国自然保护地体系中独树一帜，并担负起资源的保护与利用双重任务，因此中国风景名胜资源的保护与发展已成为世界国家公园制度中的典范，为探索世界保护地提供了中国智慧与中国方案。

2018 年文化和旅游部成立以来，在文化和旅游融合背景下，众多学者就不同类型的风景名胜区应如何处理好保护与可持续旅游发展的关系问题，展开深入探讨与案例实践。2021 年 11 月 1 日，《旅游景区可持续发展指南》（GB/T 41011—2021）发布并实施，从资源与环境保护管理、经济与社会发展促进、游览体验与接待服务提升、可持续的管理与运营等方面，为旅游景区提供可持续发展的总体原则与指引。

然而在具体的工作实践中，不论是规划编制单位还是管理主体，都还普遍存在诸多疑点和难点，尤其在当前文旅休闲新时代、在国土空间规划编制体系改革的背景下，风景名胜区如何展示优秀传统文化、推动可持续旅游、实现高水平治理，仍然需要探索创新。

在此背景下，本专辑《风景名胜区规划与可持续旅游》，将紧密围绕风景名胜区的旅游背景和发展内涵，以及文旅融合发展要求，紧抓时代要求，剖析难点，从不同视角和领域深度，探讨风景名胜区可持续旅游规划理论依据和实操技术要点；聚焦各地的规划实践，梳理风景区规划编制经验，从更加注重科学性、操作性的层面探讨规划的理论与方法。结合我国风景名胜区在世界遗产申报、保护、管理、旅游发展等领域展开的实践，探讨如何在风景名胜区中实现文化与自然的融合，以及如何在风景名胜资源的保护和旅游开发上实现平衡发展。创建风景名胜区可持续旅游语境，强调以规划实践推动理论建构与方法革新，通过可持续旅游实现风景名胜价值的传播。同时，借鉴国内外优秀案例，为国家相关规划编制提供支持，也为规划实施提供理论依据。

感谢来自各相关领域的专家和学者接受访谈，感谢各规划院的规划师分享在项目实践过程中的探索与发现。《理想空间》将持续为大家提供交流的平台。

上期封面：

CONTENTS 目录

主题专访

专题案例
风景名胜区的旅游策划与概念规划

风景名胜区总体规划

风景名胜区详细规划

风景名胜区的景观专项设计

风景名胜区的空间治理

他山之石

主题沙龙

Theme Interview

Subject Case

Tourism Planning and Conceptual Planning of Scenic Spots

Master Plan for Scenic Spots

Detailed Planning of Scenic Spots

Special Landscape Design for Scenic Spots

Spatial Governance of Scenic Spots

Voice From Abroad

Theme Salon

主题专稿
Theme Interview

风景名胜区空间规划与可持续旅游
——五大连池案例

Spatial Planning and Sustainable Tourism in Scenic and Historic Area
—The Case of Wudalianchi

严国泰 宋 霖
Yan Guotai Song Lin

[摘　要]　风景名胜是我国古代传承至今的遗产资源，是历朝历代生活场景的痕迹和社会发展的见证。历代风景资源聚集之地，都是当时最受欢迎的游憩胜地，沿传至今，基本上都已设立为国家级、省级风景名胜区，不少已登录为世界遗产。本研究阐明维护世界遗产地及我国大地肌理、生态环境和历史文脉的安全是风景名胜区建设发展的目标，分析风景资源及其空间体系由自然、人文与文化景观3类构成，揭示科学的空间规划是风景名胜区得以全面保护并可持续发展的保障，并以五大连池为例展现我国风景名胜区总体规划如何平衡区域资源保护与旅游发展之间的关系。

[关键词]　风景名胜区；空间体系；科学规划；可持续发展

[Abstract]　Scenic and historic resources are the heritage passed down from ancient times to the present in China, and they are the mark of life scenes and social development in the past dynasties. The places where scenic and historic resources gathered in the past were the most popular recreational resorts at that time. So far, they have basically been established as national and provincial Scenic and Historic Areas, and many of them have been registered as World Heritage Sites. This study clarifies that safeguarding the safety of World Heritage Sites and our country's land texture, ecological environment and historical context is the goal of the development of Scenic and Historic Areas. Based on this, it analyzes that scenic and historic resource space system is composed of 3 types of natural, cultural and cultural landscapes, and reveals that scientific spatial planning is the guarantee for comprehensive protection and sustainable development of the area. Finally, Wudalianchi is taken as an example to show how the master plan of Scenic and Historic Area balances the relationship between regional resource protection and tourism development in China.

[Keywords]　scenic and historic area; space system; scientific planning; sustainable development

[文章编号]　2022-90-P-004

一、风景名胜是祖传遗产资源

中国的风景名胜资源（风景资源）的认知和利用源自上古时期先民们对神秘的自然环境的功利心与崇拜感，希望从中获得生产生活资料的同时，又对各种自然现象和灾害因恐惧而屈服[1]，这在《诗经》《山海经》《水经注》等早期的古籍中都有详尽的记述。轩辕黄帝就已经开始对安徽黟山进行开发，唐天宝六年（747年），唐玄宗根据黄帝在此采药、炼丹并得道升天的传说改黟山为黄山，并延传至今[2]。以此为代表，先民对自然山水的畏惧崇拜逐渐演化为历代皇帝登五岳封禅祭天，僧道建立寺观并开垦田地、修筑道路，文人将山水作为独立的审美对象并于其间赏景行游、吟诗作画，历朝历代对自然山水不同方式的利用形成并留存下了大量的风景资源。这些风景名胜因年代久远或人为破坏虽有损毁或遗失，但是大多得以保留至今并凝结为人类发展智慧的结晶，成为我国乃至世界珍贵的自然和文化遗存。为保护并利用风景资源，改革开放后，我国逐渐建立起了法规完备、规划科学、管理良好的风景名胜区制度[3]，也于1985年加入《保护世界文化和自然遗产公约》，以对标国际相关保护标准并学习经验。风景名胜区一直就是我国申遗的中坚力量，风景资源的价值阐释符合世界遗产的价值标准。早在1987年泰山、八达岭—十三陵、临潼骊山等风景名胜区就已登录世界遗产，截至目前，我国已成功申报世界遗产56项，世界遗产总数居世界第二、自然遗产和双遗产数量均居世界第一，是近年来全球世界遗产数量增长最快的国家之一。56项世界遗产中有35项涉及或以国家级（38个）、省级风景名胜区（12个）为主体，占我国世界遗产总数的62.5%，我国风景资源的价值获得了国际上的普遍认可。

二、风景名胜区是历代人们向往的旅游胜地

2006年，国务院公布的《风景名胜区条例》中指出："风景名胜区是指具有观赏、文化或者科学价值，自然景观、人文景观比较集中，环境优美，可供人们游览或者进行科学、文化活动的区域。"[4]重申了风景名胜区作为风景资源保护地的内涵。而早在周文王时期围方七十里兴建的"灵囿"，就开始依托自然环境，以自然山水、花草树木为景，囿内养鸟饲兽、挖池筑台，专供帝王贵族游憩娱乐狩猎之用[2]，"灵囿"已与风景名胜区的内涵极为相似。不仅帝王贵族，文人墨客和百姓也喜好游山玩水。魏晋南北朝时期，带有宗教色彩的"修禊"祭祀活动已演变成三月早春在水滨举行的群众性郊游活动，名山大川逐渐成为举国上下向往的风景游赏胜地。到民国时期，地方政府和商人更开辟风景区以备民众游赏之需，并开始利用风景名胜发展现代旅游以促进地方繁荣[5]。风景名胜集中的区域在历朝历代都是深受欢迎的旅游区域，旅游也促进了这些区域以道路交通为主的设施建设和地方经济的发展。在2018年国家公示的260个国家5A级旅游景区中，就涉及87处国家级风景名胜区，其他风景名胜区大多都是1A~4A级旅游景区，其中，我国第一批

1.远眺黄山莲花峰　　2.近赏黄山莲花峰

44处国家重点风景名胜区中有5A旅游景区24处（占55%），4A旅游景区20处（占45%），换言之，我国首批国家重点风景名胜区全部都是高等级旅游景区，足见我国风景名胜区的旅游价值。

三、风景名胜区空间科学规划是资源保护与可持续发展保障

风景名胜区对游客的吸引力是巨大的，但由于我国人口众多，加之以黄金周为主的集中休假制度，自设立以来，各风景名胜区不得不超负荷接待游客，这既不利于风景资源的保护，游客的游赏体验也较差。因此，风景名胜区从设立之初就强调建立以规划为主体的管理制度，以平衡风景资源的保护和利用、实现风景名胜区长期可持续发展为终极目标，同时维护国家大地肌理、生态空间的连续性和完整性[6]，确保动植物生长、文物遗迹保存、国民生产生活和谐共生的国土空间安全。

风景资源及其空间的调研、分类与评价是风景名胜区空间规划的基础。空间是物质存在的广延性，往大了说，宇宙空间是无边无际的，但就个别事物来看，空间是有限的。自然科学通过选定量度单位和建立参照系对空间进行具体描述，以长、宽、高的具体数值表示某个具体事物所占据的空间大小，因而，地球环境空间不仅表述地球表层的平面，也体现山地起伏、河湖下陷等竖向上的变化。随着人类社会的不断发展，地球环境空间不仅只是山水植被的自然空间，更增加了人类的行为活动为向度。由此，地球环境空间基本上可以划分为山、海、河、湖、林、草、田的“自然空间”，城市、乡镇、村落的“人文空间”，以及人与自然共同创造的耕地、园地、城市游憩区、文化旅游区、风景名胜区的“文化景观空间”3个子系统。因此，风景名胜区空间规划应站在人地和谐发展的辩证思维下展开。

风景名胜区空间规划首先需要对风景资源进行科学地评价，基于此，根据风景资源秉赋划定保护与利用不同需求侧重的功能区，将资源稀缺且生态相对薄弱的地区划为生态保育区，禁止开发，甚至严禁游人进入，将环境优美、自然与人文景观相对富集且生态相对较好的区域划为景观游赏区，开展风景游赏活动。然后，科学地核定包括生态保育区、自然景观区与文化遗迹区在内的核心景区的旅游环境容量，建立游客容量安全警戒线，防止超容量发展旅游；科学地核定风景名胜区基础设施的建设需求量，与游客容量安全警戒线相匹配；科学地按照供需配比建设服务接待设施，且只能在旅游服务区内进行建设。总之，风景名胜区空间规划以资源保护为根本，风景资源只有得到严格的保护，风景名胜区才可能获得永续利用，让需要呵护的濒危资源得到重点保护，让适宜建设的区域得到合理发展。

四、五大连池风景名胜区总体规划案例

五大连池是1982年公布的第一批国家重点风景名胜区，总面积为1060km^2，区内以火山、矿泉、堰塞湖以及丰富的动植物资源闻名于世，现为世界地质公园、世界人与生物圈保护区、国家级风景名胜区、国家级自然保护区、国家森林公园、国家自然遗产、国家5A级旅游景区、国家非物质文化遗产（圣水节）等。五大连池风景名胜区总体规划肇始于1986年，由同济大学丁文魁教授率队编制，2007年由笔者主持修编，并荣获2011年度全国优秀城乡规划设计二等奖，规划在平衡区域资源保护和旅游发展方面具有代表性。

1. 资源评价与规划原则

五大连池风景名胜区的风景资源主要以火山、矿泉以及湖泊水域为主，区内生态环境保持得相当完好，并且保留有大片湿地和天然次生林。资源特色可用“火山地貌、国内一绝，矿泉资源、享誉世界，天然磁场、空气清新，四季冰洞、‘雪’染风采”来概括。根据五大连池空间特色及其资源类型确定风景名胜区性质：是以奇异壮美的火山地貌、自然秀丽的湖泊风光和珍稀奇特的矿泉资源为特色，从可持续发展的角度出发，突出火山科普教育价值以及矿泉的保健功效，以建设具有一定国际知名度的观光游赏胜地为战略目标，是集科普教育、游览观光、休闲度假、保健疗养为一体的综合型国家级风景名胜区。

在维护大地肌理和国土空间安全之下，以谋求风景资源保护与利用的平衡发展为目标，设定规划原则为：①严格保护五池十四山的完整自然地貌和风景资源，以可持续发展思想为指导，以维持最佳生态环境为目标，全面规划、分级保护、适度开发、分期实施；②突出五大连池“新老期火山观光”“火山地质地貌的科考研究”“世界著名冷矿泉的保健美容”“天然氧吧和磁场的神奇功效”等特色项目，并

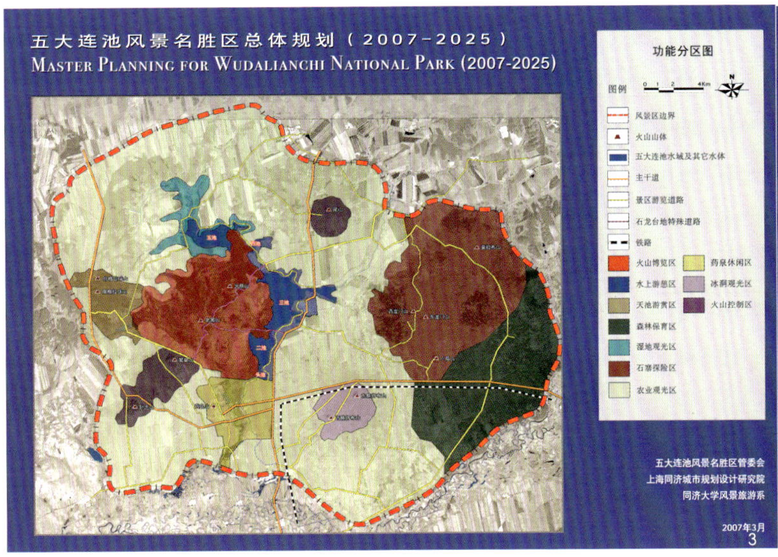

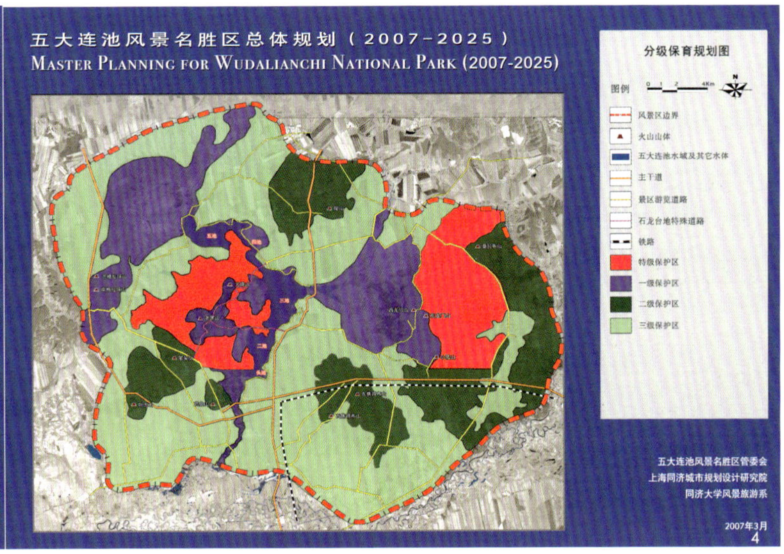

3.五大连池风景名胜区功能分区图　　4.五大连池风景名胜区分级保育规划图

以此吸引国内外游客[7]。

2. 总体布局与功能分区

总体布局可概括为“一条轴线、两大组团”：一条轴线是沿着五个池子由南向北发展的水上游览轴线，两大组团则是指以水上轴线为分隔形成的一东一西两个风景游赏组团。其中西部组团以老黑山、火烧山为中心，以火山地质博览为主题；东部组团以东西龙门山为中心，以火山生态环境体验为主题。规划形成火山博览区、药泉休闲区、水上游憩区、天池游赏区、冰洞探奇区、湿地观光区、石寨探险区、火山控制区、森林保育区和生态农业区十大功能区。

3. 保育规划

对风景名胜区提出分级保护的概念。特级保护区为极小开发，以维护自然状态，只允许游人观光，仅修建游步道；一级保护区为有限开发，即在规划指导下进行有限的控制开发，允许少量游人进入；二级保护区准予一般开发，少量安排接待设施；三级保护区准予开发，可安排服务接待设施以及设置旅游项目；外围影响区不属于游览用地，以环境保护为主，无接待设施。具体为：①特级保护区：石龙台地的大部分、老黑山、火烧山和东西龙门山（除去焦得布林场的森林等）；②一级保护区：有游步道经过的石龙台地、五池、灰鹤湿地、龙门石寨，格拉球山等；③二级保护区：药泉山、尾山、焦得布山、卧虎山、笔架山、各类矿泉水源等；④三级保护区：风景名胜区范围内除去上述各保护区的其他区域；⑤外围影响区：尾山以北、尾山农场及风景区边界外围。

在分级保护的基础上，针对特色资源进行专门的保护规划。其中，火山地质遗迹与矿泉水保护：除规划特定的观光游览线外，其他的特级保护区内地质遗迹区域设为禁地，非经批准不得入内。分布在一级保护区的地质遗迹区域，除允许从事旅游参观的地区外，也纳入禁地管理。坚决取缔违法采矿、越界旅游等人为活动。在保护区内一律严禁违法采矿，违者追究法律责任。旅游活动限制在开放的旅游范围内，严禁任何人进入禁地进行旅游活动。为使风景名胜区内的矿泉资源得以永续利用，还应实行合理的开采管理。不允许乱开采、无证开采、超量开采矿泉水，并进行长期动态监测及水质分析。

4. 核心景区规划

风景区内的特级保护区直接划为风景区的核心景区，此外纳入部分一级保护区的范围，从而构成风景区的核心资源保护体系。核心景区的主要保护对象是珍贵的石龙台地及其周边环境，因此被纳入核心景区的范围包括老黑山、火烧山、石海、五池湿地以及龙门石寨的全部范围。

（1）山体保护措施：老黑山和火烧山的保护是核心景区中山体保护的重点。为确实保护这两座火山的典型景观，规划在维持现状的保护级别的基础上，强化旅游规章制度管理和监控，严格控制客流量。老黑山可以容许游人有限制的进入，火烧山仍设定为禁入区，绝对禁止游人攀爬，仅可在山脚下瞭望或有限制地观光；在合适时间允许科学考察人员有限进入火烧山。在管理和监控方面，要规范游人行为，限制游人上山线路，控制观光时间，避免造成游览活动中的人为生态破坏。在容量控制方面，按照日容量800人次、年容量16万人次的指标对此区域进行控制。在游览设施建设方面，老黑山上所有的设施应当以火山石、木料等本土材料为主，并且应当控制规模和体量，尽量与自然环境协调。

（2）石龙台地保护措施：游人不允许进入除木栈道范围以外的石龙台地，严格卫生制度和游览条例，一旦发现有在景区乱扔垃圾污染石龙台地的行为应当严惩。龙门石寨的容量控制按日容量1100人次、年容量22万人次的指标进行控制。在游览设施建设方面，石龙台地上只能建设观光木栈道，木栈道的选线和规模应当经过专家论证确定后再进行建设，木栈道和平台的结构支撑点应当选在破坏最少处。

（3）湿地保护措施：对风景名胜区内现存的生态湿地加大力度保护。游人需有限量地进入湿地观赏游览，游览木栈道允许修建在生态湿地的边缘，湿地范围内的水域游览工具为人力木船。在容量控制方面，按日容量240人次，年容量4.8万人次的指标进行控制。

此外，在规划审批上，除去对资源本体的保护之外，在核心景区内，对一切不符合规划、未经批准以及与核心景区资源保护无关的各项现有建筑物、构筑物，都应当提出搬迁、拆除或改作他用的处理方案。严格禁止与资源保护无关的各种工程建设，严格限制建设各类建筑物、构筑物。符合规划要求的建设项目，要严格按照规定的程序进行报批，手续不全的，不得组织实施。在保护责任上，落实核心景区的保护

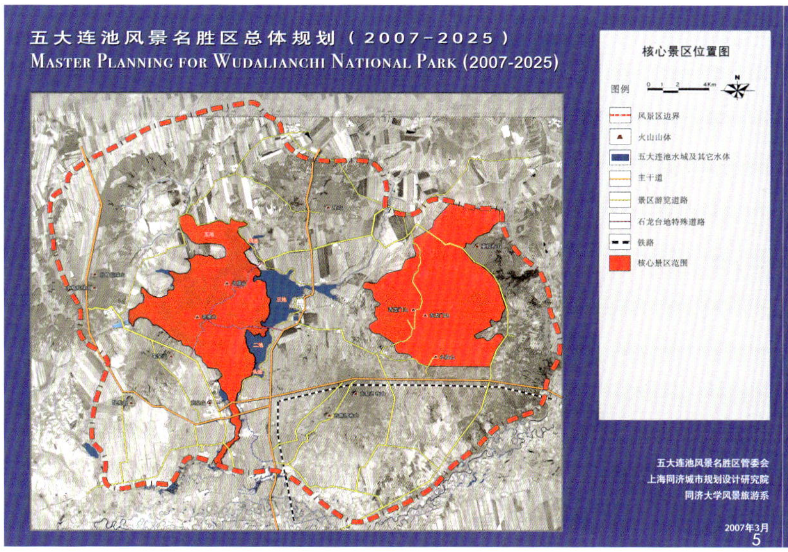

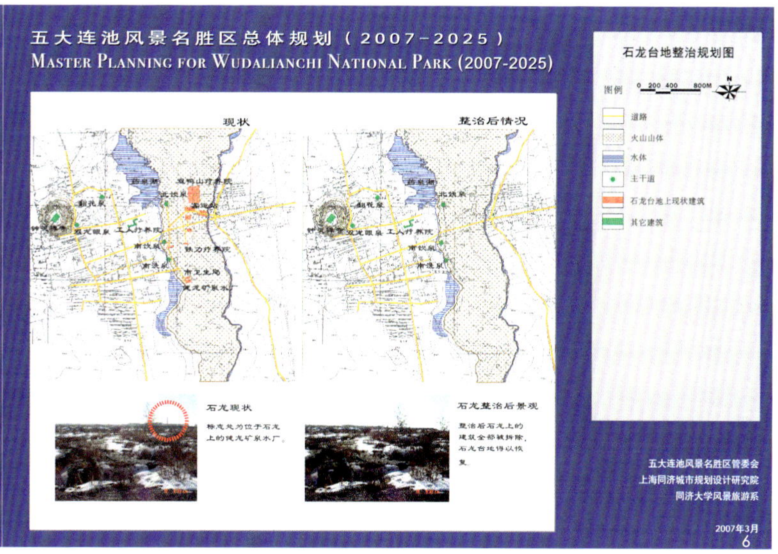

5.五大连池风景名胜区核心景区位置图　　6.五大连池风景名胜区石龙台地整治规划图

责任。风景区管理机构的主要负责人是核心景区保护的第一责任人，要按照权责一致的原则层层落实保护责任制，还要采取相应措施加强对核心景区保护工作的监督。

五、结语

风景名胜区的资源保护与旅游发展是同一发展目标的一体两面，有一定的矛盾性，科学的规划能将其协调统一，加之严格地按照规划建设与管理，将能够落实并实现国家对风景名胜区“科学规划、统一管理、严格保护、永续利用[4]”的原则和要求。自然与人文相融合的风景资源是我国历代开发自然资源的结果，现代以来的风景名胜区制度的建立和规划沿承了这一传统，其中分级平衡保护和利用的强度、分区划定严格保护和可建设利用的空间、量化控制游人和设施建设规模等方法体现出规划的科学性。五大连池的规划强调严格保护五池十四山的完整自然地貌和风景资源，即维护五大连池大地肌理的基本格局及其山水环境的原真性与完整性，划定了保育与旅游发展不同的功能区域，确定了核心景区的保护范围，并在保育规划中分级限定了开发强度，对每一特殊的景观区域设定游人容量。这一案例验证了风景名胜区空间的科学规划是风景名胜资源保护与旅游发展可持续的关键。

注释

本文图3、4、5、6资料来源于《五大连池风景名胜区总体规划（2007—2025）》。

参考文献

[1]周维权.中国名山风景区[M].北京:清华大学出版社.1996:7-8.

[2]严国泰.宋霖.国家公园体制下风景名胜区的价值与发展路径[J].中国园林.2021.37(03):112-117.

[3]宋霖.严国泰.基于公文分析的风景名胜区制度建设历程研究(1978—2018)[J].中国园林.2020.36(11):19-24.

[4]风景名胜区条例[J].中华人民共和国国务院公报.2006.{4}(32):9-13.

[5]宋霖.严国泰.周宏俊.民国时期风景区开发利用及模式初探[J].城市规划学刊.2020(04):112-118.

[6]严国泰.韩锋.风景名胜与景观遗产的理论与实践[J].中国园林.2013.29(12):52-55.

[7]上海同济城市规划设计研究院.五大连池风景名胜区总体规划(2007-2025)[Z].2007.

作者简介

严国泰，同济大学建筑与城市规划学院景观学系，教授、博士生导师；

宋　霖，同济大学建筑与城市规划学院景观学系，在读博士研究生。

基于可持续旅游理论的风景名胜型自然保护地发展路径探讨

Discussion on the Development Path of Scenic and Historic Area Based on Sustainable Tourism

刘 晓 陈 茹
Liu Xiao Chen Ru

[摘 要] 以风景名胜区为代表的风景名胜型自然保护地体现了中国独特的人与自然相处的哲学，目前自然保护地分类体系及其保护利用对此类空间的管制需要进一步细化，可持续旅游理论是建立在保护前提下的永续发展利用，因此，基于可持续旅游理论分析框架制定针对风景名胜型自然保护利用路径，对我国科学、合理发挥自然保护地的综合价值具有很强的借鉴意义。

[关键词] 可持续旅游；风景名胜区；自然保护地

[Abstract] Scenic nature reserves, represented by scenic spots, embody Chinese unique philosophy of getting along with nature. At present, the classification system of nature reserves needs to be further refined, as well as the content of protection and utilization. The theory of sustainable tourism is based on the premise of sustainable development and utilization. Therefore, we should formulate the path of natural protection and utilization for scenic spots, based on the theory of sustainable tourism. This has a strong reference significance for China to give full play to the comprehensive value of nature reserves scientifically and reasonably.

[Keywords] sustainable tourism; scenic spot; nature reserve
[文章编号] 2022-90-A-008

一、引言

为贯彻落实生态文明思想，中国加快构建以国家公园为主体的自然保护地体系，践行“绿水青山就是金山银山”发展理念。风景名胜区是其中独具中国特色的一种类型，凝结了大自然亿万年的神奇造化，承载着华夏五千年的丰厚沉淀，是中国优秀传统文化的重要载体。在目前的自然保护地体系中，以风景名胜区为代表的风景名胜资源较为突出的自然公园为数甚多，在休闲经济、文旅融合时代背景下，基于国家文化安全与文化自信，旅游成为自然与文化价值传播最有效的方式之一。但过度旅游会造成对资源本体的破坏，近年来，可持续旅游理论与实践为这类自然保护地的发展提供了现实路径。根据《风景名胜区条例》要求，国家对风景名胜区实行科学规划、统一管理、严格保护、永续利用的原则。在我国目前自然保护地体系构建和发展的关键阶段，用可持续旅游的理论来指导风景名胜型自然保护地的规划、建设、发展、管理，探索具有中国特色的自然保护地发展路径，具有重要的实践意义。

二、可持续旅游的基本概念及内涵

1. 可持续旅游的概念内涵

旅游可持续发展理论是可持续发展理论在旅游学科方面的分支，由于旅游学科的交叉性和复杂性，可持续旅游的概念研究往往在不同时期呈现出多种理解。

研究学者对可持续旅游的解读分为发展目标和发展路径两种视角。部分学者认为可持续旅游是一个目标，是不同利益诉求协调共存的一种发展状态，这种概念是在旅游业的整体视角下，从资源和环境的角度，实现公平、整体、协调、高效的发展目标[1]。另一部分学者则认为可持续旅游是一个路径，是一种相对于大众旅游的“小规模”旅游模式，用以缓解大众旅游所带来的不良反应，聚焦于旅游运营主体对旅游行为的监督管理[2]；或是旅游运营的路径，通过提高旅游容量和产品质量，从而避免人们对赖以生存的自然和人文环境产生消极作用[3]。

2. 旅游可持续发展理论的演变历程

1987年2月，在日本东京召开的第八次世界环境与发展委员会上通过《我们共同的未来》（Our Common Future）报告，正式提出“可持续发展”理念。1990年在加拿大温和华召开全球可持续发展大会，提出可持续旅游发展的目标。1993年世界旅游组织（World Tourism Organization，UNWTO）首次提出旅游可持续发展理论，指出可持续旅游既要能满足当前旅游目的地与旅游者的需要，同时又要能够满足未来旅游目的地与旅游者的需要。1997年6月，世界旅游组织（World Tourism Organization，UNWTO）、世界旅游理事会（World Travel and Tourism Council，WTTC）、欧盟委员会（European Commission，EC）在联合国第九次特别会议上发布《关于旅游业的21世纪议程》（Agenda 21 for the Travel & Tourism Industry: Towards EnvironmentallySustainable Development），进一步明确可持续旅游发展的含义。

我国的可持续旅游研究与实践进程较国外先进地区较为缓慢，但又具有明显的时代特征。目前的研究主要集中于论证保护与发展的辩证关系、旅游开发模式和旅游市场营销。在实践中由于发展速度较快、开发过度，往往忽略资源价值的保护，从而导致原真性与完整性遭到严重破坏。造成这种困境的根源之一是由于政府及相关部门监管不力。我国的可持续旅游开发模式包括风景名胜型、历史文化名城名镇名村型、历史街区型等，不同的开发模式都亟需相关立法规范有针对性的保障与支撑。

3. 旅游可持续发展研究与实践的三大方面

国内外旅游可持续发展理论与实践重点从评价指标体系、旅游容量、利益相关者等方面展开，其中人文关注、资源承载力和社区参与和当前的发展趋势高度吻合。

（1）评价指标体系

评价指标体系是可持续旅游研究的一项重要议

题。国外的研究逐渐从生态环境范畴扩展到多学科之间的交叉应用，旅游者偏好、目的地舒适度指标、旅游目的地生命周期、旅游行为管理等因素受到越来越多的重视。旅游可持续发展指标体系从不同角度对地方旅游可持续发展的情况进行评估，但目前针对旅游可持续发展水平，缺少一套行之有效且满足动态需求的综合性评价体系。

（2）环境承载力

环境承载力来源于环境科学，后被引入旅游业中，成为旅游可持续发展的基础。在规划过程中，国家相关主管部门构建环境承载力指标体系，从目的地的经济、资源环境、社会等多角度分析评价承载力水平，实现利用状态的动态监测。但在实践中，针对跨区域的旅游发展、管理等方面仍有所欠缺。

（3）利益相关者

旅游可持续发展的利益相关者既包括政府、企业、居民、游客，也包括资源、环境、当代人和后代人。目前存在一系列问题：政府、开发商与当地社区之间存在经济利益矛盾，导致本底资源被破坏，景区带动地方发展乏力；旅游地的社区出现边缘化等社会问题，造成本地居民就业困难；旅游者体验的真实性与当地社会文化保护、区域旅游发展中的冲突与合作之间皆存在矛盾。

三、自然保护地体系与风景名胜区

自然保护地体系建设是国家生态安全的重要保障、践行生态文明观的重要实践、国家公园体制改革的重要前提[4]。

1. 自然保护地体系发展历程

中国国土面积广大，自然资源与人文历史资源极其丰富。1956年6月30日，中国的第一个自然保护区广东肇庆鼎湖山国家级自然保护区建立，成为我国自然保护地体系建设的重要起点；2013年，党的十八届三中全会首次提出建立国家公园体制；2015年我国启动国家公园体制试点；2017年9月26日，由中共中央办公厅、国务院办公厅印发并实施《建立国家公园体制总体方案》；2019年6月26日，中共中央办公厅、国务院办公厅印发《关于建立以国家公园为主体的自然保护地体系的指导意见》（表1）。

在中国自然保护地体系的发展进程中，曾经由于“分类标准不清、分属不同管理部门，导致在空间与功能上存在交叉重叠、出现多头管理现象”。《关于建立以国家公园为主体的自然保护地体系的

1.自然保护地体系保护力度与干扰程度示意图

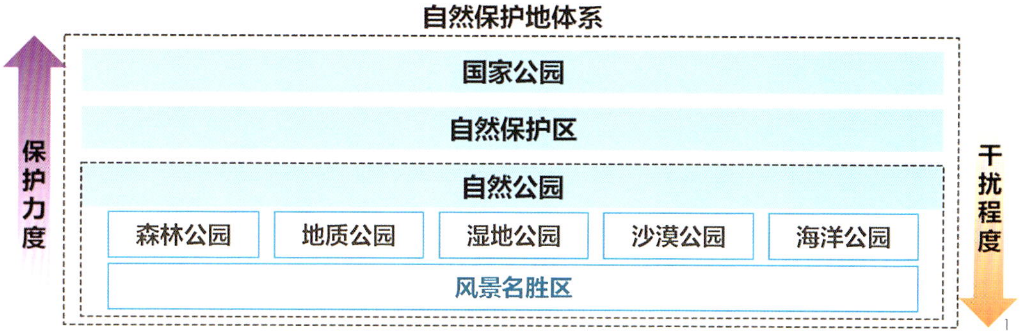

表1　自然保护地体系发展历程列表

发展阶段	时间	重要事件
早期自然保护区建设阶段（20世纪50年代至20世纪末）	1956年6月30日	中国的第一个自然保护区广东肇庆鼎湖山国家级自然保护区建立
国家公园探索阶段（2013—2015年）	2013年11月12日	中国共产党第十八届中央委员会第三次全体会议通过《中共中央关于全面深化改革若干重大问题的决定》，首次提出建立国家公园体制
	2015年9月21日	中共中央、国务院印发《生态文明体制改革总体方案》，启动国家公园体制试点
自然保护地体系发展阶段（2017年至今）	2017年9月26日	中共中央办公厅、国务院办公厅印发《建立国家公园体制总体方案》
	2018年4月10日	中华人民共和国自然资源部在北京正式挂牌
	2019年6月26日	中共中央办公厅、国务院办公厅印发《关于建立以国家公园为主体的自然保护地体系的指导意见》

表2　风景名胜区发展历程列表

发展阶段	时间	重要事件
早期发展阶段（20世纪70、80年代）	1978年	国务院逐步加强对名胜古迹和风景区的管理
	1979年	国家城市建设总局提出建设全国风景名胜区体系的建议
	1981年	国务院同意国家城建总局、国务院环境保护领导小组、国家文物局、旅游总局《关于加强风景名胜区保护管理工作的报告》
	1982年	国务院首次公布44处国家级风景名胜区
	1985年	国务院发布《风景名胜区暂行管理条例》；我国加入联合国教科文组织《保护世界文化和自然遗产公约》
	1987年	城乡建设环境保护部制定《风景名胜区管理暂行条例实施办法》
快速发展阶段（20世纪末至21世纪初）	1993年	建设部印发《风景名胜区建设管理规定》的通知
	1994年	原建设部发布《中国风景名胜区形势与展望》绿皮书
	1999年	建设部发布《风景名胜区规划规范》（GB 50298-1999）
	2006年	中华人民共和国国务院公布《风景名胜区条例》
新时代风景名胜区的发展（21世纪初至今）	2017年10月18日，习近平在中国共产党第十九次全国代表大会上的报告中指出，坚持人与自然和谐共生。建设生态文明是中华民族永续发展的千年大计。必须树立和践行“绿水青山就是金山银山”的理念，坚持节约资源和保护环境的基本国策	

指导意见》等系列文件的颁布，标志着具有中国特色的自然保护地体系开始形成，在充分评估资源本底价值和明晰分类标准基础上，做到类型不重叠、空间不交叉，优化边界、明晰功能、细化管控，实现高效管理。

2. 风景名胜区

（1）发展历程

中国风景名胜区的发展历程整体呈现出可持续的发展趋势。20世纪70年代中国风景名胜区事业开始起步；1985年6月7日，国务院发布《风景名胜区暂行管理条例》，标志我国风景名胜区制度开始建立；1987年6月10日，城乡建设环境保护部制定《风景名胜区管理暂行条例实施办法》，为风景名胜区可持续发展奠定了资源保护的基础，并开创了风景名胜科学；1999年11月，建设部发布《风景名胜区规划规范》（GB 50298-1999），标志中国风景名胜区的发展建设有了国家标准和行业规范；2006年9月19日，中华人民共和国国务院公布《风景名胜区条例》，中国风景名胜区体系逐渐走向成熟（表2）。

（2）新时代风景名胜区的定位

风景名胜区是最具中国特色的自然保护地，风景名胜资源是具有国家代表性和典型性的自然文化遗产资源，属于自然与文化交融的文化景观，是深刻体现美丽中国、文化自信的“活态”载体，是践行“绿水青山就是金山银山”思想的成功范例[5]。

资源保护上，风景名胜区创造了一种具有中国特色的保护地范式，与国家公园、自然保护区和其他类型自然公园不同，风景名胜区并非完全是以自然生态保护为目标，风景名胜区保护的核心要义在于谋求人与自然和谐共生、保护与利用相协调[5]。

风景名胜区具有多元功能。首要保护文化景观，既包括本底所依托的自然生态环境，也包括自然与人文景观及其周边环境和历史沿革中蕴含的精神价值；其次是对风景名胜区珍贵历史文化传统的继承与发扬，成为重要遗产和文化展示的窗口。

（3）自然保护地体系中的风景名胜区

根据《关于建立以国家公园为主体的自然保护地体系的指导意见》，将自然保护地按生态价值和保护强度高低依次分为国家公园、自然保护区、自然公园3类。对风景名胜区等各类自然保护地开展综合评价，按照保护区域的自然属性、生态价值和管理目标进行梳理调整和归类[6]。风景名胜区从设立之初，就具有人与自然和谐共生的典范意义和鲜明的中国特色。2020年7月9日，《国家林业和草原局自然保护地管理司关于切实加强风景名胜区监督管理工作的通知》中强调，“风景名胜区是我国自然保护地体系建设的重要组成部分，在保护和传承自然遗产、建设生态文明和美丽中国中发挥着重要作用”。2020年8月20日，自然资源部、国家林业和草原局管理司印发《关于加强和规范自然保护地整合优化预案数据上报工作的函》（林保区便函〔2020〕14号），“风景名胜区不参与整合优化，名称、范围不变”，明确整体保留风景名胜区体制。由此可见，风景名胜区成为中国自然保护地体系中的特色存在，为探索世界保护地提供了中国智慧与中国方案。

基于以上独特性，风景名胜区应成为一类具有中国特色的特殊自然保护地类型。同时，除国家级和省级风景名胜区外，其他具有文化和自然特性的风景名胜型自然保护地，笔者建议参照风景名胜区相关管理条例，基于可持续旅游理论，为其科学保护、永续利用保驾续航。

四、基于可持续旅游理念的风景名胜型自然保护地发展路径

风景名胜区是人与自然共同创作的产物，“可持续旅游”的基本理念与“天人合一”“人与自然和谐为本”中国传统发展思想、哲学观念相契合。因此探讨基于可持续旅游理念的风景名胜型自然保护地发展路径，对中国自然保护地体系的完善具有重要意义。

1. 路径一：细化分类分区分级保护体系，实现基于价值判断的保护

首先进行资源保护的评估和价值的识别。以自然生态系统的原真性和完整性为原则，将保护强度和可利用程度作为自然保护地体系的分类依据，同时识别资源的生态、景观、文化等综合价值。

其次，基于可持续旅游确立分级体系。国家公园是生态价值和保护强度都极高的区域，自然保护区是大面积自然遗迹区域，针对这两种类型而言，整体旅游强度最低，以低干扰型为主。自然公园具有生态、观赏、文化和科学价值，提倡可持续利用。其中风景名胜区区别于其他类型的自然保护地，除生态保护功能外，还具有文化价值传播、科学教育研究、旅游休闲游憩、带动区域发展等综合功能价值，在风景资源价值较高的地方，旅游强度也相对较高。

最后，细化分区管控。《关于建立以国家公园为主体的自然保护地体系的指导意见》实行自然保护地差别化管控，二级分区管控模式以生态价值作为分区标准，在此基础上需增加兼具保护与开发双重属性区域的详细引导。2018年中华人民共和国住房和城乡建设部颁布《风景名胜区总体规划标准》（GB/T50298-2018），基于资源的综合价值，从保护分区和功能分区两个层面实现分区管控，但两者之间由于标准不同而导致空间边界重叠交叉，不利于管理。建议将一部分文化价值高或综合价值高的区域作为风景名胜区边界识别的基础，结合调出、调入等进一步优化调整其他类型保护地的边界范围。对于保护强度极高的区域，或资源价值低且极适宜生产、生活的区域，在保证生态系统完整性基础上，建议调出风景名胜区边界；针对保护强度低而旅游强度高的区域，或资源禀赋集大成区域，建议调入边界内，整体上确保保护地面积的平衡。

2. 路径二：进行环境承载力和游客容量预测，构建综合评价指标体系

采用定量结合定性的科学方法，客观预测环境容量，并根据区域环境特征确定对变化最敏感的因素为核心指标，保证具有较高的可操作性。除规划、实施层面外，从顶层明确政策与发展方向，有助于实现区域旅游的可持续发展。

践行生态文明观，改革创新风景名胜区管理体制，通过全方位、多层次的评价指标，为风景名胜区建立动态、多元的综合评价指标体系，运用遥感技术等科技手段，结合市场需求的动态变化，实现从政策制定、规划实施到管理运营的全过程监管。基于区域联动与统一管理，提高监管工作效率与水平，并在动态监测中不断修改、补充和完善指标体系。

3. 路径三：强调社区的全过程参与，探索特许经营，协调利益相关者

风景名胜区作为地方旅游业发展的重要载体，具有经济属性，应在促进经济发展、助推乡村振兴等方面发挥作用。风景名胜区旅游可持续发展离不开相关利益者之间的协调，需重点处理游客、政府、企业、社区等利益主体之间的关系。其中社区参与尤为关键，增加社区在规划与实施过程中的参与，可增强旅游项目的有效性和持续性。对于风景名胜区内部的社区，要积极引导其逐步迁出或以适当的方式进行管控监督，保留下来的社区既可转化为旅游服务，又能实现文化的传承与延续。

风景名胜区中的特许经营处理了政府监管与企业运营之间的矛盾。对于企业而言，通过建立资源有偿使用机制，将资源作为资产在经营中实现增值；对于

政府而言，需不断完善基础及配套设施，强化管理职能，规范企业经营行为。严格界定经营类与非经营类项目是特许经营的重点工作之一。针对风景名胜区内允许转让的经营类项目实施管理权与经营权分离，鼓励各类企业参与经营，通过签订短期合同、提倡长期服务、每年制定操作计划等方式，加大政府部门的监管力度；针对非经营类项目应实行分级、分类管理，限制企业投资，确保资源的完整性和安全性。对旅游服务企业采取有条件的特许经营制度，可有效减缓风景名胜区所在区域政府管理和建设的资金压力，实现风景名胜区的可持续发展。

4. 路径四：完善立法，优化风景名胜型自然保护地的管理体系

我国是世界上第一个将生态文明作为国家战略部署的国家，可持续旅游发展是落实生态文明的重要实现方式，与社会的高质量发展、人民的高品质生活息息相关。风景名胜型自然保护地依托其人文特色与自然资源，作为绿水青山、生物多样性的集中区域，更加需要从规则上完善立法和政策指引，全方位的为可持续旅游发展建章立制，最大限度地发挥综合效益。

《关于建立以国家公园为主体的自然保护地体系的指导意见》中明确提出2025年发展目标，“健全国家公园体制，完成自然保护地整合归并优化，完善自然保护地体系的法律法规、管理和监督制度”。通过依法确权，针对不同类型自然保护地制定相关的管理规定，对于重要资源实现依法有效保护，并纳入相关管理体系。

五、结语

1. 呼应时代发展的实践政策，与国土空间规划充分衔接

基于可持续发展理念的风景名胜型自然保护地规划发展路径与和国土空间规划的四大子系统相衔接。空间维度上，可基于不同类型风景名胜区的价值评估，落实到用地空间，实现价值转化，有利于国土空间规划分区的细化优化、指标管控与清单管控措施的精准化落实。时间维度上，风景名胜区从多角度实现与国土空间规划在管控规则要求、统筹时间空间、社会参与等方面的传导，动态解决各种矛盾问题。反馈机制方面，确保风景名胜区资源在保护的监管下实现可持续发展，并纳入国土空间规划监测体系，不断深化完善国土空间规划“一张图”。运行支撑方面，不断完善自然保护地体系规划制度建设，突出国家公园的主体地位和风景名胜区特色，健全法规政策、管理制度、技术标准，形成全方位、多维度的支撑保证体系。

2. 细化、深化研究方向，从顶层规划的高度构建国家保护地综合体系

在自然保护地体系基础上，打造以风景名胜区等为主体的风景名胜型保护地体系，构建以国家文物保护单位、遗产地等为主体的文化遗产型保护地体系，探索以基于重要廊道、河流的国家文化公园等为主体的跨区域型保护地体系，进一步打造有中国特色的、分类更加精准明确的国家保护地综合体系。

参考文献

[1]Graham, Miller. The development of indicators for sustainable tourism: results of a delphi survey of tourism researchers[J]. Tourism Management, 2001, 22(2): 351-362.

[2]Tepelus C M . Aiming for sustainability in the tour operating business[J]. Journal of Cleaner Production, 2005, 13(2):99-107.

[3]李向前，曾莺.绿色经济——21世纪经济发展新模式[M].成都：西南财经大学出版社，2001.

[4]陈耀华，黄朝阳. 世界自然保护地类型体系研究及启示[J]. 中国园林, 2019, 35(03):46-51.

[5]邓武功，贾建中，束晨阳，等. 从历史中走来的风景名胜区——自然保护地体系构建下的风景名胜区定位研究[J]. 中国园林, 2019, 35(3):15-21.

[6]国家林草局. “关于修改《风景名胜区管理条例》的建议”复文（2018年第2219号）[Z]. 2018.

作者简介

刘　晓，上海同济城市规划设计研究院有限公司城市开发规划研究院启明规划设计所，所长；

陈　茹，上海同济城市规划设计研究院有限公司，规划师。

专题案例
Subject Case
风景名胜区的旅游策划与概念规划
Tourism Planning and Conceptual Planning of Scenic Spots

遗产线路的保护复兴与可持续旅游
——以南粤古驿道为例

Conservation, Revitalization and Sustainable Tourism of Heritage Routes
—Case Study of South China Historical Trail , Guangdong Province

邵 甬 徐刊达
Shao Yong Xu Kanda

[摘　要]　随着遗产线路这一概念在国内的普及，近年来全国各地以古道为主要载体的旅游模式逐渐兴起。如何通过遗产线路保护与复兴重新构建区域文化的整体性，促进可持续旅游和区域内部的协同发展，是当前城乡发展、国土空间规划的重要议题。本文以南粤古驿道为典型案例，重点探讨了基于遗产线路保护与复兴而形成的多元可持续旅游实践，总结相关经验对同类型遗产线路的可持续旅游提供借鉴。

[关键词]　遗产线路；乡村振兴；可持续旅游；南粤古驿道

[Abstract]　With the depth understanding of heritage route in China, the tourism based on ancient roads has become popular all over the whole country in recent years. How to reconstruct the integrity of regional culture resources and promote sustainable tourism within the region through heritage routes conservation and revitalization is an important issue of current territory planning. This paper takes South China Historical Trail as a typical case, to discuss the diverse sustainable tourism practice based on the conservation and revitalization of heritage routes, and summarizes the successful experience to provide reference for other similar type of heritage routes.

[Keywords]　heritage route; rural revitalization; sustainable tourism; South China Historical Trail

[文章编号]　2021-90-P-010

一、遗产线路与古道旅游

2005年2月，世界遗产委员会批准实施最新版的《实施保护世界文化与自然遗产公约操作指南》时，将“遗产线路”（Heritage Routes）的概念正式纳入。2014年以后，随着丝绸之路与大运河在第38届世界遗产大会上正式入选世界遗产，“遗产线路”的保护与活化这一理念在国内逐渐普及，各界对于遗产保护与文化复兴的视野也逐渐拓展。

与此同时，随着中国经济的快速发展与国人旅游观念的改变，旅游模式已经从传统的景点游、跟团游向更具内涵的文化游、休闲游转变。在这样的背景下，全国各地以“古道”为代表的遗产线路的保护活化工作逐渐成为热点，这些古道作为重要的历史文化资源，成为当前地方文化宣传与经济发展的一个重要窗口。根据门户网站与各类权威旅游杂志历年关于国内十大古道的评选①，可以发现以“梅关古道”“西京古道”为代表的南粤古驿道与四川剑门蜀道、安徽的徽杭古道、浙江的绍兴古道等均已成为当前高认知度的热门旅游目的地。

南粤古驿道作为近几年国内可持续旅游的成功案例，对其保护、活化与旅游发展过程的研究，对于国土空间规划背景下通过遗产线路复兴与文化旅游带动区域可持续发展具有重要的意义。

二、南粤古驿道的保护与活化工作思路

南粤古驿道是指1913年以前，广东境内用于传递文书、运输物资、人员往来的通路，包括水路和陆路，官道和民间古道[1]。这一道路体系形成于秦汉时期，是岭南在两千多年时间内，打破山海包围的相对独立封闭的地理环境，积极与外界展开交流的重要渠道，是具有重要意义的遗产线路。

在古代，道路两侧的村镇因为往来的商贸而繁荣，吸引了大量南迁移民进入岭南定居，形成了独具特色的建筑遗产和文化景观。而在城市化进程中，现代交通网络的错位，导致沿线村镇从经济发达地区变为落后地区，两侧5km范围内贫困村占全省贫困村总数的60%[1]。

为此，广东省自2016年起，在全国率先开展古驿道的系统保护利用工作，在挖掘修复古驿道的基础上，串联沿线的历史遗存、历史文化名城名镇名村、传统村落等文化节点与自然景观资源，充分整合体育、农业、文化、旅游、生态等不同产业发展的资源要素，以实现历史文化遗产保护活化、旅游模式创新、沿线村庄精准扶贫与产业复兴、人居环境改善等综合目标。具体的工作思路可概括如下：

（1）“由重点至网络”的全域活化框架

由于南粤古驿道是遍布广东的复杂网络，且现状遗存分布较为分散。根据2016年广东全省古驿道普查结果，共发现了1130多公里古驿道，包括233处古驿道本体及周边900多处相关遗存[1]。

为了推动南粤古驿道的整体保护与活化，广东省确定了“两年试点、五年成行、十年成网”的目标，通过以重点线路为抓手，建立网络化的整体保护与协同发展的战略目标。重点编制了《广东省南粤古驿道线路保护与利用总体规划》《南粤古驿道保护与修复指引》等一系列指导文件。

2017年起重点打造了以珠海岐澳古道、乳源西京古道为代表的8条古驿道示范段；2018年又打造了广州从化古道、惠州罗浮山古道等11条重点线路；之后逐年增加，在2020年，全广东省的古驿道重点线路已近30条。

重点线路串联整合了相关资源也是当前古驿道相关人力、物力、资金头投入的重点区段，目前已在旅

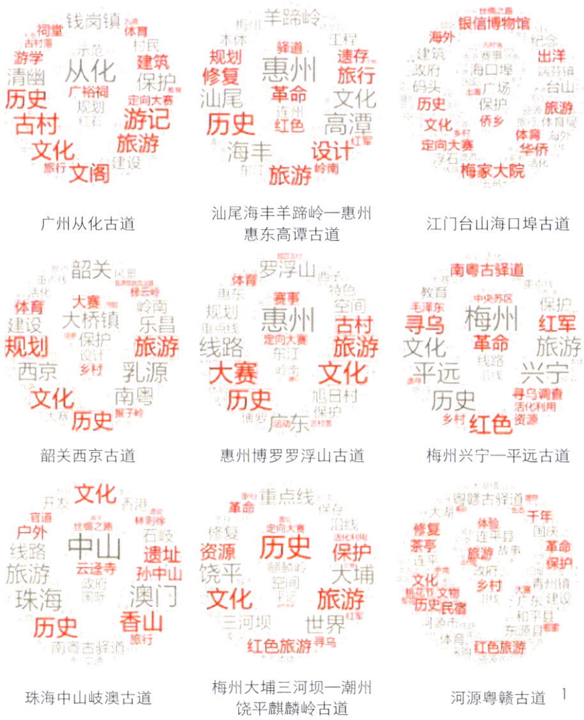

1.主要古驿道网络关键词词频分析

2.南粤古驿道重点线路分布图（材料来源：广东省自然资源厅）

游发展、乡村振兴等方面取得了一定的成效。通过重点线路的推广示范效应，也可以为南粤古驿道的其他区段建立样板，并吸引更多的社会资本投入。

（2）“以保护促发展”的创新活化思路

南粤古驿道的保护与活化不是单纯的对文物或历史建筑的保护修缮工作，而是作为依托文化与自然资源推动区域经济、社会和文化发展的重要方法。南粤古驿道的保护与活化，结合广东省内长期推行的绿道、步道与碧道体系建设，形成有机的整体[3-4]。

南粤古驿道作为贯穿岭南地区的重要遗产线路，不仅拥有山、水、田、林等诸多自然景观，还拥有一批名镇名村和传统古村落，历史积淀丰厚，为广东重要的旅游资源。由于这些旅游资源较为分散而不被感知，古驿道的活化工作即把上述特色资源串珠成线，梳理形成古驿道线路历史文化主题，打造历史文化和自然风光游径，在广东掀起一股“古道旅游热”。例如梅关古道的遗产线路构建中，有意识的将沿线聪辈村、灵潭村、红梅村等省定贫困村相连接，加强了乡村对外交通联系，为沿线地区的经济发展提供了新的发展的契机。

目前南粤古驿道在保护活化过程中已聚集起体育、农业、文化、旅游、生态等不同产业发展的资源要素，形成“古驿道+文化”“古驿道+旅游”“古驿道+农产品”“古驿道+教育”和“古驿道+体育”等多元活化利用模式[5]。本文则重点对“古驿道+旅游”模式进行剖析。

三、南粤古驿道可持续旅游实践

1. 旅游线路与主题

目前南粤古驿道品质与设施较为成熟的旅游线路已达20条，包含18条省定重点线路和2条红色文化主题线路（详见表1），相较于重点线路以物质空间为载体，主题线路更多强调历史事件的联系。从空间位置上来看，旅游线路主要集中在粤北山地与粤东丘陵地带，依托山体、水系等重要的自然资源。

尽管在《南粤古驿道线路保护与利用总体规划》中对不同线路划定了历史文化、地理探

表1　南粤古驿道现主要旅游线路一览表

区域	古道线路	交通方式	游览主题
粤北地区	韶关西京古道	陆路	历史古迹
	韶关南雄梅关-乌迳古道	陆路	历史古迹
	清远连州秦汉古道	陆路	历史古迹
	清远连州丰阳—东陂古道	陆路	乡村休闲
	清远阳山古道	陆路	自然风光
	清远英德古道	陆路+水道	自然风光
粤东地区	河源粤赣古道	陆路	乡村休闲
	河源田源古道	陆路	乡村休闲
	梅州兴宁-平远古道	陆路	历史古迹
	梅州大埔—三河坝古道	陆路	红色文化
	汕尾海丰羊蹄岭古道	陆路	历史古迹
	汕尾陆河古道	陆路	乡村休闲
	汕头樟林古港	水道	海丝文化
	南粤左联之旅	陆路+水道	红色文化
	梅州平原寻乌调查红色之旅	陆路	红色文化
珠三角	广州从化古道	陆路	乡村休闲
	珠海中山岐澳古道	陆路	历史古迹
	江门台山海口埠古道	陆路+水道	侨乡寻根
粤西地区	云浮郁南南江古水道	水道	历史古迹
	茂名信宜古道	陆路	历史古迹

清远连州怀清亭　韶关乐昌乐善亭　韶关乐昌凤翼亭　韶关乐昌福荫亭
韶关乐昌暂歇息亭　韶关乳源梯云岭亭　清远连州广荫亭　9

3.西京古道沿线驿亭
4.西京古道沿线书院
5.河源古驿道民宿
6.何新大屋
7-8.梅关古道景区旅游设施
9.南粤古驿道沿线休憩设施驿亭（材料来源：南粤古驿道网）
10-11.梅关古道大师驿站
12.会同村祠堂改造前
13.会同村祠堂改造后

险、近郊休闲与自然观光等四类不同路径特征，然而在具体实施的过程中，结合既有的历史文化资源和不同区域的地形地貌，现主要古道逐渐形成了历史古迹游、乡村休闲游、红色文化游、海丝文化游、侨乡寻根游、自然风光游等多元主题，各有侧重。

通过百度地图慧眼对典型9段古道的关键词进行分析，可以发现一方面基于丰富的历史背景和多样化的旅游资源，古驿道呈现出不同的观感，另一方面各主题旅游线路上缀以丰富多元的活动，形成不同的旅游体验。

例如位于广东北部的韶关西京古道，作为历史上汉代修筑的联系南越与中原之间的重要官道，“列亭传、置邮驿……”沿线形成了官方邮驿体系。在宋代之后更是逐渐演变成为官员上任、商贸往来的重要通路。为此沿线现存古村、古亭、古桥、碑刻、祠庙遗存多达40余处，其中猴子岭段更是列入全国重点文物保护单位，是主打历史古迹游的典型区段。

现通过对古道本体和沿线文物遗存的整体修缮，增加历史阐释，已经成为珠三角地区徒步、定向的重要区段，吸引了大量游客游览，带动了沿线古村的发展。

而河源粤赣古道则是现乡村休闲游的热门区域。河源是客家古邑，粤赣古道形成于南宋期间，是当时地区主要的商道，承担着广东与江西的盐米交换往来。作为早期江西移民进入广东的通道之一，古道沿线分布着较多的客家村落。

2018年起，借助古驿道活化利用，河源沿线村庄将自身的民宿打造成为乡村旅游典范，通过将古驿道与果园采摘、生态养殖、旅游景点等资源融为一体，充分释放了古驿道沿线特色乡镇的产业活力，将历史文化遗存与自然生态及现代农业景观等融合在一起。并通过举办古驿道定向越野大赛、双江西瓜节等特色农产品节日，拓展游客人群。

2. 因地制宜的旅游景区建设

相较于传统意义上的点状收费管理景区，遗产线路多元、复杂、跨区域的特征决定了无法对整体区段进行封闭式景区管理，因此需要因地制宜地采取不同的措施。目前广东省纳入统计的共有21家南粤古驿道景区，根据其管理模式可以分为三类：

（1）第一类：封闭式管理收费景区

多形成于早期约2000年前后，契合当时的景点游进行小范围开发。比较具有代表性的为南雄市梅关古道景区。

梅关古道景区为国家“4A”级风景区，由江西大余和广东南雄共同开发管理，选择了跨越大庾岭的2km区段进行封闭收费管理，主打沿途的自然风景、梅关关楼和相关文化史迹。由于陈毅“梅岭三章”的知名效应，结合旅游开发较早，上述景区目前已有一定的旅游基础，尤其是在古驿道旅游活跃的影响下，春节、清明等黄金假期游客数最多。

但是纵观景区内的旅游设施，仍然以传统的亭、廊和自然景观为主打，以参观为主，解说与阐释系统也相对欠缺，无法满足新式旅游的需求。

（2）第二类：古驿道关联的风景名胜区

该类景区中古驿道并非主体，更多是作为景区中的通路之一，多为风景名胜区和自然风景区，属于古驿道的关联式景区，例如云浮大王山国家森林公园。

（3）第三类：开放式景区

这一类为近年来古驿道保护活化工作的重要成果，亦是当前最具人气的旅游景区模式。

相较于封闭式的景区，该类景区不因距离跨度而存在管理上的掣肘，往往是6~8km的整个区段，串联多个村镇的模式。在对古驿道的本体和沿线重要史迹进行修复之后，遗产线路本身即是公共性和公益性的旅游资源，让游客以各自的喜好进行了解和探索。

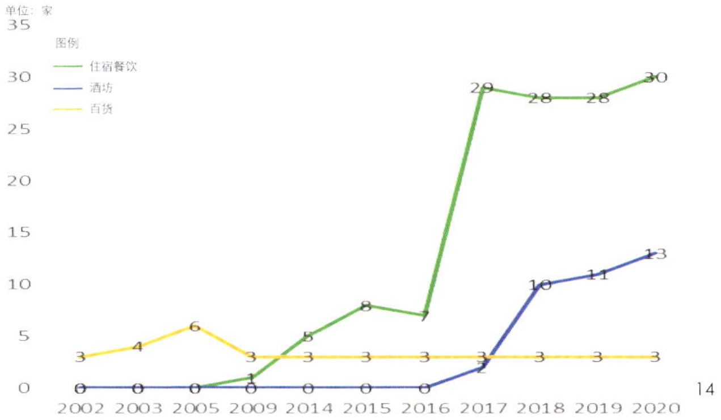

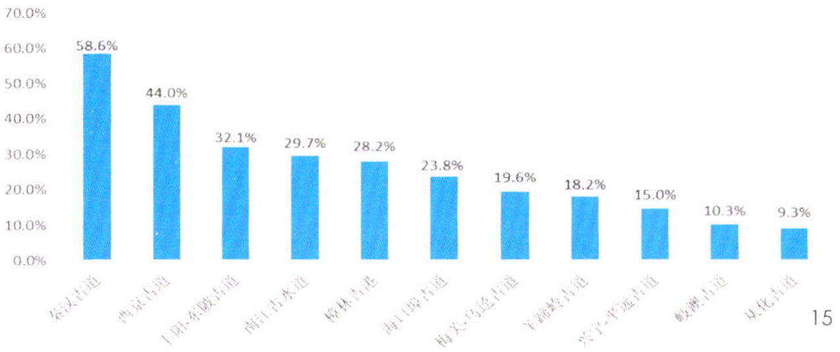

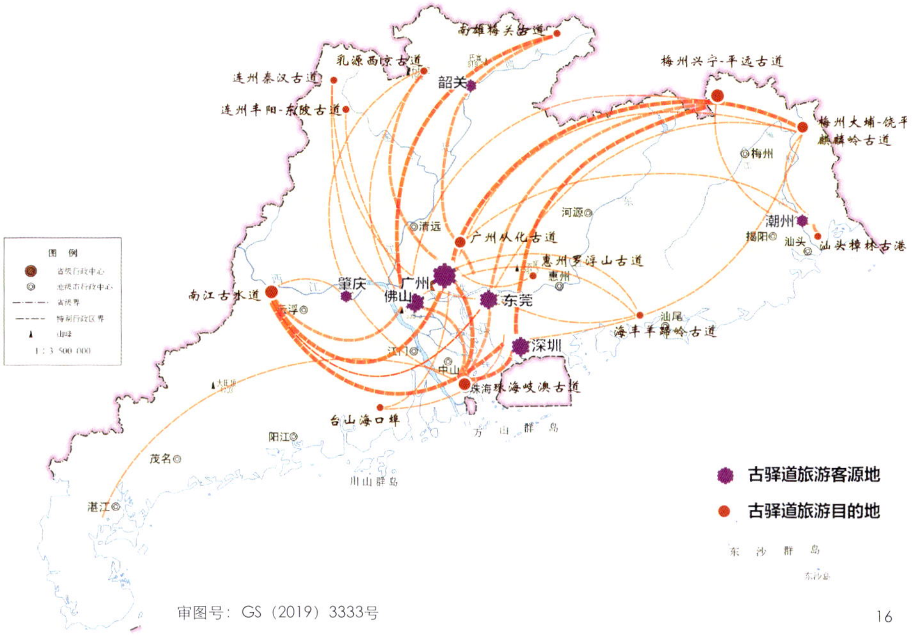

14.广州莲麻村2002—2020年服务设施数量　15.重点古驿道线路2019年春节期间游客人次同比增长率　16.2019年春节期间古驿道游客流向图

由于驿道的长度较长，因此该类型景区游览时间往往也较长，可以达到1~2天，旅游景区的配套设施和服务则主要依靠沿线的村镇进行提供，例如餐饮、住宿等。该类模式较为契合当前疫情下短途游、周末游的趋势，呈现出明显的周期性，客群也多是周边城市的居民。为了增加游客量，地区还通过组织大型文体活动如千人徒步大赛、定向越野大赛的方式，进一步激活古驿道旅游的潜力。

以乳源西京古道为例，2018年结合定向越野大赛和千人徒步活动，乳源西京古道共迎来游客数近五千人，也对古驿道的日常化旅游带来了推广效应。沿线大桥镇2018国庆黄金周单日游客数达两千人，非活动期间每日人数在百人上下②。旅游收入归沿线村镇所有，带动了区域经济的发展。

3. 旅游配套设施建设

为了提供旅游必要的服务，尤其是满足开放式景区的需求，古驿道沿线通过政府投资和村镇居民自发投入，逐步形成了较为完善的旅游配套设施，从服务内容来看可以分为三类：

（1）接待服务设施

包括由官方和民间推动的餐饮、住宿、展示空间、便利商店等满足游客不同需求的多元设施。

其中借鉴古代驿站的模式，古驿道沿线推出“大师驿站”项目，由知名的建筑规划大师为村庄进行设计，用作游客服务中心同时亦兼用作为村庄的活动中心。这些设计因地制宜结合了地方的历史文化或地形特征，各自具有特色，作为古驿道沿线的新的文化设施进一步丰富古驿道的当代价值。

旅游的兴起促使民间自发的接待服务也日趋旺盛。大城市周边驿道沿线的村庄，更是自发形成一系列的民宿与餐饮设施，例如位于珠海长南迳古道沿线的会同村，随着南粤古驿道的活化，村庄荒废的传统民居与祠堂再利用为餐饮、咖啡馆等设施，2016—2019年旅游餐饮总收入达到2.3亿元。位于广州从化古道周边的莲麻村，自2016年从化古道被列为示范段后，2017年的住宿餐饮数量从7家骤升至近30家，发展成为广州周边重要的网红民宿村，成为遗产线路可持续旅游的重要支撑。

（2）交通类设施

包括公共交通、旅游接驳车辆与停车场等基本服务设施。

重点区段的古驿道沿线均已开辟场地建设停车场，位于重要景区的停车场规模较大，例如正在建设的南雄梅关古道停车场，其规模可达近200个车位；而村庄中的停车场则利用村内的空地建设，如篮球场、学校前场等，停车位数量不超过20个，但基本够用。

但由于南粤古驿道开放式景区路线本就较长，且多位于山区，起点终点相距较远，目前既无公共交通也尚未形成良好的接驳服务，单一停车场致使游客多只能原路返回，在一定程度上限制了散客的到来。

（3）环卫、休憩等基础设施

包括景区必要配套的垃圾桶、公共厕所及凉亭、座椅等基础设施。根据《南粤古驿道保护利用工作效益评估报告》，这是游客需求最高的类别，也是古驿道重点工作之一。

在环卫设施方面，沿线已经增加了较多统一标识的垃圾桶与公共卫生间，并结合着旅游设施的建设同步开展农村人居环境综合整治工作，为沿线老村增加排水、排污设施，同时提升了村庄的人居环境。

在休憩设施方面，多利用并修缮了传统由民间乡贤集资的驿亭，保护历史遗产的同时也使整体风貌延续了一定的乡土性，提供了别样的游览体验。

4. 旅游效应

遗产线路的保护与复兴为沿线的景区与村庄带来了可观的旅游人次与受益[6-7]。2018年春节期间，纳入统计的21家南粤古驿道景区，共接待游客97.4万人次，同比增长32.5%，收入1.79亿元，同比增长35.4%③。至2019年对古驿道重点线路进行巩固提升后，全省纳入检测的14段南粤古驿道重点线路春节期间共接待游客441.2万人次，同比增长8.2%④。

而对重点线路区段进行个别分析，可以发现位于粤北山区的秦汉古道、西京古道、丰阳—东陂古道游客同比增长率最高，山区古驿道在节假日期间具有较强的吸引力。同古驿道串联的贫困村数据联立比较，位于首位的秦汉古道两侧串联的贫困村数量也居于前列，由此可见古驿道旅游对乡村振兴、精准扶贫的带动效应明显。

从游客的人群画像进行分析，根据百度地图慧眼数据，游客年龄主要集中在18~55岁的中青年区间，且以广东省内游客为主。从人员的流动规律可以发现，更多是从经济比较发达的珠三角地区流向粤北、粤东的山区地带，表明了城市居民想回归自然、亲近乡野的愿望。古驿道可持续旅游模式适应了疫情新常态下“周边游”“短途游”“周末游”“乡村游”等旅游特征的变化。

四、南粤古驿道可持续旅游模式小结

1. 古驿道旅游模式的意义

古驿道旅游不是单纯的景点观光游，而是综合了休闲度假、乡村体验、体育、教育、研学等多元内容的复合型文化旅游。在其中文化遗产和传统文化作为关键旅游资源，起到了重要的作用。

古驿道旅游没有采取传统的封闭式管理景区模式，而是运用线性开敞空间的理念，与绿道、碧道等结合，串联沿线的文化资源，带动乡村振兴与文化传承，促进了乡土遗产与乡土景观的保护和复兴，对村庄的人居环境改善与经济增长都具有积极的意义，符合联合国可持续发展的战略要求。

古驿道旅游串点连线，又由线及面，推动了全域旅游的发展。基于相同的文化背景，所涉及的面已经从广东全域进一步扩展到了粤港澳湾区，作为文化线索进一步推动区域融合，实现文化复兴。

2. 现状存在的问题

然而纵观当前红火的旅游现状，南粤古驿道可持续旅游仍存在以下问题：

（1）受制于区位、交通、设施等因素的影响，旅游发展不均衡

当前位于大城市周边约半小时到1小时车程的古驿道，拥有便捷的城市公共交通和城市服务作为支撑，日常性的旅游较为稳定与持续；而位于山区的古驿道尽管吸引力较强，但由于交通区位、接驳不到位等因素，日常的散客相对较少，呈现明显的周期性。各区段旅游发展不均衡。

（2）古驿道沿线乡村旅游缺乏自下而上的造血机制

由于现古驿道多分布在山区等经济发展落后地区，尽管政府投入了大量的资金用以活化古驿道，并通过引入大型赛事、节庆等吸引游客。但一方面这些大型活动间隔周期较长，难以带来持续的经济效益，另一方面日常的保护与管理还是依靠基层政府人员和村民的自主性，大多数村内现仅有少量留守老人和儿童，无论在认知上和体力上都难以承担古驿道旅游发展的重任，在短期内依托古驿道的乡村旅游仍然缺乏自身造血机制。

（3）古驿道沿线乡村缺少合作，规模效应较弱

遗产线路沿线的聚落在历史上即存在着较强的文化与产业联系，往往组团发展。然而当前古驿道串联的乡村之间却缺少合作，资源和技术之间缺乏共享，也未形成针对游客服务的错位发展，规模效应相对较弱。

五、讨论与建议

综上所述，南粤古驿道作为遗产线路保护复兴的典型案例，对区域可持续旅游发展起到重要的推动作用，也为国内其他类似线路旅游提供参考。针对现状不足，借鉴国际遗产线路文化旅游经验，在以下方面仍可以有所提升：

（1）构建特色单元，加强整体性、关联性保护和精细化管理

由于遗产线路构成的复杂性，包含了自然、文化遗产以及文化景观，各遗产要素之间彼此关联。应基于国内的保护体系，构建体现古驿道特色的完整景观单元，让以村镇、古道为核心的文化遗产与周边的自然环境、创造的农业景观以及景观视线等组合保护，为其设立正负面清单加强日常管理。从而在实现遗产保护的同时，能够创造完整的特色旅游氛围。

（2）加强遗产线路框架下各村镇之间内部的合作

遗产线路的旅游既需要强有力的顶层设计，也需要自下而上的探索。作为实施主体的村镇，为了能够提升规模效应、加强自我造血，应当在遗产线路框架下主动展开合作，搭建各村镇之间交换信息与经验的平台，寻找共同的合作主题，区域内部建立统筹协调机构，以更好的实现区域的错位旅游和协同发展。

（3）强化遗产线路主题的阐释与展示，创造日常性的丰富活动

遗产线路的历史文化是旅游的重要吸引点，应在对其历史文化价值研究的基础上，建立适合的阐释框架，设立阐释场所，通过多样化的展示方式对外宣介与推广，承担教化职能。结合阐释主题，增加各类活动的周期性、日常性与灵活性，与四时景色相结合，为沿线村庄创造持续的旅游推动力。

注释

①根据国际古道网、《中国国家旅游》杂志等知名网站、期刊等举办的中国十大古道评选，南粤古驿道中的西京古道、梅关古道等名列其中。

②数据来源：南方日报报道，西京古道乳源段沿线大桥镇国庆黄金周平均每天高达两千旅游人次，2018年8月吸引游客5万多人，创造经济收益2500多万元。

③数据来源：金羊网整理2018年春节黄金周广东各大旅游大数据平台数据，南粤古驿道春节期间，纳入广东省统计的21家南粤古驿道景区，共接待游客97.4万人次，同比增长32.5%，收入1.79亿元，同比增长35.4%。

④数据来源：广东省自然资源厅关于2019年南粤古驿道保护利用工作情况的报道中提及2019年春节期间，全省纳入监测的14段南粤古驿道重点区域共接待游客441.2万人次，同比增长8.2%；五一假期共接待游客165.9万人次，同比增长26.3%。

参考文献

[1]广东省住房和城乡建设厅.广东省南粤古驿道线路保护与利用总体规划[Z].2017.

[2]广东省地图院.南粤古驿道地图册[Z].2019.

[3]郭壮狮,张子健. 以线性文化遗产保育活化带动沿线村庄社会经济发展——浅谈广东省南粤古驿道保护利用工作[J]. 中国勘察设计, 2018, 314(11):27-32.

[4]马向明,杨庆东.广东绿道的两个走向——南粤古驿道的活化利用对广东绿道发展的意义[J].南方建筑,2017(06):44-48.

[5]广东省人民政府发展研究中心.培育广东经济发展新动能，大力推动南粤古驿道沿线生态产业走廊建设[R].2018-9-18.

[6]广东省自然资源厅.广东省自然资源厅关于2018年南粤古驿道保护利用工作情况的报告[R].2019-1.

[7]广东省自然资源厅.广东省自然资源厅关于2019年南粤古驿道保护利用工作情况的报告[R].2020-1.

[8]许瑞生.线性遗产空间的再利用——以中国大运河京津冀段和南粤古驿道为例[J].中国文化遗产,2016(05):76-87.

[9]孙海刚,郑宇.广州古驿道历史资源梳理与保护利用策略[J].规划师,2018, 34(S2):63-69.

作者简介

邵　甬，同济大学建筑与城市规划学院，教授，博士生导师；

徐刊达，上海同济城市规划设计研究院有限公司，主创规划师。

建设可持续、协调、合作的特色乡村海岛旅游区
——涠洲岛旅游区概念规划

Build a Sustainable, Coordinated and Cooperative Rural Island Tourism Area
—Concept Planning for the Tourist Area of Weizhou Island

温晓诣 赵 谦 杨晖秀
Wen Xiaoyi Zhao Qian Yang Huixiu

[摘　要]　广西涠洲岛位于北海市东南面北部湾海域中，陆域面积24.98km^2，潮间带面积约3.47km^2，是一个典型的热带生态海岛。涠洲岛旅游区概念规划在人地关系视角下融入了国土空间规划的“保护+规划+管理”的规划管理思维，从海岛环境承载能力，人类开发行为边界，乡村建设管理模式等方面，探索海岛资源开发进程中人类活动与自然环境协调统一的方法和途径。

[关键词]　乡村海岛；可持续；协调；合作

[Abstract]　Weizhou Island is located in the beibu Gulf sea southeast of Beihai City, with a land area of 24.98 square kilometers and an intertidal zone area of about 3.47 square kilometers.It is a typical tropical ecological island. The concept planning of the tourist area of Zhangzhou Island integrates the planning and management thinking of "protection, planning and management" of land and space planning from the perspective of human-land relations, and explores the ways of the coordination and unity of human activities and natural environment in the process of island resource development from the aspects of island environment carrying capacity, human development behavior boundary, rural construction management mode, etc.

[Keywords]　rural island; sustainable; coordination; cooperation

[文章编号]　2022-90-P-017

一、项目背景

涠洲岛位于广西北海市东南面北部湾海域中，是中国最年轻的火山岛。其陆域面积24.98km^2，潮间带面积约3.47km^2，距北海市区约21海里（约38.892km），主要通过海岛西侧的客运码头与外界联系。涠洲岛水清沙白、物种繁盛，呈现出典型的热带生态海岛特征。涠洲岛历史悠久自唐朝以来便有记载，发展至今已形成大小数十个自然村落，其中位于海岛中部以天主教堂闻名的盛塘村和南湾渔港码头的历史街区更是成为涠洲岛的标志性的人文特征。近年来，海岛旅游产业发展迅速，旅游开发和生态保护、村庄建设的矛盾日益凸显，广西北海市组织涠洲岛概念旅游规划编制，以期对涠洲岛生态承载水平和未来发展规模进行评估预测，对旅游开发建设行为进行正确引导，同时探索海岛乡村建设的合理路径。

二、以生态保护为核心，以乡村为主体，轻量开发的规划理念

项目在对涠洲岛生态、旅游发展和乡村建设的现状情况进行了详细研究分析，借鉴了国际各种类型旅游海岛开发建设的经验后，融合国土空间规划底线管控思维和国家乡村振兴战略五大目标“产业兴旺、生态宜居、乡风文明、治理有效、生活富裕”，形成了以生态保护为核心，旅游体系构建、旅游产品开发和村庄改造为主体，轻量化开发的规划理念。

1. 规划原则

（1）生态化原则

保护优先，坚持国土空间底线思维，严守生态环境底线，与生态保护相抵触的现状建设用地按要求逐步退出；禁止开展不符合海洋环境保护要求的资源开采和海产养殖等开发活动。

（2）适量化原则

适量开发，在旅游市场产品的供给端求平衡、在公共设施和基础设施等公共产品的供给端补短板。在涠洲岛建设的总量供给上严格把控，约束建设用地的规模，进一步提升土地利用的精准化、集约化程度。

（3）精品化原则

遵从自然规律和旅游消费规律，发挥涠洲岛的自然与人文资源优势。按照“国际知名，国内一流”的建设标准，从景点开发到产品打造，从配套设施到旅游服务，着力构建以“宿、食、行、购、游、娱、学”为核心的全域全要素旅游产品和服务体系，并建立相关行业的准入标准和等级评价方法。

（4）本地化原则

因地制宜，充分发挥涠洲岛生态环境和海岛乡村的自然和人文资源优势，把海岛旅游和乡村旅游做为一个整体品牌进行打造。紧紧围绕着“生态休闲度假海岛”的目标定位，凸显涠洲岛海岛乡村旅游的独特魅力，同时借助海岛旅游发展的契机，促进海岛乡村改造和提升，加速乡村振兴战略的实现。

2. 规划目标

规划从生物多样性、生态保护研究、特色主体旅游、海岛乡村振兴等多个角度出发，综合确定本次个概念规划的发展目标。

规划目标了包括：

（1）以“候鸟、布氏鲸、珊瑚和火山遗迹”为主要保护对象的海岛自然生态保留地。

（2）以“生物资源、火山地质、海洋生物”为核心的陆海科研科普基地。

（3）以“地质观光、海岛度假、浪漫体验”为特色产品的海岛旅游度假目的地。

（4）以“海岛度假、农业休闲”为特色的乡村旅游示范区。

1.涠洲岛旅游区生态管控分区图
2.规划用地图
3.规划总平面图
4.规划理念

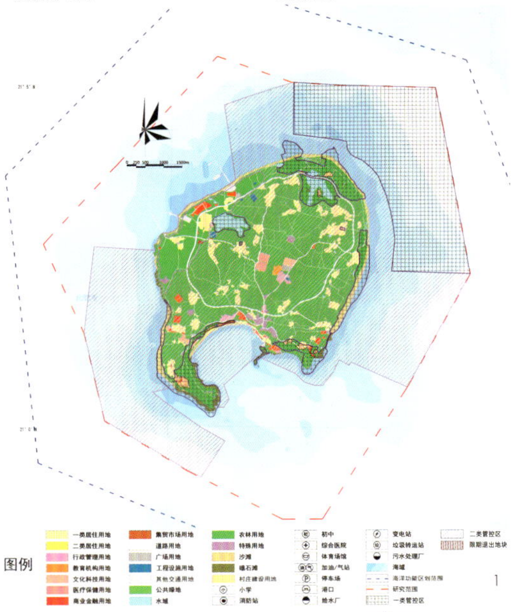

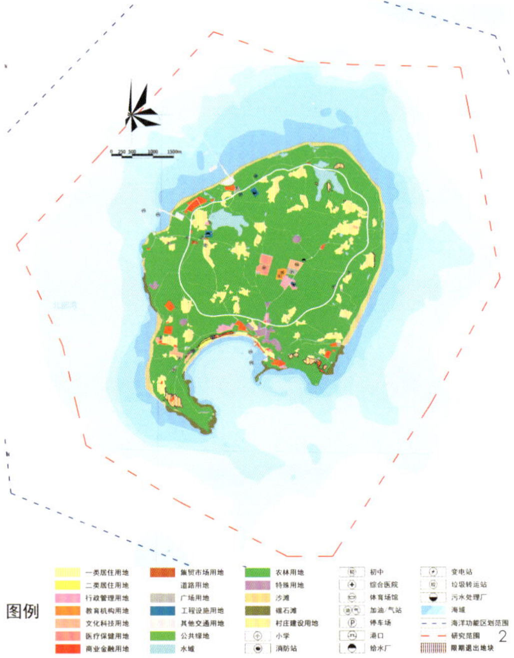

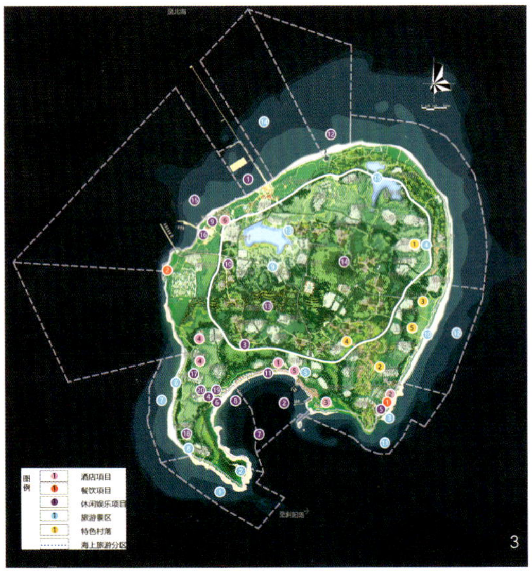

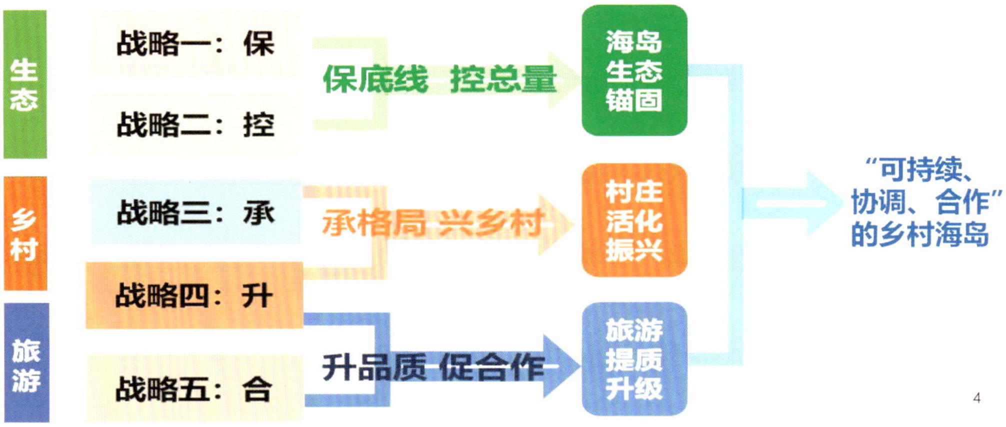

表1 《涠洲岛旅游区概念规划》《涠洲岛旅游区（镇）总体规划（2011—2025）》《涠洲镇土地利用总体规划（2010—2020）》建设用地对比表

	建设用地面积（km^2）	建设用地占比（%）	变化情况
现状	3.92	15.59	+0.34km^2（+1.5%）
《涠洲岛旅游区（镇）总体规划（2011—2025）》	12.48	49.96	-7.88km^2（-33%）
《涠洲镇土地利用总体规划（2010—2020）》	9.83	39.35	-5.52km^2（-20%）
本次规划	4.26	17.05	

表2 涠洲岛游客负面点评关键词逐级编码提取表

网站	总数	好评数	差评
携程	1342	1005	122
蚂蜂窝	1028	845	55
百度旅游	462	382	33
大众点评网	223	145	27
去哪儿	258	142	23
总计	3311	2519	260

表3 各大旅游网站关于涠洲岛的好评与差评统计表

一级编码（开放式登录）	二级编码（关联式登录）	三级编码（核心式登录）
不值得去、去了后悔、花钱找罪受、不会再去、徒有虚名、景点糊弄人	个体差异（12.05%）	旅游体验（28.06%）
受天气影响大、太阳暴晒、景区之间远	客观因素（4.13%）	
管理混乱、性价比低、开发混乱、宣传过高、规划不好、还未开发好	开发管理（11.88%）	
住宿差、海鲜贵、停水停电、饭店量不足菜价高、	食宿问题（7.06%）	旅游设施（37.18%）
路难找、路不好	道路设施（3.61%）	
景点不别致、景点不多、基础设施差、娱乐项目少、商业气息重、没有路灯、费用高（上岛费、船费、景点车费）、物价贵、消费高、船票被垄断、收费不合理、标志牌少、乱码七糟的建筑、搭在海滩上的大排档和烧烤摊煞风景	景区建设管理（26.51%）	旅游环境（20.99%）
灰尘多、环境脏乱差、海滩污染严重、潜水使水浑浊	卫生环境（17.38%）	
无公共交通、无穿梭巴士、乘车单程贵且无候车厅、交通不便	交通环境（3.16%）	
售票人员服务不好、拉客行为严重、酒店人员服务态度差、民风不淳朴、人员素质差、被黑店家辱骂、买票不能上船无人理、无服务	人员管理（6.37%）	旅游服务（6.37%）
被宰、被坑骗、强行停车收费、买到假货	财产安全（7.40%）	旅游安全（7.40%）

来源：携程网、蚂蜂窝、百度旅游、大众点评网、去哪网收集

5.海上体验分区
6.滨海度假分区
7.农业休闲分区
8.旅游路线策划图

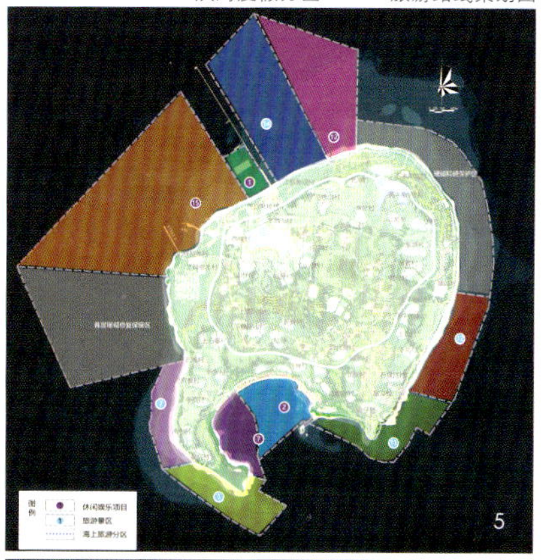

5

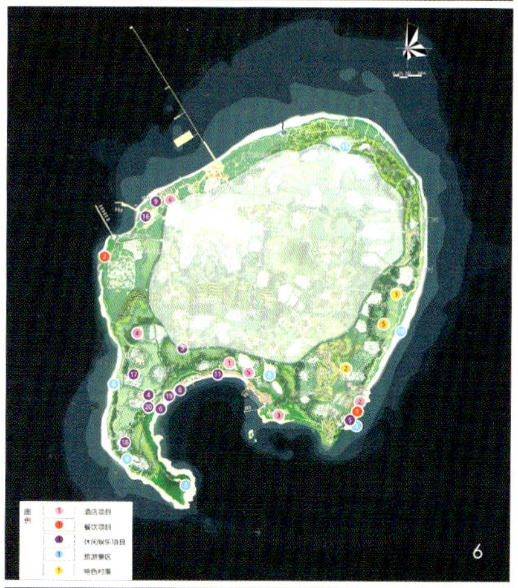

6

7

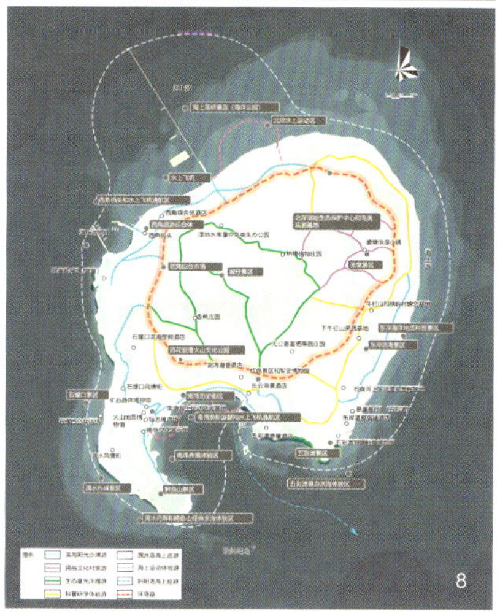

8

3. 规划理念

规划秉持“可持续、协调、合作”的乡村海岛建设理念，从生态环境保护、村庄活化振兴、旅游提质升级等三个方面形成了五大具体措施，分别是：“保、控、承、升、合”，规划希望通过这五大具体措施，锚固海岛生态底线，振兴活化海岛村庄，加速海岛旅游提质升级。

三、建设可持续、协调、合作的乡村海岛

1. 生态保护——保底线、控总量

（1）坚持底线思维，多维度、多方法，科学研判海岛保护与开发方向。

综合海域开发承载力评估、陆域生态承载力评估、生态脆弱性评价、游客容量预测等评估结果，规划判断涠洲岛的生态环境特征为：中等生态脆弱性、中等开发适宜性、中等开发程度。综合现阶段陆域生态承载最大人口2.63万人，最终确定涠洲岛年游客容量为390万人次。

本次规划认为现阶段涠洲岛正处于保护海岛生态环境的关键时期，在旅游开发过程中，必须以合理把握海岛生态环境脆弱性为前提，以海岛生态环境保护为重点，仅限于低强度开发建设，从而实现涠洲岛的生态保护、有序开发和永续利用。

（2）海陆空立体统筹，严守生态环境底线。

统筹《涠洲镇土地利用总体规划（2010—2020年）》（2015年调整）、《涠洲岛自治区级自然保护区总体规划（2013—2020）》《广西涠洲岛珊瑚礁国家级海洋公园总体规划（征求意见稿）》《北海市海洋功能区划修编（2011—2020）》《广西北海涠洲岛火山国家地质公园规划（2013—2025）》等上位和相关规划，形成“多规合一”规划底图，对海陆空间进行全面管控。

在多规合一的基础上，全方位立体化考虑各类空间要素，针对海岛特殊的生态环境，加入植被覆盖、潮汐、鸟类活动等海岛特色风险因子进行修正，分类划定生态管控分区。规划划定一类生态管控区面积1872.25hm^2，二类生态管控区面积4727.86hm^2。

（3）严控建设总量，减量发展，确立保护与利用协调发展空间格局。

综合各项分析结论和管控要求，规划严格控制新增建设用地面积，规划建设用地面积较镇总体规划和土地规划分别减少了33%和20%，仅比现状增长了1.5%，真正做到了减量发展，进一步确立了保护与利用协调发展的空间格局（表1）。

2. 旅游规划——升品质、促合作

（1）大数据判读游客感知，指导旅游发展方向。

通过收集各大旅游网站论坛的相关数据，从旅游网站评价，网络游记关键词情感分析，负面点评关键词分级提取等方面进行分析（表2、表3），判读游客旅游感知体验，归纳总结涠洲岛现状旅游存在的五大问题（主要包括景区管理、餐饮住宿、产品开发、卫生交通、旅游服务、财产安全），以此助力涠洲岛旅游产业改进升级。

（2）全域全要素旅游产品和服务体系构建。

基于大数据对游客感知体验，本次规划从宿，食，行，购，游，娱，学七大旅游要素出发，规划了海上体验、滨海度假、农业休闲三个功能片区，构建全域全要素的旅游产品和服务体系。

规划在现有旅游资源和服务设施等基础上优化并提升涠洲岛旅游产品体系，共形成15个特色景区、20个休闲娱乐项目、5个特色村落、6个高端度假酒店、2个特色餐厅，N个海岛风情民宿（表4）。

（3）三大旅游主题功能分区

①海上体验分区

涠洲岛沿岸外围6km海域范围内，海洋旅游资源优质、类型丰富，适宜发展海洋体验活动为主、观光为辅的旅游项目。规划布局了涠洲岛、斜阳岛环岛或半环岛游艇游，以及东岸海洋地质科普游，直升机或水上飞机环岛观光游，水面及水下体验游等海洋旅游项目。

②滨海度假分区

涠洲岛沿海区域自平均大潮高潮线起向陆地延伸范围外，悬崖峭、沙滩长、景色美，但岸线生态较脆弱，应以保护为主，以点状或线状开发为宜。重点规划南珠文化展示馆、南湾海上运动场域基地、五彩滩悬崖餐厅和浪漫步道及沿线驿站等滨海度假项目。同时结合主要旅游景点景区设置高端度假酒店、2~3个小型博物馆或艺术馆，为游客提供高水准高品位的旅游服务。

③农业休闲分区

涠洲岛发展至今已形成了数十个现状村落，其中散落着数百个保存良好的传统珊瑚石民居院落，同时拥有风光优美的生态湿地和特色鲜明的热带林果农业生态种植区。这些资源为涠洲岛发展“特色农业＋旅游”“自然生态＋旅游”和“传统村落＋旅游”提供了有利条件。规划布局了多处生态农业体验项目和传统文化村落景点，力争将此区域打造成为延长游客留岛时间、增加旅游体验度的特色片区。

（4）七大旅游要素策划

①宿

涠洲岛现状旅游接待设施主要以民宿为主，缺乏高品质的专业度假酒店。按照争创国家级旅游度假区的建设标准，规划在南湾海景酒店（改造）、长云海景酒店（现状）和西角综合酒店（在建）的基础上，以国际知名海岛的高端酒店为标准，新增3处高端旅游度假酒店。

②食

涠洲岛的民间美食文化开发潜力巨大，资源价值在现

表4　旅游项目策划表

类别	序号	项目名称	面积（亩）	备注
6个酒店	1	南湾海景酒店	60	改造
	2	东岸温泉高端酒店	52	规划
	3	五彩滩悬崖酒店	55	规划
	4	石螺口滨海度假酒店	112	规划
	5	长云海景酒店	29	现状
	6	西角综合体酒店	140	在建
2个餐厅	1	悬崖餐厅1（五彩滩）	5	规划
	2	悬崖餐厅2（暮崖）	5	规划
20个休闲娱乐项目	1	水上飞机	26.6	在建
	2	南湾渔船游艇和水上飞机通航区	80	规划
	3	百花浪漫火山文化公园	277	规划
	4	矿石晶体博物馆	17	改造
	5	五彩滩珊瑚鲸鱼博物馆	10	规划
	6	南珠文化展示馆	25	在建
	7	南珠养殖体验区	66	现状
	8	南湾海上运动陆域基地	50	现状
	9	西角旅游综合体	167.36	在建
	10	西角综合市场	16.23	规划
	11	南湾历史街区	127	改造
	12	北岸海上运动区	1000	规划
	13	香蕉庄园	100	现状
	14	热带植物庄园	100	现状
	15	西角码头和水上飞机通航区	1000	现状
	16	西角码头	20	改造
	17	石螺口风情街	5	改造
	18	滴水风情街	5	改造
	19	标志碑广场	4	现状
	20	火山地质博物馆	43	现状
15个旅游景区	1	滴水丹屏和鳄鱼山景点亲海体验区	37	现状
	2	鳄鱼山景区	5700	现状
	3	五彩滩景区		现状
	4	圣堂景区	40	现状
	5	红色景区和军史博物馆	3	现状
	6	石螺口景区	30	现状
	7	石螺口公共浴场	80	现状
	8	滴水丹屏景区	30	现状
	9	城仔景区	30	现状
	10	东岸滨海景区	41	现状
	11	五彩滩景点亲海体验区	150	现状
	12	东岸海洋地质科普景区	114	现状
	13	湿地水库星空鸟类生态公园	300	规划
	14	海上蓝桥景区（海洋公园）	1700	规划
	15	北岸湿地生态公园游客中心和鸟类观赏基地	100	规划
5个特色村落	1	盛塘浪漫小镇	200	改造
	2	石盘河上下坑温泉度假基地	54	改造
	3	牛栏山和横岭村婚恋基地	50	改造
	4	无公害富硒果蔬庄园	75	改造
	5	下牛栏山果蔬基地	400	改造

阶段没有得到充分体现。规划从加强餐饮产品的创新、提升餐饮环境及设施水平、加强餐饮人才培养、加强餐饮行业管理等方面入手对现状餐饮行业进行改进，结合景点景区规划多处特色餐饮设施，全面提升涠洲岛旅游餐饮行业的档次和品质。

③行

规划根据涠洲岛旅游资源特征及空间分布情况和未来旅游交通需求，以游赏结合、紧凑适宜为基本原则，兼顾道路的功能性、主题性和趣味性，在规划道路交通网络上形成涠洲环岛风景道、滨海景观游赏道、火山生态徒步道、海岛乡村体验道、水上巴士游线等不同主题的旅游交通路线。规划希望通过这些主题旅游通道串联各主要景区和项目，形成完整的游览体系。

④购

规划建议以涠洲岛特色景点为蓝本，结合当地传统手工艺，创作代表涠洲岛特色的系列旅游纪念品。同时利用当地特色的食材原料和加工工艺，制作品牌化的便于游客携带的涠洲岛风味小吃，促进涠洲岛旅游购物产业的整体发展。

⑤游

以“生态”为底线，以“资源”为依托，以“海（海水、海滩、海崖）”为重点，从现有重要旅游景点景区品质再提升、新兴旅游资源再拓展、潜力旅游资源再挖掘三个层面全方位打造涠洲岛的景区游览体系。

⑥娱

根据旅游市场的个性化和多样化需要，利用现代科学技术，合理吸收外来文化，发展主题游乐、时尚运动和艺术创作产业，鼓励对传统文化进行创新，促进多元文化发展，焕发涠洲岛文化旅游市场新的生命力。

⑦学

充分发掘和利用涠洲岛丰富的生物、地质和传统文化资源，引进国际先进的理念和技术手段，构建多种类，多样体验方式的研学科普展馆群，打造涠洲岛特色的科普研学旅游产品体系。

（5）客制化旅游产品升级海岛旅游体验。

在构建全要素旅游体系的同时，规划还针对针对不同年龄、性别、文化背景、收入水平的游客群体进行客制化的产品开发，进而提升用户的旅游体验度，加速旅游产品升级进化。

3. 乡村建设——承格局、兴乡村

（1）通过规范民宿经营推进村庄差异化改造。

表5　村庄改造行动计划表

主要行动	工作内容	行动举措
推进8个示范村改造	东角山村 、西角村、 圩仔村、白沙寮村、城仔村、北港村 、公局村 、沟门村	注重各村落主题特色挖掘； 加强景观风貌控制； 加强道路、供电、给排水、环卫等基础设施建设
推进乡村民宿示范村项目建设	（近期）西角村、上梓桐木村、下梓桐木村 、山仔村、城仔村、圩仔村、白沙寮村、老张公村、李屋村、东角山村、荔枝山村、北港村、黄牛角坑村、苏牛角坑村 、上后背塘村、下后背塘村； （中期）滴水村、茅寮村、上石螺村、下石螺村、上横路山村 、下横山路村、新寮村、坡塘、湾背村、百代寮村、邱屋村、邹屋村、东安村、石盘河村、湾仔村、斑鸠冲村、新安村、蕉坑村； （远期）公局村、公山村、沟门村、盛塘村 、张黄村、井仔村 、横岭村、上牛栏山村、下牛栏山村、上坑村 、下坑村	给予相关政策引导和资金扶持； 做好旅游产品提升和丰富； 优化旅游服务配套； 在传统珊瑚民居的基础上改造，保留产权，租赁使用权

以规范民宿经营为突破口，通过引进社会资金和管理机构，以租赁或统一管理等方式，促进民宿经营标准化规范化，同时实现对不同条件的村庄进行差异化提升和改造（表5）。

①对村落格局进行保护，改造推进过程中注意对村庄肌理进行还原与保护，以整体保护为目的，合理地对村落周边环境进行整治。

②注意在新建建筑与传统珊瑚石民居之间设置通透式的景观绿化带，通过绿化缓冲的形式，减少现代建筑与古村环境的冲突感；注意拆除破旧危房，合理扩大园林景观面积，增加绿化活动空间。

③完整保留村落各个巷道的标志物，对主要沿街立面进行印象还原，对街巷缺位部位进行补齐设计。

④在保留整个地区的历史风貌的前提下，允许适当的进行改建、扩建，将部分保护等级较低的民居或其他旧建筑改造为商业和文化活动场所，强化村落文化特性，鼓励其进行更新活化，使得村落的建筑功能布局得到更加全面的完善。

（2）打造融合旅游开发和村庄建设为一体的规划建设体系。

规划将旅游开发与海岛基础设施建设相结合，以星级旅游区交通体系建设要求为标准，以不新建道路为前提，尽可能对现状道路系统进行改造和优化，构建相对完整的海岛道路交通网络。在新建多处旅游服务设施的同时，推进旅游服务设施岛民免费或定时开放，实现推进公共服务设施岛民共享化。

规划还布局了供水、供电、通信、环卫等基础设施，进一步完善了涠洲岛乡村的基础设施体系。

四、小结

涠洲岛旅游区概念规划编制工作始于2018年，作为涠洲岛新一轮总体规划的前期研究，融入了当时刚刚形成的国土空间规划概念，坚持“山、水、林、田、湖、草、海”生命共同体理念，以生态环境底线作为发展约束条件，合理判断海岛未来发展空间，形成可持续、协调统一的发展方向和空间策略。同时，规划将乡村振兴与旅游开发结合，以旅游开发推动乡村基础设施建设，实现经济发展和民生建设同步推进。

参考文献

[1]莫竹承, 孙仁杰, 陈骁, 等. 涠洲岛湿地对鸻鹬类水鸟的承载力评估[J]. 广西科学, 2018(2): 181-188.

作者简介

温晓诣，博士，上海同济城市规划设计研究院有限公司城市开发规划研究院，所长，高级工程师，注册城乡规划师；

赵　谦，上海同济城市规划设计研究院有限公司城市开发规划研究院，规划师，工程师；

杨晖秀，青岛市城市建设设计研究院有限公司，副院长，工程师。

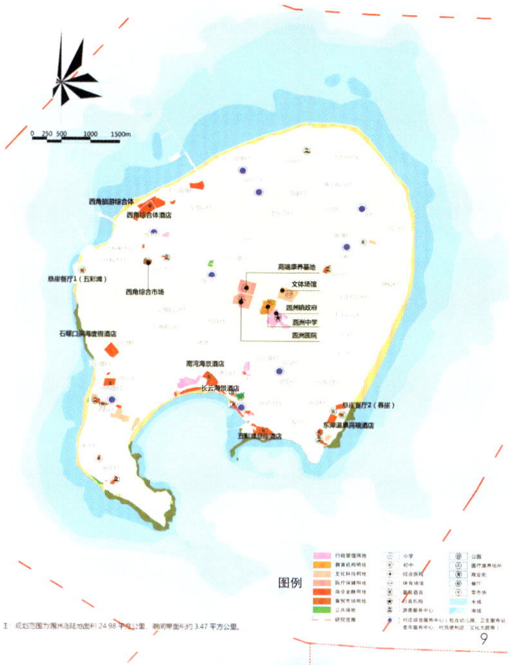

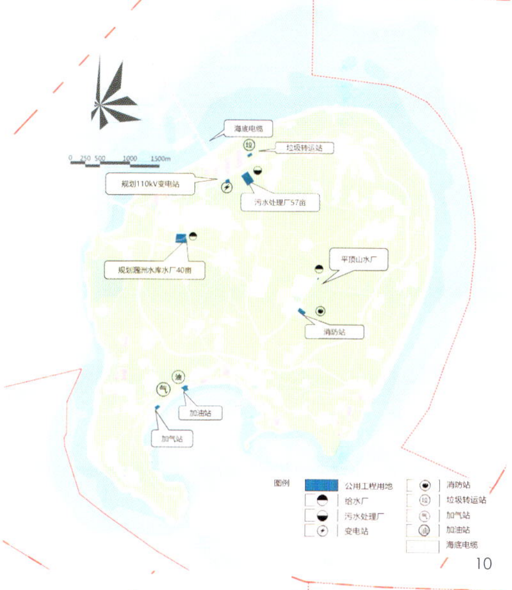

9.公共服务设施规划图
10.基础设施规划
11.环卫设施规划图

新度假语境下山岳风景名胜区文化感知提升及可持续发展探索
——以泰山风景名胜区东御道项目为例

Explore the Sustainable Development & Cultural Perception Enhancement of Scenic Spots in the Context of Leisure Vacation
—Taking the Overall Development Planning of East Royal Road Demonstration Area As an Example, Taishan Mountain

余成豪 滕海鸥
Yu Chenghao Teng Haiou

[摘　要]　本文从休闲度假时代游客体验需求角度出发，聚焦传统山岳型风景名胜区多以生态观光为主而带来的文化感知度不强以及因与游客需求脱节而带来的后续可持续发展问题，以泰山东御道项目为例，依靠策划规划多路径，对“文化内涵解读、空间场景转换、时代需求连接、可持续发展探索”四方面展开研究：①对泰山文化进行双解读，提取文化内涵，构建泰山文化谱系；②结合场地空间肌理，从开发节奏和体验序列出发，构建泰山文化感知场景系统；③链接新度假时代客群多样化需求，以文化感知空间为载体，搭建多元度假产品体系；④搭接区域景产城乡发展要素，内强外联，营造项目多元产业可持续性发展可能。

[关键词]　休闲度假；风景名胜区；文化感知；可持续发展

[Abstract]　From the perspective of tourists' experience needs in the leisure era, this study focuses on the weak cultural perception of traditional mountain scenic spots, which are mainly ecological tourism, and the subsequent sustainable development problems caused by their disconnection with tourists' needs. Taking the "East Mount Tai Royal Road" project as an example, this study is carried out from four aspects of "cultural connotation interpretation, spatial scene transformation, link of the needs of The Times, and exploration of sustainable development" by relying on planning and planning multi-path we rely on the multi-path of planning. (1) Double interpretation of Mount Tai culture, extract cultural connotation, construct Mount Tai culture pedigree. (2) Combined with the site space texture, starting from the development rhythm and experience sequence, mount Tai cultural perception scene system is constructed. (3) Linking to the diversified needs of customers in the new holiday era and takes cultural perception space as the carrier to build a diversified holiday product system. (4) Overlapping with regional industrial and urban development elements, strong internal and external connection, and create the possibility of sustainable development of diversified industries of the project.

[Keywords]　leisure vacation; scenic spot; cultural perception; sustainable development
[文章编号]　2022-90-P-022

一、引言

文化与旅游相生共兴，相辅相成。随着人们对精神生活追求的不断增长，越来越多的旅游者正跨入深度旅游阶段，文化日益成为支配旅游活动的精神支柱和旅游经济的重要引领部分[1]。促进文化与旅游融合发展，是世界旅游可持续发展的大趋势，是旅游先进地区的成功经验，对于传统山岳型风景名胜区尤为如此。

山岳型风景名胜区是我国风景名胜区的主体，其占比可达近50%。以泰山、黄山、峨眉山为代表的山岳型风景名胜区因其秀丽的自然景观和深厚的人文特色，一直以来都是中外游客旅游的重要选择。如今，距离第一批山岳型风景名胜区获评已近40年，随着旅游业的深度发展，越来越多的传统山岳型风景名胜区逐渐难以适应当前游客新的旅游与消费需求，进而出现了“爬完山就走、看完景就撤”“景区文化感知度低”“景区落伍”等现象[2]，这引发了笔者对于文化感知与山岳型风景名胜区旅游可持续发展耦合性的思考与探讨。

二、山岳型风景名胜区旅游可持续发展与文化感知的关联性

国内对于旅游可持续发展的研究，起于20世纪90年代中后期，相关学者在借鉴国外研究成果的基础上，针对国内旅游业发展状况，对可持续旅游的概念进行了总结和阐述，刘振卿指出，可持续旅游发展应理解为社会、经济的发展与旅游环境、旅游资源的开发利用、保护相互协调，促使旅游业不断发展[3]。

与此同时国内对于山岳型风景名胜区的可持续发展研究相对较少，本研究在纵向借鉴滨海[4]、景区等旅游可持续发展相关研究理论基础上，认为可以从生态学的角度出发，将山岳型风景名胜区旅游业与旅游基础生态系统（mountain scenic spot tourism fundamental ecosystem，MSC-TEFS）耦合在一起建立山岳型风景名胜区旅游生态系统（mountain scenic spot tourism ecosystem，MSC-TES）。MSC-TES就是在MSC-TFES中介入了旅游者和旅游业的特殊生态系统,此系统中旅游活动是系统运行的核心，旅游者及伴随的旅游要素的输入与输出是系统运行的主要表现形式，旅游功能是系统的主要功能。只有正确处理好旅游者及旅游业与MSC-TFES的关系，才能实现山岳型风景名胜区旅游的可持续发展。

在MSC-TES模型中，本文研究的主体“文化”则属于传统山岳型风景名胜区“资源可持续发展”主体“资源”中的人文资源，文化感知力探究的是人文资源与旅游者的互动关系，研究的本质在于揭发如何通过文化资源的适度开发和永续利用，作用于山岳型风景名胜区旅游业的可持续发展。

三、泰山东御道项目缘起及核心问题

1. 项目缘起

泰山，中国第一批国家级风景名胜区，同时也是世界文化与自然双重遗产，其文化底蕴之厚不言而喻。泰山自古便是历届帝王封禅之所，泰山东御道便是汉武帝封于泰山时的登山路线，2020年11月，上海劭梓城市规划设计事务所受地方委托编制《泰安市泰山东御道项目策划及概念规划》，总规划面积405.48hm^2（合计约6082.2亩）。

（1）山东省中华文化枢轴战略建设

2019年3月，《泰安市城乡一体空间发展战略规划》中提出“以泰山为中心，济南、泰安、曲阜共建中华文化枢轴”的规划设想[5]，此文化枢轴的设立将助力泰山遗产保护的同时，也串联起“四山、四水、四城、四圣”山—水—圣人文化资源，从而进一步擦亮山东文化品牌。

（2）泰山东御道文化遗址复兴议题

泰山被古人视为“直通帝座”的天堂，成为百姓崇拜、帝王告祭的神山，据记载，历史上先后有13位帝王登临泰山举行过封禅和祭祀仪式[6]，且帝王封禅的路线和规制多有不同。东御道便是汉武帝封于泰山时的上山路线，对于泰山封禅文化来讲具有很高的研究和纪念价值。但东御道遗址长时间处于荒废状态，近年来如何复兴东御道，再为世人揭开汉武帝东临泰山的这篇历史的议题不断被提起。

（3）泰山主景区文化产品升级与旅游接待能力不足的问题

2019年，泰山景区接待进山进景点游客567.9万人次，同比增长1.04%，其中进山游客417.6万人次，同比增长1.28%，泰山旅游继续保持升温势头[7]。泰山作为第一批国家级风景名胜获评已近40年，当前的文化产品仍以山下岱庙，山上碑文、宫殿等为主，开发较为初级。同时目前登泰山主要有南门和西门两条路线，停车与餐饮等旅游接待配套也集中在此，受空间限制当前停车场数量极其有限，餐饮配套也仅能依靠南门山下小店，就餐环境和品质十分有限。同时节假日高峰期主景区瞬时游客量大、登山线路拥挤造成景区安全隐患倍增，考虑到泰山景区的未来发展，需要有更好的配套设施和接待能力，以迎接海内外游客的造访。

正是基于以上契机，我司受地方政府所托，希望借助东御道项目的打造与开发，一方面能解决景区面临的接待能力不足等棘手问题，另一方面能重新擦亮东御道历史文化品牌，从而更好的助力泰山景区发展以及山东省中华文化枢轴战略的实施。

2. 核心问题

（1）如何提升泰山文化感知力，应该向世人传达何样的文化普世价值

泰山文化之深度与厚度不言而喻，从游客体验角度讲，当前泰山文化感知场所主要是山下岱庙和山上寺庙、石碑等空间，旅游产品更多是文化参观类为主，缺乏深层次文化体验类产品，这显然不符合当前偏深度体验的新时代旅游度假需求趋势。因此从释放泰山景区旅游增益效应的角度出发，应进一步挖掘项目文化，将其转化为迎合当前旅游度假游客偏好的体验性产品；与此同时基于泰山文化品牌建设和泰山风景名胜区可持续发展考量出发，旅游度假之余，应该借助项目向世人传达什么样的普世价值值得策划及规划团队深思。

（2）如何最大化放大本轮文化提升对于泰山风景名胜区旅游业发展的促进效益

东御道项目位于泰山风景名胜区东麓，同时项目始于泰山风景名胜区而来。但从城市角度讲，项目隶属大津口乡南侧-最为靠近主景区的区域，同时位于经济开发区[8]北缘区域，同时受景区、镇区和城区及经开区四重辐射。对项目而言，已不仅仅是本轮文化感知力提升的内容，而是如何借助文化提升，兼顾区域四重辐射诉求，将直接影响到项目承载的使命与发展方向。

四、项目定位

1. 策划思路

（1）找准占位，理清关系

①始于泰山——聚焦泰山风景名胜区困境，精准提升

明确泰山风景名胜区发展困境，聚焦关键议题，制定提升计划；加强文化解读，提炼文化内核，制定项目对外文化品宣的普世价值观；链接新度假市场，锚定主力客群，构建复合需求的文化产品升级。

②不局限于泰山——培育多产联动，重塑乡镇、城、景区域产业发展新格局

文化旅游为核心，以旅促产，充分挖掘旅游产业要素活力，植入高服体系，搭建孵创产业新生态；承接东部科技新城、经开区、大津口乡产业发展要求，差异化策划构建具有可联动性的产业新格局，持续放大文化提升效应。

（2）有序开发，分步实施

①先配套提升

以东御道为空间载体，完善泰山风景名胜区停车、餐饮等配套，提升风景区旅游接待能力，解决目前景区最大制约难题。经测

1.泰山东御道项目规划范围图　3.泰山文化研究图谱　5.景产城融合机制示意图
2.泰山东御道项目区位关系图　4.文化转化机制示意图　6.5.1km泰山东御道遗址打造示意图

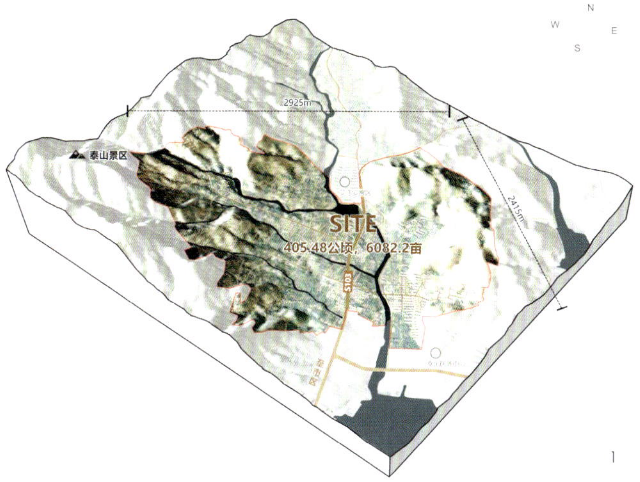

1

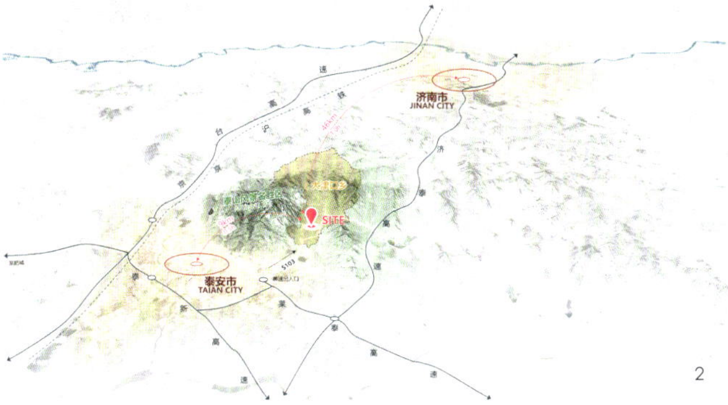

2

3

4

5

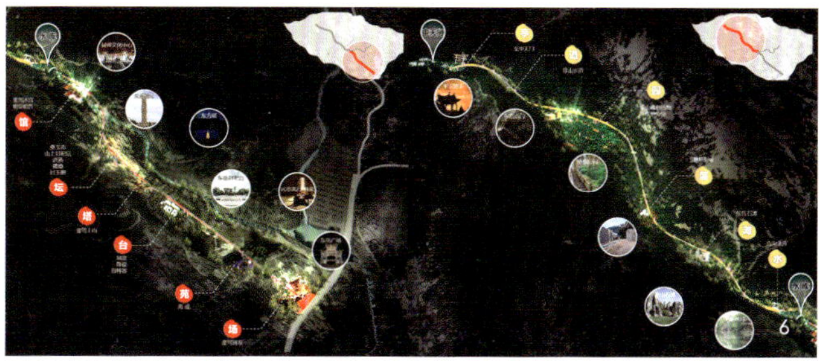
6

7.度假产品体系　　8.东御道项目文化感知谱系图

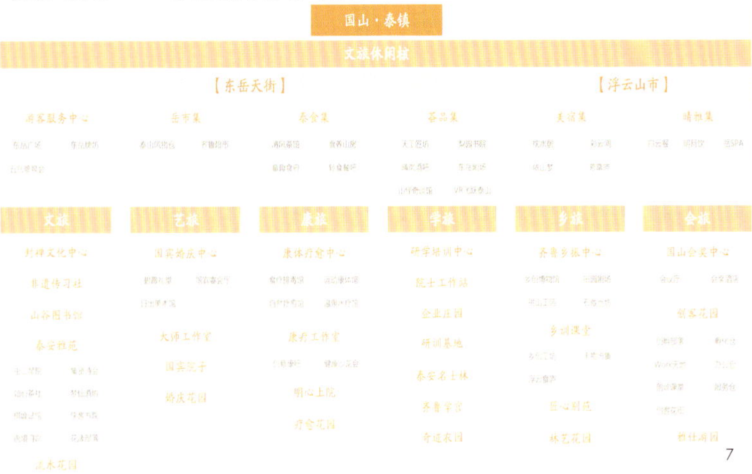

7

8

算，近期至2025年，东御道项目年游客量可达300万人次，共需布局停车场面积20000m^2。

②再文化品牌和度假升级

文化品牌升级：依托5.1km东御道遗址，打造感知汉武帝封禅文化与东临泰山美丽的文化、景观复合廊道，山下1.1km基于封山十二仪式，结合景观节点与构筑，再现封山庄严仪式；山上4km，结合直沟水库、泰山林场等场地记忆场所，构建生态廊道，讲述泰山“石”“水”“林”保护故事。

度假升级：依托新开发空间，链接客群需求，打造多元化的度假产品，进一步助力观光泰山、休闲泰山往度假泰山的转型。

②后协同发展——构建协同周边景—产—城融合发展的产业新格局

跳脱风景名胜区、景区视野，在旅游产业之外，融入区域景—产—城—乡发展大格局，探索差异化融合发展新可能。

2. 战略定位

基于泰山景区、大津口镇、经开区与泰安城市协同发展出发，从生态、文化、旅游、人居等层面多元考量，确立“泰山风景名胜区东门户”的总体战略定位，此“东门户”共包含四层含义：

①新文化门户，以东御道项目打造为契机，重振泰山国字号文化品牌，打造全新的泰山文化对外宣传与感知窗口。②新集散门户，以泰山东麓新停车场、餐饮等旅游接待配套设施为泰山风景名胜区打造东麓全新的集散枢纽。③新登山门户，复现5.1km汉武帝东临泰山路线，通过交通贯通、景观再造、文化再现等手段，为广大来泰游客增添一处除西门、南门外登临泰山的新路径。④新度假门户，链接新时代度假需求，聚焦泰山风景名胜区当前产品困境，以多元化产品供给打造一处全新的泰山度假场所，助推休闲泰山往度假泰山的转变。

五、泰山风景名胜区东御道项目的创新探索

东御道项目是集文化展示、休闲娱乐、主题度假、生态游览等多功能于一体的复合型项目。作为泰山风景名胜区文化感知提升的转型升级之作，本研究聚焦文化感知提升路径以及文化感知提升对于旅游可持续发展的促进机制，提出自己的创新探索。

1. 探索一，架构文化到文化感知场景再到文化业态的转变机制

本研究基于大量的资料文献查阅基础，对泰山文化进行二次解读，同时依托泰山空间实体，基于与当前新度假市场客群的联动，重塑了泰山项目新的文化业态体系。在山岳型风景名胜区文化解读、文化内核提取、文化谱系构建及如何与空间和市场需求联动营造文化业态等方面具有参考借鉴意义。

2. 探索二，以文促产，谋划文化景区再到“景产城乡”可持续发展新路径

（1）国内传统山岳型风景名胜区的1.0、2.0转型路径

1.0时代的山岳型风景名胜区旅游开发多以生态观光和文化参观为主，产品开发初级且供给有限。随着旅游业与经济的发展，已远不能满足当前新度假时代游客的多元需求，因而众多风景名胜区开始寻求1.0时代往2.0时代的转型与升级。受困于生态保护与文保限制，山岳型风景名胜区多选择在山脚或山外开辟新的空间作为新旅游度假产品空间载体，形式多为文旅景区、度假区或特色小镇，东御道项目定位泰山东门户部分原因也是基于此考量。但山岳型风景名胜区的升级发展仅限于此吗？是否还有其他新的可能？

（2）东御道项目对于2.0至3.0的探索

无论是1.0时代还是2.0时代，风景名胜区的核心产业都是文旅产业，至多是通过“旅游+”的概念搭接其他产业要素协同发展。但东御道项目的3.0时代探索，是跳脱出风景名胜区、景区的限制，放逐到产城视野，通过内强外联手段，强化自身产业造血能力的同时，寻求与周边产城区域协同发展的新图景。

（3）架构起MSC-TENS模型中文化资源作用于旅游可持续发展的促进机制

促进机制分为两个层级，层级一关键在于风景名胜区文化感知力的提升机制，从文化到文化图谱的提取、到文化感知空间的构建以及到文化业态的输出；层级二在于文化感知力提升效应的放大机制，在以文化业态为发展核心的文旅产业基础之上，联动产城其他若干发展要素，寻求从“文化景区”到“文景产城”融合发展的多元路径。此促进机制对于传统山岳型风景名胜区文化产品开发与升级、以及拥有周边有利产业要素可联动的风景名胜区的旅游可持续发展有借鉴意义。

六、泰山风景名胜区东御道项目的创新探索实现路径

1. 文化内涵双解读，构建镇国之山文化图谱新架构

（1）“七大之山”挖掘，解构泰山文化地位

泰山的文化之厚令人敬畏，但针对泰山文化的系统性研究缺少之又少。本项目锚定“新的文化门户”定位，以文化铸魂为策略，查阅了大量典籍，最终从“大大之山”（峻极之地，泰山之称的出现）、“信仰之山”（群山之祖，山岳崇拜的起点与代表）、“镇国之山”（九州之望，历代帝王封禅之地）、“生死之山”（神灵之府，泰山的信仰体系）、“人文之山”（天地大德，泰山的人文精神）、“养生之山”（福天洞地，物华天宝）、“丰乐之山”（民情风俗，民艺传承之地）七个方面对泰山文化进行解读，从而构建起泰山作为“镇国之山”的文化基础架构，所谓的镇国之山，根本上是指泰山，从一座自然山，逐渐发展成宗教山、民俗山、政治山，最终成为一座精神山，进而成为国家IP、

9.开发适宜性评价及空间斑块结构图
10.六创培育模式图
11.文化空间转化结构图
12.六旅空间结构与用地布局规划图
13.六创空间落位图
14.东御道项目六创体系与周边产业横纵向联动关系示意图

9

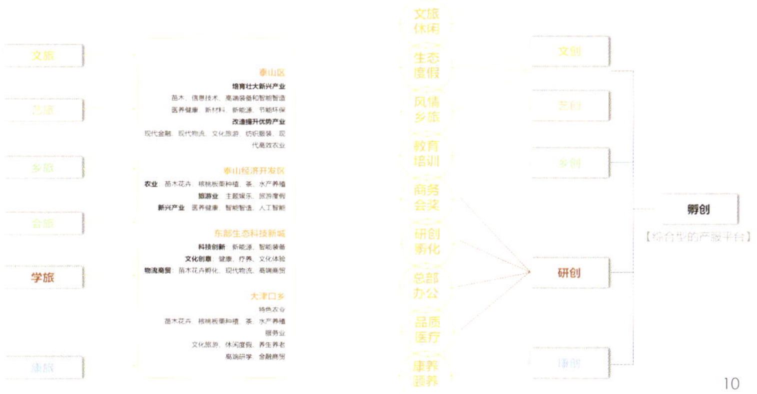

10

华夏品牌和民族符号的代表。它见证了华夏文明成长的历程，守护了国家民族的安全，既寄托着传统中国文人理想，又福泽天下苍生，是当之无愧的中华“镇国之山”。

（2）重塑泰山镇国之山品牌体系

围绕泰山“镇国之山”定位，从文化高度和文化辐射广度出发，以“1个国际客厅”“1场国际盛会”和“1个全球节日”三大产品为核心，为泰山架构起一套全新的国际性话语窗口，弥补当前泰山风景名胜区文化品宣不足的困境，详见表1。

表1　　泰山“国山”品牌体系构建

产品	功能	载体
1个国际客厅	商务接待、会议会展	国宾山庄
1个国际盛会	文化交流	泰山国际文化论坛
1个全球节日	文化交流、民俗娱乐	泰山华人平安文化节

（3）链接新时代度假语境，提炼“3+4”泰山文化新内核

文化需要高度，更需要更为广泛的感知，特别是在当前游客偏好文化深度体验的新时代度假语境之下，文化感知还需回归到人的主体需求轨道来。本项目作为泰山新的文化之窗，从泰山与人的链接关系对泰山文化内涵进行再解读，提炼出“国祚泰安、济世名安、福祉平安”的三安内核与“勇攀高峰的进取、天人合一的和谐、顶天立地的担当、胸怀博大的包容”四类精神。借鉴同类文化景区/小镇开发模式，“3安4精神”将作为泰山文化的二级内核，最终将通过业态场景的转化，形成游客对泰山文化的感知载体。

2. 文化与空间双向赋能，转化多层次文化感知场景

（1）场地开发适宜性评价，划定空间斑块

基地位于山脚地带，包含村庄、基本农田、水系等景观元素，且被省道103分割，同时受泰山风景名胜区三级保护红线的影响。规划以GIS手段，抓取高程、坡度、坡向、雨水、视线、地景敏感度、生态栖息地等多个评价要素，最终构建出7大场地建设空间斑块，作为东御道项目的文化转化场景。

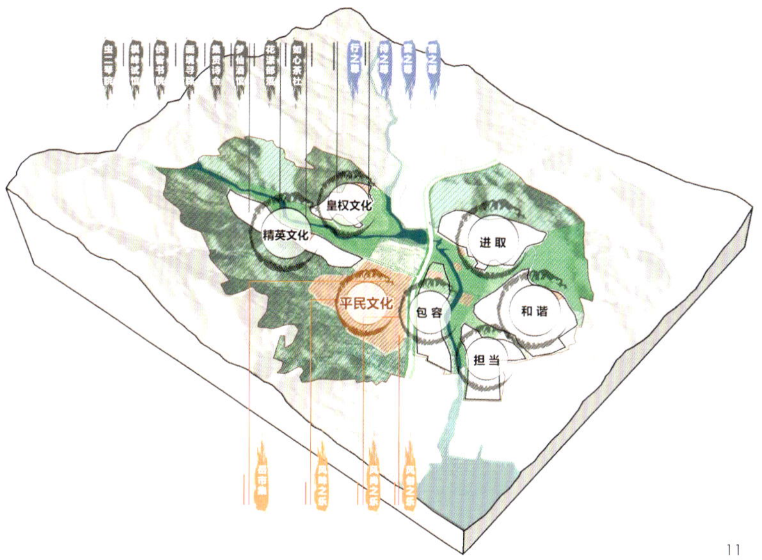

11

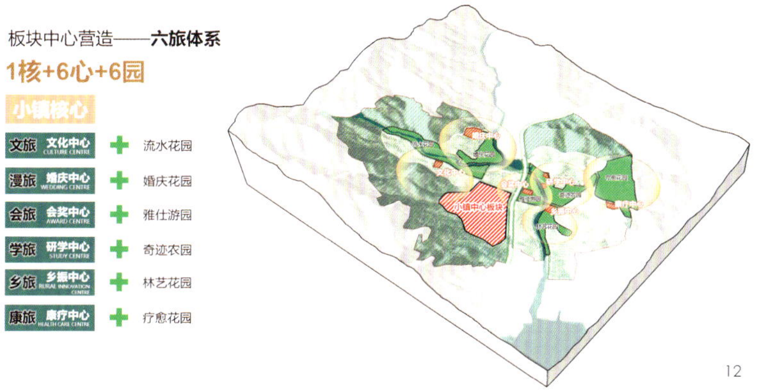

12

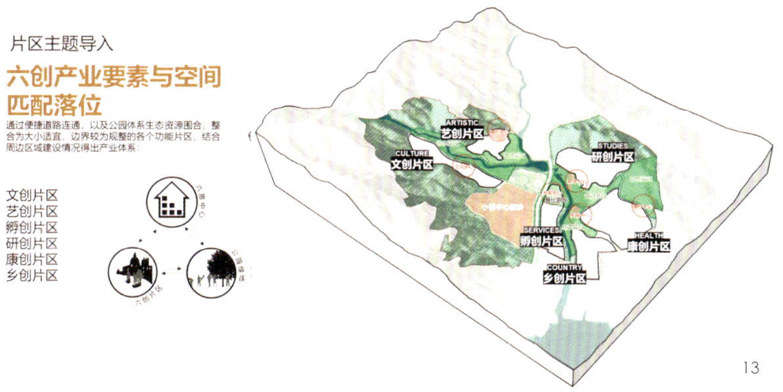

13

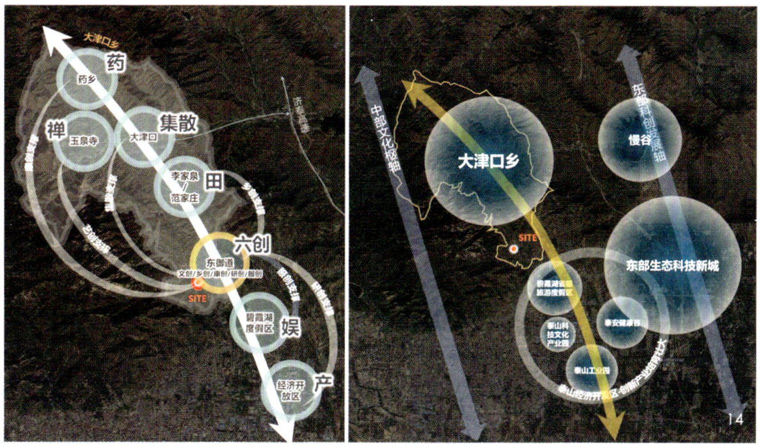

14

15.客群定位与需求图

表2　东御道文化感知空间场景体系

空间结构	功能	文化内核	空间载体	选址原因
一轴	东御道封禅历史轴	汉武帝封禅历史	5.1km御道遗址	遗址所在地
两片	集中式感知片区	泰山皇权文化	斑块三	河道隔离，地块相对独立
		泰山精英文化	斑块二	带状空间，前山后溪，环境雅致
		泰山平民文化	斑块一	通达性好，交通门户，开敞适宜人流聚集
	开放式感知片区	进取	斑块五	周边文创园气质
		和谐	斑块六	山林环境
		担当	斑块六	基地内苗木基地的乡创担当
		包容	斑块四	安置社区的包容性

（2）体验出发，转化多层次文化感知空间场景

基于场地空间斑块和文化业态特性，将东御道项目“3安4精神”的文化内核与基地空间进行对应，形成“一轴两片”的文化感知空间。并通过制定景观、建筑、业态、文化、科技五位一体打造策略，完成由文化内核到文化场景的转化（表2）。

3. 与市场共振，重塑沉浸式文化业态体系

（1）主力客群锁定

基于来泰旅游度假游客画像与市场特征研究，锁定新中产与高净值两大主力客群，以及根据年龄段细分的五大专项客群，同时对客群的偏好与需求进行详细的研判与解读，生成项目的需求图谱。

（2）六旅生态叠加，重塑多元文化业态

在文化感知体系的基础上，基于主力客群需求及项目自身资源特色，叠加六旅游生态体系，为项目构建出完善的产品体系，助力泰山旅游由1.0生态观光往3.0休闲度假的转化。

（3）点线面结合，构建“核—心—园”的空间结构

空间上，在一核两片文化感知空间场景体系的基础上，借鉴国内外同类型案例，同时综合考量各区域场地特质和使用需求等元素，构建起“核—心—园”的空间模式。一核六心六园以东御道泰山文化内核为核心，搭建起整个项目的度假机制。

4. 内强外联，实现“文旅+”“+文旅”区域产业协同发展新局面

东御道项目始于泰山风景名胜区，但不局限于风景名胜区建设本身，研究希望从产业培育、城镇体系、设施共建等角度，通过内外产业骨架的构建，探索项目更多元的持续生长可能。

（1）内：旅变创，以服育产，强化自身造血能力基于东御道项目所处的经开区北缘与主城北缘的特殊区位，有能力构建起“产服驱动、服产循环”的发展路径。基于文化业态，逐渐将旅游业态培育为新的产业要素，从而完成项目产业由旅游到孵创的二次蜕变与升级，持续性的增强项目的自我造血能力。

（2）外：点带面，盘活乡域资源，谋划泰东“创谷”协同发展

借力东御道六创契机，带动大津口乡与区域产城协同，融入区域产业发展走廊。一方面是纵向上借势六创崛起，加强与大津口乡禅茶、文娱等现状产业要素的衔接，相互依存，合理分工，差异发展。另一方面，以六创为引擎，横向上与东部的生态科技新城、东部科创发展轴，中部泰山经济开发区及西部泰山文化旅游枢轴产业联动，以“泰东创谷”概念融入区域产业格局，形成全新的“东科—中创—西旅”产业新格局，积极推动大津口乡、经开区与东部新城的的一体化协同发展。

七、结语

新度假时代语境下，面对传统山岳型风景名胜区旅游开发较早而引起的文化感知度普遍不高和产品与市场需求脱节导致的可持续发展问题，本研究基于MSC-TES理论模型，以泰山风景名胜区东御道项目开发为例，一方面，通过对泰山文化再解读以及市场需要的研判，将泰山文化谱系与空间斑块相链接，构建起泰山“国山”文化感知场景与沉浸式文化业态体系的转换通道，以达到持续提升泰山风景名胜区文化感知力的目的；另一方面为进一步放大文化感知提升效益，将开发与区域发展相链接，以旅促产，通过内强外联，主动融入区域文—景—产—城—乡产业发展新格局，借此谋划由文化景区至“文景产城乡”融合发展片区的新探索，为传统山岳型风景名胜区文化感知力提升和旅游的可持续发展提供了宝贵的借鉴意义。

项目负责人：邹邦元

主要参编人员：邹邦元、余成豪、闫玉东、姚歌、程俊林、滕海鸥

参考文献

[1]人民网.文化与旅游要融合发展[EB/OL].http://culture.people.com.cn/n1/2019/0708/c428400-31220814.html, 2019-07-08.

[2]中华人民共和国文化和旅游部. 机构简介绍.[EB/OL].https://baike.baidu.com/reference/22428848/fe4dBtRJpgn8T7GX7MZqbXlr_s0aVQnLFekr3z5oPtUkD9U9MI9sd6r81zWHpnqj2lRsJg.

[3]盛西优.重磅！济南泰安曲阜共建一条中华文化枢轴[EB/OL].大众网.https://sd.ifeng.com/a/20190310/7265597_0.shtml, 2019-03-10.

[4]郑京荆.历代帝王与泰山[EB/OL].中国日报.http://www.chinadaily.com.cn/zgzx/taishan/2009-06/01/content_7958832.htm, 2009-06-01.

[5]齐鲁网.2019年泰山景区接待游客567.9万人次[EB/OL].http://http://taian.iqilu.com/taianyaowen/2020/0121/4423215.shtml, 2019-07-01.

[6]泰安市经济开发区官网.走进园区[EB/OL].https://sd.zhaoshang.net/yuanqu/detail/4667/intro, 2020-03-25.

[7]山东省文化和旅游大数据研究中心.2019年“五一”假期山东省旅游市场分析报告[EB/OL].https://www.163.com/dy/article/EEKAUN2F0545754T.html, 2019-05-08.

[8]出行丨最全名单，国家级风景名胜区增至244处[EB/OL].中国政府网.http://www.gov.cn/xinwen/2017-04/28/content_5189476.htm.2017-04-28.

作者简介

余成豪，上海劭梓城市规划设计事务所，策划师；

滕海鸥，上海劭梓城市规划设计事务所，策划师。

永续发展视角下综合提升型旅游规划研究
——以青岛市崂山太清游览区服务区为例

Research on Comprehensive Promotion Tourism Planning from the Perspective of Sustainable Development
—Take Qingdao Laoshan Taiqing Tourist Area Service Area as an Example

李嘉欢 丁帅夫
Li Jiahuan Ding Shuaifu

[摘 要] 风景名胜区是最具中国特色的特殊类型的保护地，它的定位与发展应符合历史发展要求。作为中国最著名的风景名胜区之一，崂山早在1982年就位列国务院颁布的第一批44处国家重点风景名胜区之中。在崂山内众多景区中，太清景区是崂山人文景点最丰富、景源价值最高、自然人文景源结合最紧密、道教气氛最浓的景区，体现出了强烈的与自然因素、宗教、艺术和文化的关联。本文落实上位规划要求，对太清景区的保护与发展进一步提升与优化，坚持科学规划、统一管理、严格保护、永续利用的规划原则，在规划中做到保护与利用并重。在保护自然生态系统原真性、完整性的基础上，满足人们休闲游憩需求。

[关键词] 风景名胜区；太清景区；永续利用；自然原真

[Abstract] Scenic spots are special types of protected areas with the most Chinese characteristics, and their positioning and development should meet the requirements of historical development. As one of the most famous scenic spots in China, Laoshan Mountain was listed in the first batch of 44 national key scenic spots promulgated by the State Council in 1982. Among the many scenic spots in Laoshan Mountain, Taiqing Scenic Spot is the most abundant humanistic scenic spot, the highest value of scenery source, the closest combination of natural and cultural scenery sources, and the strongest Taoist atmosphere. It embodies a strong relationship with natural factors, religion, art, and cultural connection. This study implements the higher planning requirements, further improves and optimizes the protection and development of the Taiqing Scenic Area, adheres to the planning principles of scientific planning, unified management, strict protection, and sustainable use, and pays equal attention to protection and utilization in planning. Based on protecting the authenticity and integrity of the natural ecosystem, it meets the needs of people for leisure and recreation.

[Keywords] scenic area; taiqing scenic spots; sustainable utilization; natural originality
[文章编号] 2022-90-P-027

一、太清景区：崂山核心一隅

作为中国最著名的风景名胜区之一，崂山早在1982年就位列国务院颁布的第一批44处国家重点风景名胜区之中。伴随着社会经济的快速发展和对风景名胜区认识和保护的不断深入，2008年，崂山风景名胜区管理委员会重新修编青岛市崂山风景名胜区总体规划，即《崂山风景名胜区总体规划（2018—2035年）》。其中，太清景区作为崂山风景区中的核心景区，为合理开发利用其旅游资源，促进景区的可持续发展，应在该规划的指引下，结合太清、华严景区的实际情况，对其做进一步的详细规划和引导，在保护风景区各类资源的同时，最大程度地发挥其在旅游方面的效益。

太清游览区服务区及主要游览线路的划定参照《崂山风景名胜区总体规划（2018—2035）》中的风景游赏规划划定。根据其中的风景游赏规划，确定本次研究范围860hm^2，规划范围包括太清宫、垭口、八水河三个重要游览区，以及七条主要游览线路（总长度约1.8万米）两侧各10~20m区域（总宽度不超过50m），共计136hm^2。

本次规划坚持科学规划、统一管理、严格保护、永续利用的规划原则，坚持资源保护与持续发展相协调，树立生态文化理念，严格保护风景资源及构成空间，挖掘自然和文化风景资源；坚持前瞻性与可操作性相协调，综合考虑景观、生态、文化、人口、管理等要素，完善服务功能，提升服务水平；同时注重局部发展与整体高度相协调，建筑宜藏不宜露、宜散不宜聚、宜高不宜低、宜淡不宜浓，宜中不宜洋。

二、永续保护发展视角下对景区的现状分析与评价

太清游览区服务区内包含三个区域：太清宫游览区、八水河服务区以及垭口服务区。太清景区大小景点共计75处，分为自然景源、人文景源两大类：其中，自然景源包括2处天景、13处地景、6处水景、9处生景；人文景源包括31处建筑、18处胜迹，风物若干。其中太清水月、明霞散绮、海峤仙墩、龙潭喷雨被列入崂山十二景。

在道路交通方面，规划范围内有道路7条，其中车行道2条，铺装大多以石材、混凝土为主，破损程度较轻。

在服务设施方面，设施配套类型较为完善，主要集中在太清宫周边以及垭口、八水河区域，包括休息设施、旅游服务设施、餐饮、住宿、购物、室内室外摊位等类型，但是尚未形成特色旅游产品。景区旅游安全设施、卫生设施等均能基本满足要求。

景区目前观景与桥梁系统较为完善，太清景区设有亭子7处。太清景区休憩平台结合游览路线以及各景点进行布置，共24处。景区内人行桥梁共11座，

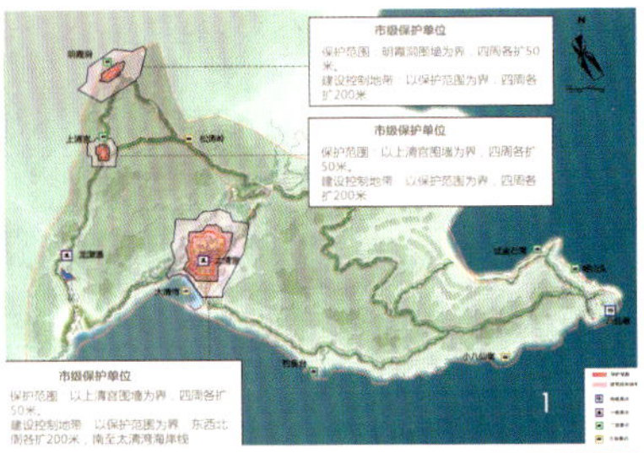

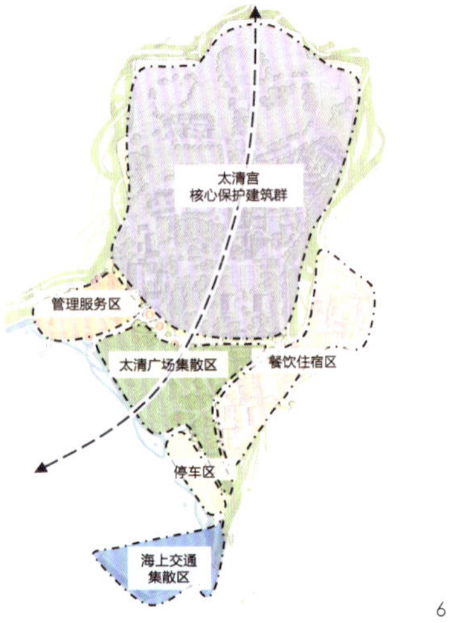

分布于景区内特殊地形处，按结构体系分为梁桥与拱桥。

太清景区作为崂山风景区的核心景区与标志性景区，目前基本实现了科学保护和适度开发结合，并兼顾经济效益、社会效益和环境效益。为提升景区品质，提升风景价值，本次规划对景区现状进行详实调研后认为，现状问题主要体现在以下方面：

（1）旅游服务设施缺少统筹布局与设计，未与景区人文景观风貌相协调，形式不一，类型单一，缺少特色。

（2）八水河广场、垭口索道等人流聚集区域存在人车混行，旅游大巴车与小汽车停车空间未分离等问题。

（3）垭口至明霞洞游览路线的简易购物、餐饮设施风貌较差，另外部分游线缺少景观设计，严重影响景区整体品质。

（4）现状除历史建筑外，八水河广场与垭口等部分建筑与院落尚未进行利用，造成空间资源浪费。

三、规划原则与规划目标

本次规划以《青岛市崂山风景区总体规划》为指导，力求处理好社会效益、环境效益和经济效益的关系。以保护好现存风景资源为前提，充分挖掘景区文化，突出太清景区的旅游资源特色与地域特色，强调景区自然景观优美，科考价值较高的核心内涵。景区建设紧扣绿色环保的发展方向，在景观营造和服务设施配置中，以绿色化、生态化、人性化为主导设计理念，作为进行旅游活动和旅游发展的主题方向。

规划坚持定点清除与重点提升相结合、整合资源与挖掘文化相结合、生态修复和整体修补相结合。规划目标以国际标准打造世界一流景区游览区、全国生态文明景区建设示范游览区、全国旅游创新发展先行游览区和区域性文化旅游中心和国际交流的重要平台。

四、太清景区总体综合提升规划策略

在总体布局上，针对三个游览区提出不同的解决方案：太清宫游览区维护现状空间格局，提升服务设施建筑的功能、风貌品质；八水河游览区完善交通组织系统，优化广场空间布局，提升总体风貌品质，增加公共活动与游客休憩空间；垭口游览区优化停车空间布局，打造协调统一的建筑风貌，完善公共空间设施与环境。

游览交通规划主要分为三点：首先完善游览交通体系，规划八水河索道站，建立垭口索道上站至巨峰的索道游线；第二提升静态交通空间品质，改造停车场空间，合理分流人车交通；第三优化步行道路体系，通过空间改造，实现游览区的分流人车交通。

在景点规划方面，对主要景点进行分级，划分为特级、一级、二级、三级共四个级别，划定太清宫、上清宫、明霞洞等文物保护单位的保护范围与建设控制地带。

风景游览赏析规划游览路形成“西环、东回”的双游线结构。西环游线由太清宫—老子路—垭口—明霞洞—上清宫——八水河的现状登山步道组成。东回游线为海陆换线，由垭口（太清宫）—蝈蝈笼顶—八仙墩—崂山头游船停靠点—太清宫的的原生态步行小路与海上游船线路构成。规划自钓鱼台到八仙墩沿路建设若干景点和眺望平台，观赏八仙墩、崂山头处的山海奇观。

在旅游服务设施规划方面，秉持集约空间资源，充分利用现状建筑完善服务设施的原则：对八水河、垭口游览区的旅游的闲置建筑改造，补充设施规模与类型。为提升总体风貌品质与特色，拆除游线的简易商贸商亭，整治与景区风貌不协调的建筑及周边环境。

五、景区综合提升发展原则下节点详细设计

本次规划选取了太清宫核心游览区、八水河服务区以及垭口服务区三处节点进行详细设计。

1. 太清宫核心游览区

太清宫为太清景区的核心景区，主要包括太清宫古建筑群，以及周边太清广场、码头、太清酒店等旅游服务设施，总范围约18hm^2，总建筑面积约20000m^2。

太清宫内建筑可分为对外开放与非对外开放两部分，配套设施建筑的主要功能有办公管理，公厕、餐饮、住宿、治安机构等，有部分闲置建筑尚未使用。目前太清广场作为人流集散中心，并作为大巴停车与小汽车停车场使用，现状有旅游码头一处，步行道路有老子路，联通至垭口服务区。

核心游览区内目前共有五处观景平台，分别是太清管理处前观景台，老子像广场，沿路观景平台，观海亭，东侧山头观景亭（尚未开放）等。主要景点为道教建筑、古树名木山海奇观天景；游赏方式以步行为主，时间基本为半日游。

规划遵循保护、减量、延承的策略。优化现状空间格局，提升服务设施建筑的功能、风貌品质。规划打造了六大功能分区：

（1）管理服务区，结合护林防火配套项目，将景区管理、办公建筑进行集中安置。

（2）太清广场集散区，加强人流集散功能，对人流主视线内影响太清宫景区特色的建筑进行整治。

（3）海上交通集散区，根据相关规划意见，太清宫码头功能定位由游艇帆船调整为旅游交通停靠使用。

（4）停车区，承接游览以及消防车辆。

（5）餐饮住宿服务区，规划通过改造利用尚未利用建筑作为餐饮购物设施，将该区域定位为餐饮住宿的服务区。

（6）核心保护建筑群落，该区域应严格根据相关法规、条例以及上位规划的保护要求对历史建筑、古树名木、古迹进行保护。

2. 八水河服务区

八水河服务区总面积约7hm^2，总建筑面积约2800m^2，主要包括1处公厕、1处消防中队、1处旅游秩序整治指挥中心，多处商铺，区域内建筑风貌并未完全协调统一。

总体来看，现状服务区主要存在以下几点问题：建筑风貌不协调，未体现景区特色；部分建筑闲置不开放，缺少人性化的人行公共活动空间；交通组织混乱以及特色景观营造不突出等。

在详细设计的总体布局上，规划完善交通组织系统，优化广场空间布局，提升总体风貌品质，增加公共活动与游客休憩空间。

通过人车分流，优化广场空间分区布局、合理组织交通流线等方式提升游览交通服务功能；通过对不协调建筑进行改造、对特色景观进行环境提升塑造和谐具有特色的景区风貌；通过庭院空间环境改造、增加游览休憩等旅游服务设施增加人性化的公共休憩空间。

主要打造三大功能区：

（1）人流活动集散区，采用开敞的空间布局，并组织滨海木栈道的步行流线。

（2）特色景观休憩区，对建筑外立面与庭院空间进行改造，置入特色购物餐饮等服务设施，并结合山涧水景打造一处小型公园。

（3）形象景观展示区，结合原入口处的“海上崂山第一名山”石刻进行景观环境提升。

同时对车行交通、人行交通以及交通设施进行了详细规划。规定了车行交通的行车路线，人行交通的游览路线，汽车停车位以及地下停车场等。

3. 垭口服务区

垭口服务区总面积约5hm^2，总建筑面积约6050m^2。建筑功能以餐饮为主，索道站游览区有地面停车场与地下停车场各一处，地面停车场作为大巴车的等候区使用，部分区域可供小汽车停车使用，地下停车场作为景区工作人员使用。

服务区内主要存在四类问题：一是停车场小汽车停车与大巴车停车未分区；二是登山入口被小型商业设施遮挡，识别性不强；三是商业设施建筑景观风貌不和谐，商业模式低端；四是公共空间未开放，缺少休憩设施。

在总体布局上，规划优化停车空间布局，提升区域建筑、完善公共空间服务设施与环境、明确停车要求，对商业建筑进行内部空间提升与立面改造，整治景区登山入口环境，形成连续的公共开放活动空间，并且适当增加休憩娱乐设施。

主要对垭口服务区打造三大功能分区：

（1）人流活动集散区，结合登山入口作为人流活动的集散区域，对空间进行提质改造。

（2）特色餐饮活动区，完成立面整治，打造连贯步行空间。

（3）景观广场活动区，对该处缺乏的服务设施进行补充。

在道路交通规划上，车行交通、人行交通以及交通设施进行了详细规划。规定了车行交通的行车路线，人行交通的游览路线，汽车停车位以及地下停车场等。

同时，本次设计还针对服务区花田进行改造设计。鉴于场地现状较为混乱，应结合地形高差，种植鼠尾草、金鱼草、孔雀草等野花品种，快速高效营造花田景观。在植物的配置方面，保证四季开花，可依据地形、花期、用途合理科学的搭配不同野花组合方案，能够烘托节日气氛。

六、结语

风景名胜区是自然和文化遗产高度融合的地域，太清景区作为宗教文化丰富、宗教文化悠久的风景名胜区，体现了强烈的与自然因素、宗教、艺术和文化的关联，在规划中应做到保护与利用并重、保护与发展并重，严守生态底线，坚持永续发展原则，与自然保护区共存共生。

项目负责人：丁帅夫

主要参编人员：丁帅夫、李嘉欢、方卓君、张舒

作者简介

李嘉欢，同济大学建筑与城市规划学院，硕士研究生；

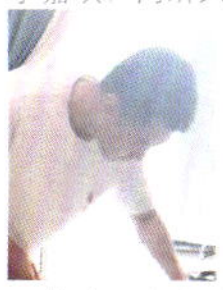

丁帅夫，青岛市城市规划设计研究院三所，副所长，注册城乡规划师，高级工程师。

1.太清游览区服务区景点规划图
2.太清游览区服务区总体布局规划图
3.太清游览区服务区游览交通规划图
4.太清游览区服务区风景游赏规划图
5.太清宫核心游览区总体布局规划图
6.太清宫核心游览区功能分区图
7.八水河服务区总体布局规划图
8.八水河服务区人流活动集散区意向图

文旅融合背景下风景名胜区转型发展路径
——以乐山大佛风景名胜区为例

The Development Pathways of Scenic Areas Under the Background of the Integration of Culture and Tourism
—A Case Study of Leshan Giant Buddha Scenic Area

金 英 昝丽娟 周海霞
Jin Ying Zan Lijuan Zhou Haixia

[摘　要]　风景名胜区集结了大量珍贵的自然和文化遗产，是自然史和文化史的天然博物馆，也是我国文化和旅游产业的重要空间载体。随着旅游业由高速度发展向高质量发展转变，将进一步推动文化和旅游深度融合。在此背景下，本文结合当前风景名胜区在旅游发展方面存在的主要问题，创新提出“景区+度假区”“景区+产业园区”“景区+全域”的风景名胜区转型发展路径。同时，以乐山大佛风景名胜区规划实践为例，总结风景名胜区转型发展策略，以期为风景名胜区在新时期的高质量发展提供参考。

[关键词]　文旅融合；风景名胜区；旅游度假区；文旅融合产业园

[Abstract]　The scenic spots have concentrated a large number of precious natural and cultural heritages, are natural museums of natural history and cultural history, and are also important spatial carriers of my country's cultural and tourism industries. With the transformation of the tourism industry from high-speed development to high-quality development, the deep integration of culture and tourism will be further promoted. In this context, this article combines the current main problems of scenic spots and innovatively proposes the transformation and development path of scenic spots + resorts, scenic spots + industrial parks, and scenic spots + whole areas. At the same time, taking the planning practice of the Leshan Giant Buddha Scenic Area as an example, summarize the transformation and development strategy of the scenic area in order to provide a reference for the high-quality development of the scenic area in the new era.

[Keywords]　cultural and tourism integration; national park; tourist resorts; cultural and tourism integration industrial park
[文章编号]　2022-90-P-030

文化是旅游之魂，旅游是文化的重要载体。自文化和旅游部正式成立以来，文旅融合进一步加强，旅游产业也从高速度发展向高质量发展转型。《中共中央关于制定国民经济和社会发展第十四个五年规划和二〇三五年远景目标的建议》提出：“推动文化和旅游融合发展，建设一批富有文化底蕴的世界级旅游景区和度假区。”风景名胜区作为我国文旅空间的重要载体，素有“自然史和文化史的天然博物馆”之美誉。在文旅融合背景下，依托风景名胜区建设世界级旅游景区和度假区，是促进我国旅游产业高质量发展的重要抓手，也是风景名胜区实现转型发展的重要举措。

一、风景名胜区具有自然与文化的双重属性

风景名胜区是国家依法设立的自然和文化遗产保护区域，以自然景观为基础，自然与文化融为一体，具有生态保护、文化传承、审美启智、科学研究、旅游休闲、区域促进等综合功能及生态、科学、文化、美学等综合价值[1]。

自1982年我国正式建立风景名胜区制度以来，经过40年的发展，全国已设立风景名胜区达1051处，包括国家级风景名胜区244处、省级风景名胜区807处，这些风景名胜区基本覆盖了我国各类地理区域。同时，风景名胜区内包含了35处世界遗产地，荟萃了自然之美与人文之胜，拥有壮丽的自然风光和深厚的历史文化底蕴，具备发展文化旅游的天时地利。风景名胜区是践行“绿水青山就是金山银山”的典范之地，是我国生态文明和美丽中国建设、促进国民经济和社会发展的重要载体[2]。

二、当前风景名胜区旅游发展存在的主要困境

风景名胜区经过近40年的建设，在保护生态、服务人民、展示文化、推动发展上取得了卓越的成就。但在当前经济社会转型发展的背景下，风景名胜区也面临诸多困境。

1. 以门票经济为主，产业经济发展滞后

风景名胜区尤其是大型山岳型风景名胜区普遍范围广、投入大，旅游接待以大进大出、短暂停留和较低花费为特征，营收结构以“门票+景区客运”为主，旅游综合效益较低，大多处于低效发展的“门票经济”阶段。

2. 以观光游览为主，缺少深度体验和夜游项目

国家级风景名胜区长期受到保护的严格限制，导致核心景区内以自然山水游览为主，大量的特色文化资源和景观未转化为可深度参与和体验的文旅项目。

3. 设施配套不完善，缺乏留客旅游项目

过去风景区在配套服务设施时主要强调酒店和餐厅建设，缺乏文化创意、夜间休闲、体育运动、娱乐体验等多样化的服务配套，单一的项目难以留住游客。

近年来，城市微度假、中高端品质游、红色旅游、乡村旅游、研学旅游等市场迅速发展，安全化、近程化、自助化、智慧化、品质化、度假化逐渐成为旅游的新常态，大众对于旅游产品的品质和体验越来越重视。以观光为主的旅游产品已无法满足大众旅游需求，如何在文旅深度融合背景下实现转型发展，是风景名胜区面临的全新问题。

三、风景名胜区旅游转型发展路径

当前大部分国家级风景名胜区也是国家5A级或4A级旅游景区，但主要强调门景区的建设，本质仍是观光旅游，服务“门票经济”。因此，笔者建议风景名胜区按照圈层式发展结构，协调保护与利用。在一级和二级保护区内以保护为主，开展生态观光旅游；在三级保护区和外围保护地带内，尤其是城景结合区及乡村地带，应依托风景名胜区资源特色，加强资源整合能力，完善服务配套，打造旅游度假区，助推风景名胜区迈入“产业经济”阶段，实现转型发展。

1. “景区+度假区”，打造旅游目的地

依托风景名胜区资源优势，引入度假小镇、度假村、度假公寓、特色酒店、文化娱乐、体育休闲等生活化、主题化、品质化功能设施，建设具有中国特色并富有文化底蕴的世界级旅游度假区。独特的文化内核、复合的产品体系、优质的旅游体验是建设世界级旅游度假区关键的要素[3]。推进风景区转型发展为旅游度假区，要彰显文化内涵与品味，充分演绎地域文化，讲好风景区故事；要以国际化视野，高规格、高标准建设，构建多元度假产品体系；要顺应大众深度体验需求，提供全年龄、全天候、全季节、全休闲的旅游服务，营造全生活的旅游氛围，提供优质旅游体验。

2. “景区+产业园”，建设文旅融合产业园区

依托风景名胜区，延伸文旅全产业链，打造文旅融合产业园区。首先，要明确文化主线与定位，凸显文化内涵，弘扬地域文化，活化本土文化；其次，要构建完备的文旅产业体系，植入多元业态，创新文化旅游体验模式，加快培育特色项目，打造园区主导产业，塑造产业驱动力，促进园区产业的可持续发展。

3. “景区+全域”，推动全域旅游发展

风景区的发展不是单打独斗，而是让景区打开“围城”，充分整合周边资源。以重点景区带动周边地区综合发展，大力开展乡村振兴。从景区开发延伸到区域开发，带动区域综合发展，促进风景区的保护与利用，推动旅游业从单一的门票经济向产业经济转变，实现景区景点游向目的地全域游发展转型。

四、乐山大佛风景名胜区文旅融合转型发展实践

1. 规划编制背景

乐山大佛风景名胜区以世界级的佛文化遗产、历史悠久的古遗址、深厚源远的儒家文化、独特灵秀的山水资源为特色，1982年被列入首批国家级风景名胜区，1996年与峨眉山联合申报为“世界文化与自然双遗产”，2011年被评为国家5A级旅游景区。

2020年7月，《乐山大佛景区总体文旅产业策划及概念性设计方案》国际竞赛吸引了20余家知名旅游规划与策划机构参与，本方案为第一名中标方案。此次竞赛旨在通过整合乐山大佛景区资源，策划旅游产品，落地一批重点项目，促进乐山大佛风景名胜区实现转型发展，助力乐山市建设世界著名旅游目的地。同时，通过文旅产业策划，为乐山市国土空间规划和乐山大佛风景名胜区总体规划编制等提供支撑。

2021年3月，笔者团队继续参与编制《乐山大佛文旅融合产业园区总体规划》，进一步助力乐山大佛风景名胜区实现文旅融合深度发展。

2. 核心问题把脉

作为世界遗产地的乐山大佛，自对外开放以来，声名在外、不缺游客。与此同时，景区

1.风景名胜区保护圈层结构示意图
2.风景区东西发展格局现状图
3.凌云大佛观景莲台效果图
4.乌尤坝禅修度假岛效果图
5.凤洲岛艺术花岛效果图
6.杜家坝民俗水乡效果图

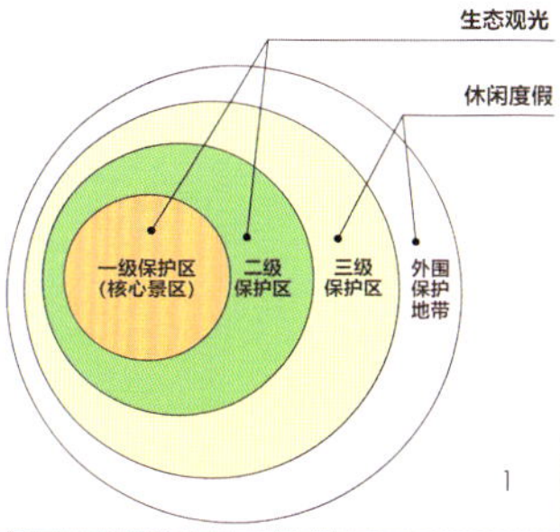

1

2

3

4

5

6

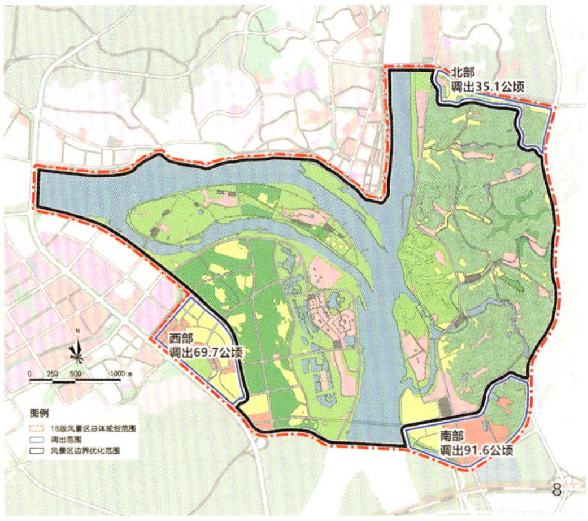

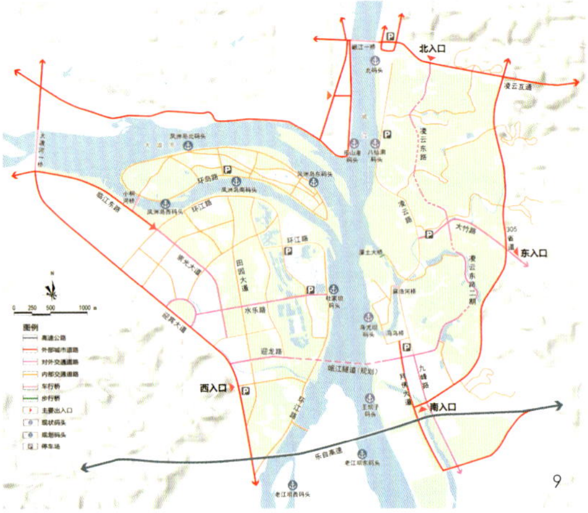

7.总平面设计图　8.景区范围优化图　9.综合交通图

也面临着规模小、内容少、缺体验、难留客的发展困境。一是核心区面积小，可游览内容少。景区规划面积18.46km^2，但现状可游览面积约2.81km^2，仅占景区面积的16%，旅游产品以单一的世界奇观和人文景观观光为主。二是景区东西分离，大面积区域未开发利用。景区东西隔江相望，缺乏直接的水陆交通联系；西部凤洲岛、杜家坝，东部龟城山等大面积区域以普通民居、田园和山地为主，未得到有效利用。三是服务配套滞后，难以留住游客。景区内部缺乏一站式特色美食体验项目和休闲娱乐项目，精品民宿酒店未串联在主要游览线路上，酒店与景区游览存在脱节现象，难以吸引游客在此留宿。

3. 发展破题思路

乐山市以旅游兴市、产业强市为战略目标，正加快建设巴蜀文化旅游走廊世界重要旅游目的地。乐山大佛作为世界文化遗产，是助力乐山旅游转型发展的核心旅游产品和战略抓手。设计方案紧扣大佛景区如何助力乐山旅游从"过境地"走向"目的地"的核心问题破题，提出景区要实现从"品牌为王"到"内容为王"、从"城景分离"到"城景一体"、从"观光经济"到"体验经济"三大转变。以创建"国家级旅游度假区"为目标，立足"弥勒佛世界奇观"，新增"乌尤岛禅修度假、凤洲岛艺术花岛、龟城山山地旅居、马鞍山主题公园、杜家坝民俗水乡"五大主题旅游区，实施"优化边界、东扩西延、南北融城、丰富业态"的景区扩容提质发展战略。同时，方案突出文化体验和旅居生活，规划六大产业、八大产品，创意策划一批重点项目，将世界级"一流资源"打造成"一流产品"。

4. 转型发展策略

（1）协调保护与发展，优化风景区范围

根据《关于建立以国家公园为主体的自然保护地体系的指导意见》要求，"分类有序解决历史遗留问题。对自然保护地进行科学评估，将保护价值低的建制城镇、村屯或人口密集区域、社区民生设施等调整出自然保护地范围"[4]。通过综合评价乐山大佛景区边界划定问题，协调保护与发展的关系，优化风景区边界，同时为旅游项目的落地预留空间。方案建议将村庄和城镇人口密集区调出风景区范围，风景区南部和北部结合南北门景区建设，西部结合高新区城市发展，调出196hm^{2}用地，建设康养旅游生活社区，加快景城融合。

（2）构建景城一体化格局，带动全域发展

①景城交通一体化发展。将大佛景区纳入城市功能组团整体考虑，建设4个入口、12个码头，形成水陆互动、内外连通的交通游览新格局，使大佛景区道路全面融入城市路网，实现景区与中心城区的无缝对接。

②景城功能一体化发展。以凌云大佛为中心，实施"东扩西延，南北融城"的景区扩容提质发展战略。向东开发建设龟城山，外围拓展康养产业，打造山地旅居目的地；向西开发利用凤洲岛和杜家坝，增加田园生态和民俗文化体验产品；南部和北部结合南游客中心、北文化广场的建设，近期进行景区化打造，远期进行城市化建设，配套旅游及生活服务设施，加强城市功能互补和衔接，带动全域发展。

（3）丰富旅游产品体系，打造旅游度假区

充分利用景区资源条件，结合不同的环境特色打造不同旅游功能区，构建"一核、一带、六片区"的空间布局结构。即提升凌云山世界奇观核心游览区，通过实施世界遗产修复工程、建设岷江观光栈道、提升旅游配套服务设施，增强观佛礼佛的仪式感和体验性；打造三江水上休闲带，抓住老木孔枢纽大坝建设契机，新增水上休闲项目，争取建成西南地区一流的水上旅游目的地；根据各区特色，打造凤洲岛艺术花岛、乌尤坝禅修度假岛、马鞍山主题公园、龟城山旅居度假、杜家坝民俗水乡和外围康养产业区六个主题旅游区。总体构建立体礼佛、美食体验、研学教育、民俗风情、夜间休闲、生态度假、运动探险、水文化体验等八大产品体系，为游客营造全新旅游生活方式，实现目的地打造。

（4）延伸文旅产业链，建设文旅融合产业园区

2021年1月，乐山大佛文旅融合产业园区建设指挥部正式挂牌成立，实质推进文旅融合创新发展。以凌云大佛为核心IP，辐射周边一公里范围，重点发展旅游观光、休闲商业、文创科技、研学教育、体育运动、康养度假六大产业，争创国家文化产业和旅游产业融合发展示范区。同时，扩大招商引资，加强园区运营管理。规划建设文旅产业创业孵化基地，形成功能完善、运作规范的创业孵化平台，引导文旅产业专业化规模化发展。

五、结语

把握我国旅游转型发展大趋势，从观光游走向休闲度假游，从门票经济走向产业经济，实现风景名胜区提质升级、高质量发展。本文结合乐山大佛风景名胜区规划设计实践，总结了“景区+度假区”“景区+产业园区”“景区+全域”的转型发展模式。依托风景名胜区的资源优势，在坚持保护资源的前提下，加快落实风景名胜区边界优化政策，充分挖掘和弘扬风景名胜区的优秀传统文化，坚持以文塑旅、以旅彰文，大力发展文化旅游、体育旅游、康养旅游、低空旅游、美食旅游等各类业态，打造旅游目的地。

参考文献

[1]中华人民共和国中央人民政府.住房城乡建设部公布中国风景名胜区事业发展公报（1982—2012）[EB/OL]. http://www.gov.cn/gzdt/2012-12/07/content_2284775.htm.

[2]中华人民共和国住房城乡建设部.关于印发全国风景名胜区事业发展“十三五”规划的通知[EB/OL].http://www.mohurd.gov.cn/wjfb/201611/t20161122_229592.html.

[3]熊海峰，林靓涵. 文化引领世界级旅游度假区建设的路径思考——以崂山风景区为例[J]. 人文天下，2020（09）：14-16.

[4]中共中央办公厅.国务院办公厅.关于建立以国家公园为主体的自然保护地体系的指导意见[Z].2019.

作者简介

金　英，上海同异城市设计有限公司国家公园研究所，所长，注册城乡规划师；

訾丽娟，上海同异城市设计有限公司，副总设计师，高级规划师；

周海霞，中国联合网络通信有限公司上海市分公司，解决方案工程师。

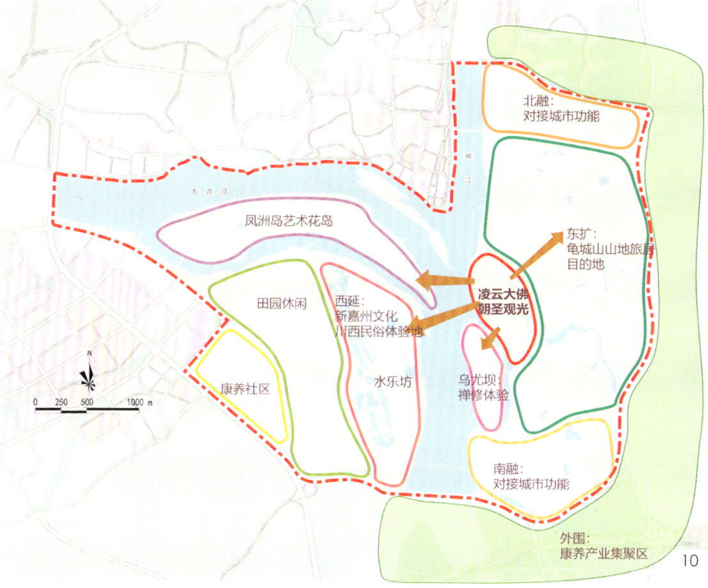

10

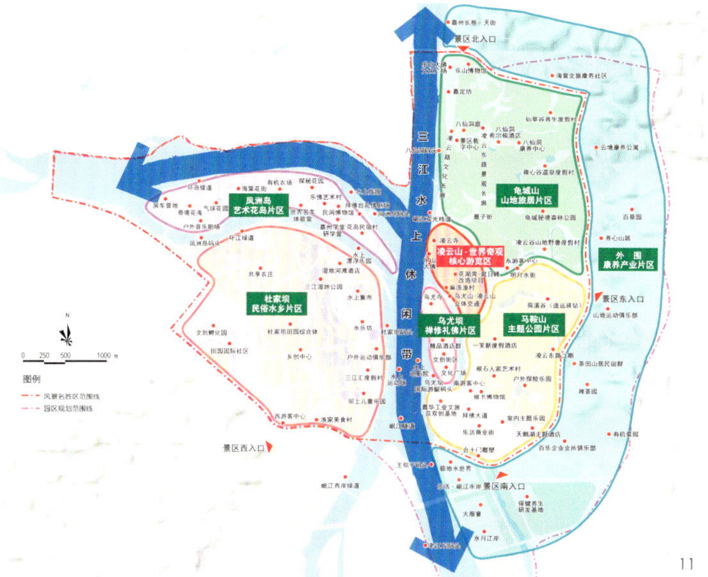

11

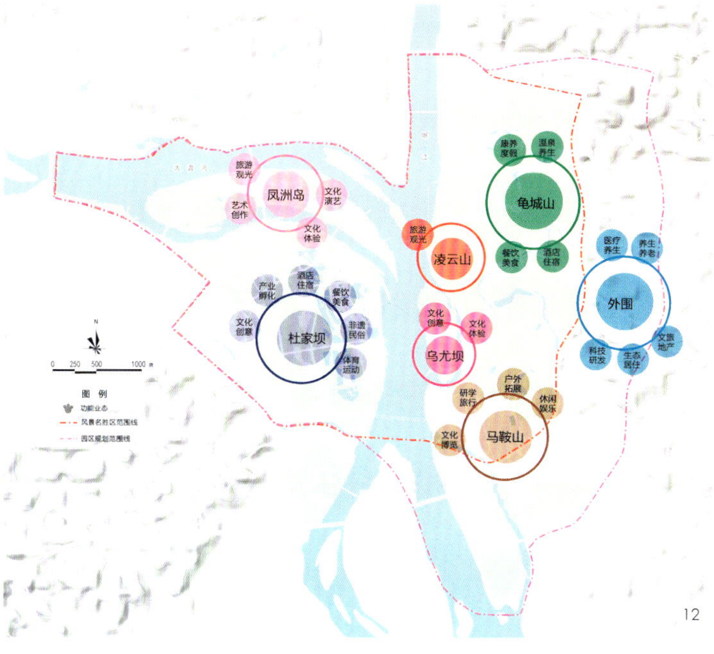

12

10.空间发展战略图
11.空间结构图
12.产业布局图

休闲时代背景下山岳型风景区的转型升级
——以都江堰灵岩山公园概念设计全球征集中标方案为例

Transformation and Upgrading of Mountain Scenic Spots Under the Background of Leisure Era
—A Case Study of Concept Design of Lingyanshan Park in Dujiangyan

颜剑英 陈宇昕 疏良仁
Yan Jianying Chen Yuxin Shu Liangren

[摘　要]　灵岩山坐落于青城山—都江堰风景名胜区，拥有千年古刹灵岩寺、大师聚集地灵岩书院和苍翠秀灵的生态环境。《成都市“西控”战略总体规划》的实施，锦江绿道建设的机遇使灵岩山成为成都最具开发潜力的区域。本中标方案通过进一步保护和挖掘“灵岩禅七”文化内涵，修复灵岩书院，开放景区等策略，打造国际知名的禅七文化生态休闲旅游目的地，实现城景协调发展，景区互联互通。通过该项目实践，探索并总结在新时代背景下山岳型景区如何转型升级。

[关键词]　灵岩山公园；灵岩禅七；生态休闲旅游目的地；山岳型景区；转型升级

[Abstract]　Lingyan mountain is located in Qingchengshan Dujiangyan scenic area, with a thousand year old temple, Lingyan academy, where the masters gather, and a green and beautiful ecological environment. The implementation of Chengdu's "Western control strategy" and the opportunity of Jinjiang Greenway Construction make Lingyan mountain the most potential area in Chengdu. In this bid winning plan, by further protecting and excavating the cultural connotation of "Lingyan Zen seven", repairing Lingyan academy, opening scenic spots and other strategies, we will build an internationally famous Zen seven cultural ecological leisure tourism destination, realize the coordinated development of the city and landscape, and connect the scenic spots. Through the practice of the project, explore and summarize how to transform and upgrade mountain scenic spots in the new era.

[Keywords]　Lingyan mountain park; Lingyan Zen Seven; eco leisure tourism destination; mountain scenic spot; provincial transformation

[文章编号]　2022-90-P-034

一、引言

山岳型风景区是以山地为旅游资源载体和构景游览要素的具有美感的地域综合体。其以丰富的资源，秀丽的自然与人文景观，跌宕起伏的地形地貌，较为完善的自然生态系统，吸引着无数中外游客和科学工作者旅游观光、科学考察和开展文学艺术活动。我国3A及以上景区有3000多个，其中山岳型景区有1000个以上，是我国旅游业的拳头产品。目前，大部分山岳型景区有以下四大特点。一是靠山吃山，圈地收票。长年以来始终依赖着“门票经济”，旅游辐射功能和经济拉动力不强，综合产出效益低。二是产品体系单一。旅游产品以观光型产品为主，产品的更新能力弱，缺乏创新，游客多到此一游，停留时间短，旅游花费低。三是淡旺季差异明显。受本底资源、季节气候、假期时间分布和出行资金的影响，难以实现淡旺季平衡。四是管理机制落后。观念保守，政出多门，景区管理和服务化水平较低。如何从困境中破局，实现产品、服务以及管理的升级刻不容缓。本文以都江堰灵岩山景区概念设计中标方案为例，寻求突破之策。

二、项目背景

1. 区位条件

灵岩山公园坐落于青城山—都江堰国家级风景名胜区，在大成都一小时经济圈内，紧临主城区和玉垒山，与中国道教名山青城山隔江相望，距市中心2km，其最高海拔为1432m，山麓780m，站在山顶，西可眺千里雪山，北可望井络天彭，南可见青城群峰，东可见成都平原。特殊的地理环境造就了灵岩山独特的自然风貌，是都江堰市第一批自然和文化地标。

2. 城市战略

（1）成都“西控”战略

都江堰位于成都绿色发展“西控”区域，灵岩山公园应抓住此战略机遇，推进“大文化、大旅游、大生态、大健康”发展，推动旅游产业从高速增长转向高质量发展。

（2）都江堰旅游产业转型

《都江堰市2017年政府工作报告》中明确提出建设国际生态旅游名城，灵岩山风景区应承接并落实

1.景区区位图
2.泛景区整体布局图

都江堰城市发展目标，以生态环境为依托，挖掘文化内涵，大力发展绿色生态旅游、文化休闲旅游。

（3）锦江绿道建设

锦江绿道北起都江堰水利工程鱼嘴，南至黄龙溪古镇，河道全线150km，涉及都江堰等10余个区（市）县。灵岩山景区应主动对接锦江绿道建设，与景区有机串联，整体联动打造为其中的重要节点。

3. 历史人文

翻开灵岩山历史篇章，盛唐时西蜀规模宏大的佛教禅院镌刻在历史的年轮和文化的根系里。灵岩寺、千佛塔、观音殿、藏经洞、灵窦泉、百态观音等历史遗存，延续着灵岩山的血脉和繁荣。昌圆法师、传西法师相继开启了灵岩寺的辉煌时代，成就了袁焕仙与南怀瑾的旷世佛缘，一场“禅七”活动，将灵岩山推向了一个高峰，成为中国近代“居士禅”兴盛的重要标志。

民国时期，李源澄创办灵岩书院。唐君毅、牟宗三、潘重规、饶孟侃、罗念生、钱穆、朱自清、周辅成等一批文化巨匠在此留下铿锵足迹，大学者谢无量更是有诗云“远游何必上青山、一到灵岩便有情，未见山门先一笑，满山红叶读书声”。灵岩禅七、灵岩书院是灵岩山的名片和骄傲。

三、规划范围与核心问题

本次规划范围位于都江堰主城区西北部，北界灵岩山脊、南临岷江、西接龙池公路、东至灵岩溪，规划面积308hm^2，研究范围1684hm^2。灵岩山在都江堰和青城山光环的掩盖下，逐渐被人遗忘，这些年旅游一直未得到发展，游客稀少，主要存在以下问题：

问题一，是建成依附都江堰—青城山风景名胜区的公园，还是独立景区，定位不清晰；

问题二，景城未融，与主城区各自独立发展，上山道路不畅，入口不显；

问题三，景区分离，与玉垒山、都江堰水利工程、青城山游览线路不贯通，不能将游客引入景区；

问题四，可游览景区规模偏小，以单一的寺庙人文景点观光为主，景点较少且布局分散；

问题五，历史悠久，人文荟萃，但寺庙破败，吸引力不足；

问题六，环境幽静，夏无酷暑、海拔750~1400m，全年平均气温25℃，但避暑度假潜力未挖掘。

四、破题思路

针对上述问题，本次规划从五个方面进行破题：

思路一，从成都一小时休闲旅游圈分析，都江堰景区作为最受关注的成都景点，全年游客接待量达750万人次，都江堰市有巨大的旅游市场和提升空间。

思路二，从都江堰旅游产品分析，灵岩山景区应从单一寺庙观光向休闲度假游转变，与都江堰景区的旅游业态形成互补之势。

思路三，从都江堰城市空间发展分析，应控制城市继续向东南拓展，强调集中紧凑布局，未来城市旅游度假功能可适当向北融入灵岩山景区。

思路四，从弘扬禅宗国学文化分析，以“灵岩禅七”为文化亮点，开辟禅修度假新天地。

3.核心区总平面图　4.整体鸟瞰图　5.泛景区整体鸟瞰图

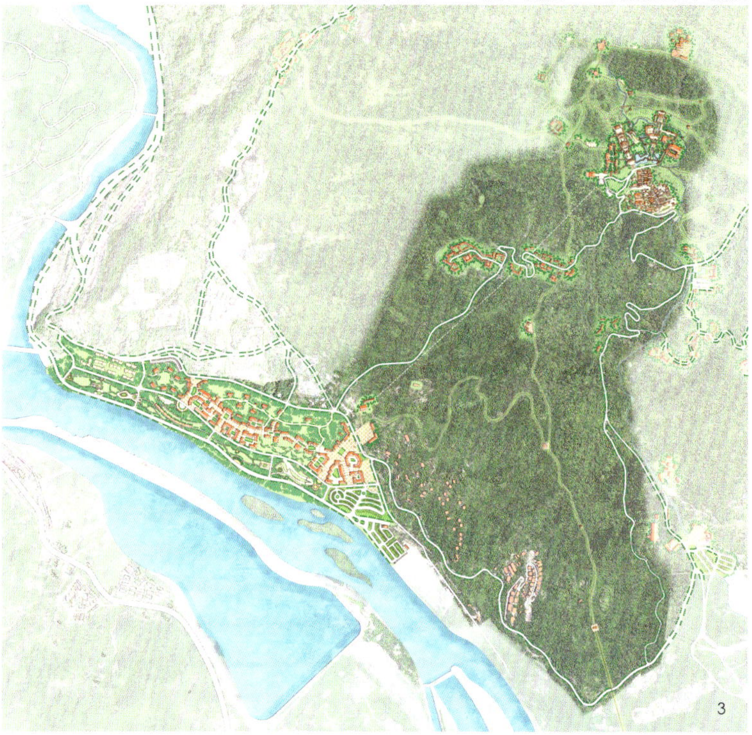
3

4

5

6.泛景区旅游空间格局图
7.泛景区路网体系图
8.索桥与索道布设图
9.紫园谷透视图
10.灵栖谷透视图
11.竹林谷透视图

思路五，从避暑度假旅游产品分析，灵岩寺周边可适当延展，因地制宜，打造近郊避暑胜地。

五、战略定位

1. 发展定位

规划依托千年古刹灵岩寺、大师聚集地灵岩书院、苍翠秀灵的生态环境、“山、水、禅、城”的空间特色，以及川西交通枢纽、大成都一小时经济圈的区位优势，落实严格保护国家级风景名胜区和大成都西控战略部署，承接都江堰市建设国家级生态旅游目的地战略目标，将灵岩山景区打造成集宗教朝拜、文化体验、禅修养心、科普教育、观光游览、山林度假等功能于一体的国际知名的禅七文化生态休闲旅游目的地。

2. 战略措施

为实现以上目标，规划提出六大措施：

措施一，以禅文化为核心，构建独立景区，打造山地避暑休闲目的地。

措施二，适当扩大核心景区，“做实山上，做活山下，上下一体”。

措施三，构建“一心、两街、三谷”旅游景区空间格局，形成“游都江堰，住灵岩山”的度假格局。

措施四，增设上山通道，构建“一环、三入口、五通道”“景城一体化”的路网体系。

措施五，架设“灵岩索道和玉垒索桥”，实现景区之间互联互通。

措施六，重塑“灵岩古道”，连通“灵岩新十二景”。

3. 形象定位

利用景城山水生态环境，突出灵岩禅七文化主题，实现与都江堰—青城山的错位竞争，构建“西南第一书院”的标杆品牌；打造“灵岩禅七”圣地；形成“问道青城山，拜水都江堰，禅修灵岩山”旅游发展格局。

4. 产业格局

规划构建以灵岩山为核心，以禅宗文化、民俗文化为主题的大灵岩山休闲旅游产业区，带动周边地区旅游业共同发展。形成山上禅养、半山度假，山下休闲的旅游产业格局。

六、核心景区总体布局

1. 总体结构

规划构建“一心、两街、两节点”的空间结体系。

一心是北部灵岩寺景区，包括禅宗文化园、国学文化园、灵岩古刹、灵岩书院、索道上站五大功能区块。两街是灵岩天街和二王街，二王街包括旅游集散中心、川西文化长廊、二王街、现状居住地、索道下站5大功能区块。两节点是灵栖谷和东侧门景区。

2. 交通组织

本次规划充分考虑灵岩山景区与中心城区、周边景区的交通联系，建立“两条车行上山通道、四条登山步道、五个停车场、一条索道、一条索桥”的交通体系，加强各功能区块间的交通联系。

3. 竖向设计

灵岩山地形复杂，相对高差较大，规划因地制宜在山顶结合制高点设置维摩塔和维摩天坛，可远眺都江堰水利工程和市区、青城山、紫坪铺水库、俯瞰整个灵岩寺；在山脊处设置千里一望亭，可俯瞰都江堰水利工程；在山下二王街利用缓坡地形，规划三级台地景观。

七、重点项目详细设计

1. 禅修圣地——灵岩寺景区

（1）功能定位

规划将灵岩寺景区打造成集宗教朝拜、文化体验、禅修养心、科普教育、观光游览等功能于一体的国学与禅宗文化体验区，成为国学与禅宗文化旅游体验圣地。

（2）提升规划

在规划设计上，首先修复观音殿建筑群，将其打造成为国家级宗教活动场所；其次扩建灵岩书院历史建筑，提高书院规格；建设书香园，设置红叶书声亭、大师论道园、创办人李源澄雕像等景观，再现抗战时期灵岩山大师云集的空前盛况。

在活动策划上，一要结合袁焕仙灵岩传道、南怀瑾灵岩悟道的经历，以“灵岩禅七”为主题，展开禅修度假休闲活动。二要定期组织灵岩禅七法会，做实禅宗文化IP。三要定期开办灵岩学堂，邀请国内知名的国学大师讲学，以国学教育打造灵岩文化圣山。四要制作一部《灵岩山传奇》纪录片滚动播放，让游客和观众深度了解灵岩山历史故事。

2. 禅意小镇——灵岩天

（1）功能定位

改造山地特色民居，调整功能业态，置入禅宗文化主题，培育禅宗文化业态，打造集餐饮、购物、休闲、度假、居住等功能于一体的山地禅宗文化休闲街区。

（2）改造设计

①梳理空间结构，置换功能业态，塑造“一街、两巷、三广场”

一街是灵岩天街；两巷是素巷和净巷。其中，素巷设置素食街、素食餐厅、禅茶味、禅意商店、禅意酒店；净巷设置悟禅堂、禅音堂、家庭禅修馆、禅医馆、花道馆、禅意馆、居士禅修客栈、瑜伽馆、禅武馆；三广场是结合入口和节点设置的菩提广场、银杏广场和六祖广场。

②整治生态环境，提升景区景观品质。

③保留较好民居，统一改造；并增建“雅巷”作为天街二期发展备用地。

3. 川西民俗文化长卷——二王街

（1）功能定位

弘扬李冰父子治水文化，集中展示川西民居、山水、园林、生活、人文等风土人情，打造集旅游集散、商业购物、休闲度假、观光游憩等功能于一体的川西文化长廊。

（2）规划设计

①形成“一街、一廊、一广场”的空间布局。

一街是二王街。通过演绎四川坝子市井文化广场、反映天府之国休闲生活。设置茶馆、评书、小吃、麻将等业态，建设望江阁、墨香阁、聚才楼、民俗庆典中心、大擂台等项目。

一廊是川西民俗文化长廊。展示在李冰父子治理水患，保境安民的时代背景下呈现的天府之国繁华景象。设置治水惠民园、天府蜀韵园、川人荟萃园、翠竹国宝园等沉浸式川西人文景观。

一广场是二王广场。设置汉阙、宝瓶楼、民俗艺术戏台、戏剧艺术会馆、飞沙坊等项目。

②增加一条车行道和一处生态停车场，结合索道车站入口打造旅游集散中心。

③塑造依山就势、自然天成的山地建筑风貌和街巷空间。

④全新演绎秦汉建筑、川西民居、两种建筑风格。

⑤打造“川西之光”大型夜间光影演出。

4. 登山步道

规划结合原有古道线路，打造“一条古道，四条特色步道”。灵岩古道展示自然风光，突出健康游。二王步道展示民俗风情，突出民俗体验游。源澄步道展示书院文化，突出亲子研学游。维摩步道展示观音文化，突出禅修度假游。南袁步道展示禅宗文化，突出禅修度假游。

八、结语

本案通过充分研究灵岩山景区的资源禀赋和发展存在的核心问题，为山岳型风景区转型发展提供破题思路和实施策略。一是创新性的用放大思维，以全域化视角，加强山上、山下联动，加强与周边景区、城区资源整合，构建一体化旅游空间发展格局；二是挖掘文化内涵，打造“灵岩禅七”文旅IP产品，拓宽文旅产业链；三是转变运营模式，适度开放经营，让山上文物建筑“活”起来，让人文精神永续“传承”；四是推动旅游方式由观光型向休闲度假型转型，引入特色夜游产品，延长游客停留时间，提升游客游览体验；五是提倡景区与社区共建共享，改造利用民居置换为新型业态，带动当地居民增收致富。

作者简介

颜剑英，上海同异城市设计有限公司长沙分公司，总经理，中级规划师；

陈宇昕，上海同异城市设计有限公司长沙分公司，副总经理，注册城乡规划师；

疏良仁，上海同异城市设计有限公司，总设计师，中国风景名胜区协会，顾问总规划师，高级规划师。

12.净巷

13.素巷

14.二王街内景

专题案例

Subject Case

风景名胜区总体规划

Master Plan for Scenic Spots

文化景观价值视角下世界遗产地可持续旅游路径研究
——以大庐山文化旅游圈总体规划为例

Research on Sustainable Tourism Path of World Heritage Stes From the Perspective of Cultural Landscape Value
— Taking the Overall Planning of the Cultural Tourism Circle of Extended Lushan Area

刘玉超 丁 凡

Liu Yuchao Ding Fan

[摘　要]　庐山是中国首个世界文化景观遗产，是人与自然和谐共生的产物。曾分属多个部门管理的庐山面临着遗产保护与旅游发展的双重压力。文章以大庐山文化旅游圈总体规划为例，综合分析判断庐山及其周边区域的关系，从文化景观价值的视角重新审视评价大庐山区域资源价值的物质表象和精神内涵，提出大庐山区域旅游发展要从旅游资源的消费走向文化价值的传播。在明确大庐山旅游发展定位和品牌形象的基础上，从强化文化景观遗产保护格局、构建新型城镇村景协同发展体系、明确以价值传播为主线的文化旅游产品供给要求三方面提出遗产地可持续旅游的路径。

[关键词]　世界遗产；可持续旅游；大庐山

[Abstract]　Mt. Lushan is the first World Cultural Landscape Heritage in China, and it's a result of harmonious coexistence between human and nature. However, Mt. Lushan has been managed by several departments and now is facing the dual pressure of heritage protection and tourism development. Taking the overall planning of the cultural tourism circle of extended Lushan area as an example, this article comprehensively analyzes the relationship between the mountain and its surrounding areas, reexamines the material representations and spiritual connotations of the resources in extended Lushan area. Through the above analysis, this article suggest that the development of regional tourism in extended Lushan area should switch from the consumption of tourism resources to the dissemination of cultural value. On the base of defining the tourism orientation and brand image of extended Lushan area, this article puts forward a path of sustainable tourism of World Heritage Sites from three aspects: strengthening the protection pattern of cultural landscape heritage, building a new coordinated development system of towns , villages and landscapes, and supplying cultural tourism products aiming at the dissemination of cultural value.

[Keywords]　world heritage sites; sustainable tourism; extended lushan area

[文章编号]　2022-90-P-038

一、规划背景

庐山，是中国首个世界文化景观遗产，因其悠久的历史与深厚的文化被冠以“人文圣山”的名号，其文化外延涉及文学艺术、宗教文化、隐逸文化，以及历史、政治、教育、城建等多个方面，在中国历史文化发展中扮演了重要角色，产生了深远影响[1]。

然而，山体面积近300km^{2}的庐山曾分属庐山管理局、星子县等五个行政单位管辖，这种多头管理、各自为政的情况导致庐山资源保护与旅游发展面临巨大挑战[2]。

2016年2月习近平总书记视察江西，称赞庐山为“庐山天下悠”，并指出：“绿色生态是江西最大财富、最大优势、最大品牌，一定要保护好，做好治山理水、显山露水的文章，走出一条经济发展和生态文明水平提高相辅相成、相得益彰的路子，打造美丽中国‘江西样板’。”[3]2016年5月，原星子县与庐山风景名胜区管理局、牯岭镇、海会镇合并成立庐山市。2016年8月，江西获批成为国家生态文明试验区，承担起了先行先试和探索新路的历史重任。为贯彻落实新时代的新要求，九江市提出构建“环庐山、大庐山、泛庐山”旅游经济圈设想[4]，开展了大庐山旅游发展规划的编制。

1.大庐山旅游规划规划及研究范围

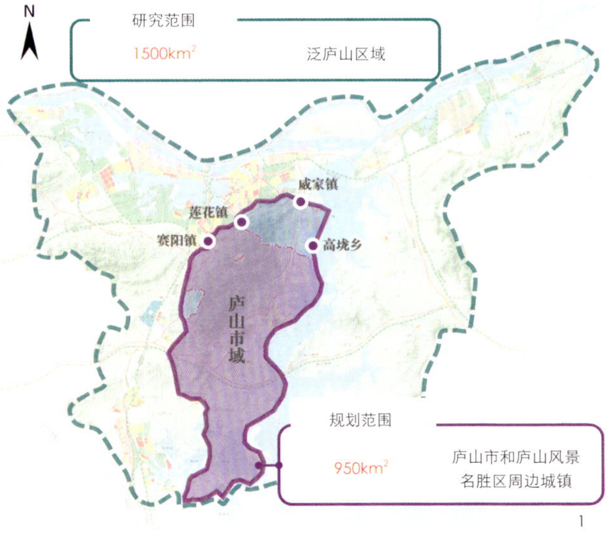

1

本规划编制以此为宗旨，规划范围以庐山市域为主，面积950km^2；规划研究范围为泛庐山区域的近1500km^2。

二、规划思路与路径

目前大庐山区域的发展面临多种问题，如旅游资源较为杂乱，缺少明确的目标；产业发展比较落后，旅游产业的带动力与关联度较低；旅游设施、城乡设施等都相对落后等等。但是归根结底，大庐山区域发展的症结在于，庐山作为“人文圣山”，世界文化景观遗产，目前的发展方式较为粗放，缺少协同化的协调方案，使得其自然与人文资源的价值未能得到合理、有效的保护和开发。

因此，本规划以世界遗产地保护与发展的辩证关系为视角，以解决遗产保护与旅游发展的双重压力为出发点，以行政管理体系整合为契机，探索世界遗产地基于文化景观的可持续旅游发展路径。

基于以上思路，规划围绕世界文化景观遗产的核心内涵——“自然与人的共同作品”，从资源消费转向价值传播，通过提炼庐山作为世界文化遗产的核心价值，以实现和发扬遗产价值为主线，明确保护底线和发展格局，强化文化景观遗产保护格局，以价值传播为主线强化旅游产品供给，并融合遗产保护和区域发展，构建与庐山风景名胜区相协同的城镇村体系。

三、庐山文化景观价值与规划定位

分析庐山的山水生态本底，可以发现庐山拥有三大地质地貌（断块山地貌、冰川地貌、流水地貌），并复合形成雄奇险秀的自然景观。而分析庐山的人文景观特质，庐山是匡氏兄弟飞仙之庐，净土宗开创之祖庭、陶渊明李白白居易隐居之地、理学策源流传之所、中华民国夏都、庐山会议举办地、《庐山恋》的故事取景地，是在文艺、宗教、教育、政治等多个方面影响了中华文化的地方。

同时对比国内具有相似知名度的其他“三山五岳”，庐山是唯一的世界文化景观遗产；是季羡林先生亲笔提名的“人文圣山”，在国内众多的以风景观赏为主的山岳中，是最早也最适宜开发度假避暑功能的名山。而对比国内外其他世界文化景观遗产，庐山是符合文化遗产遴选标准最多最全的，入选年份最早的。

通过梳理庐山的资源特点，项目组将庐山的文化景观价值提炼为以下四点：一是以白鹿理学、东林佛学为代表的人文哲学价值；二是以文人诗作、词曲国画为代表的诗画美学价值；三是以奇秀山川、浩渺大湖、植物园为代表的自然生态价值，四是以断块山、冰川地貌、流水地貌为代表的地质科学价值。

从传播发扬上述四大价值出发，规划大庐山的目标定位为具有世界格局中国高度的全球共享的休闲度假目的地、世界文化景观遗产展示体验示范区，以自然与人文的和谐共生为主题，通过分系统策略，融合山水揽胜、文化体验、时尚科创、康体休闲四大功能，并在后续规划实施过程中力争创建国家级旅游度假区、国家级全域旅游发展示范区等品牌称号。

四、强化文化景观遗产保护格局

庐山文化景观遗产是人类文化活动与自然环境相互作用产生的作品，山、水、林、田、湖、城、村所构成的大地肌理是遗产得以存在和发展的基础。规划借用景观生态学的分析方法，强化整体格局与肌理保护，建立健全遗产地保护与发展的评价和实施体系，形成大庐山地区国土空间保护开发一张图。

2.大庐山旅游规划研究路径
3.庐山文化景观价值提炼
4.文化景观遗产保护发展评价与实施体系
5.大庐山旅游资源评价
6.大庐山旅游产品体系与产业链

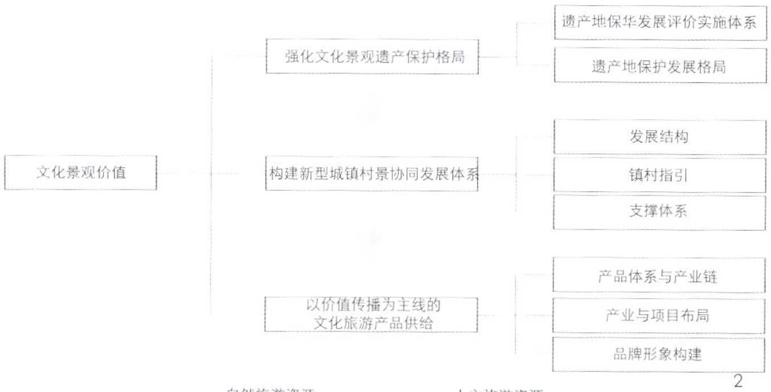

2

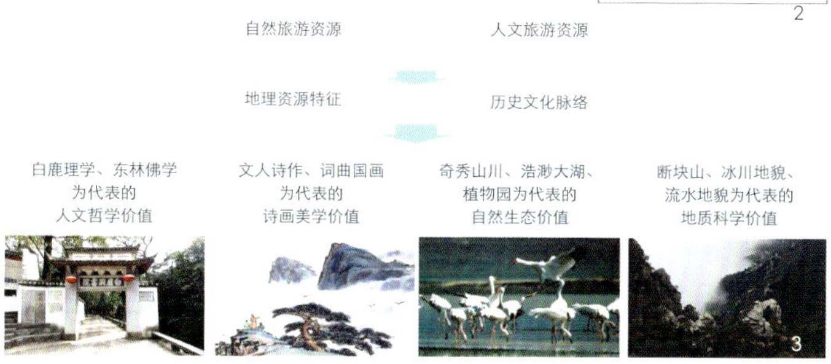

3

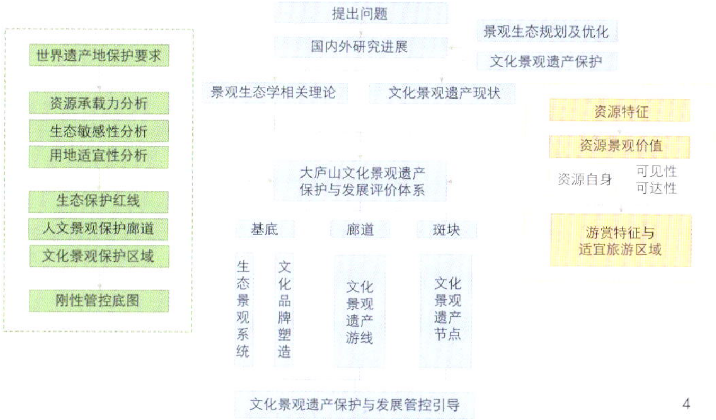

4

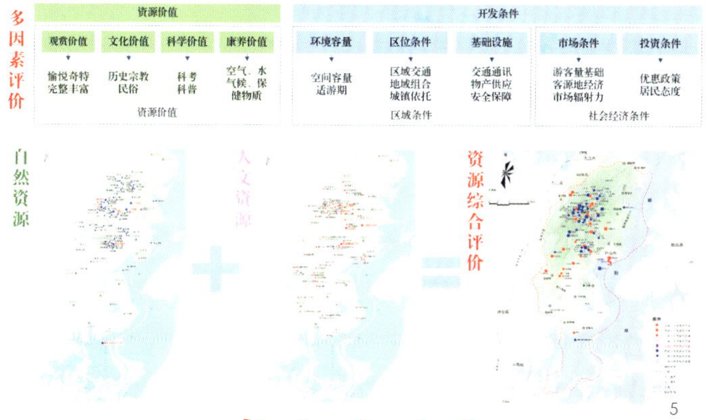

5

6

7.大庐山保护发展空间分区

表1 保护发展空间分区的保护控制要求与项目准入原则

保护发展分区	保护控制要求	项目准入原则
保护区域	以保护资源、维护和提升景观品质为主要目标，加强对自然山形地貌、湖泊水域、动植物以及人文景观的严格保护。保护文物建筑的真实性和完整性，保障景观建筑与周边环境的协调性。适度开展观光游览、生态休闲活动；应严格控制游客容量；严格控制外来机动交通进入保护区。	生态修复，生态保育，科研观测，文物修缮保护，风景游览步道，观景台，确需建设的军事、保密等特殊用途设施。
限制发展区域	以风景游赏和风景恢复为主，鼓励游览区建设，合理扩大规模。对已被破坏的风景资源实施景观和生态恢复。严格控制旅游服务设施规模，合理引导其建筑风格与建设强度。现有建筑和设施对景观环境有影响的，应进行景观改造或拆除搬迁。限制与风景游赏无关的建设，控制外来机动交通进入。	核心保护区的准入项目，游客中心，旅游餐厅，小型旅游宾馆，纪念品商店，其他经规划行政主管部门会同相关部门论证，与生态保护不相抵触，资源消耗低，环境影响小，经市人民政府批准同意建设的项目。
优化发展区域	宜合理引导集中建设旅游服务设施和项目。应维护当地居民正常生产生活，建设应注重与景区景观风貌相协调，严格控制建设范围、强度和建筑风貌，进一步优化用地结构和空间布局，并与周边自然和文化景观风貌相协调。	次级保护区的准入项目，旅游集散中心，旅游宾馆，旅游小镇，旅游文化街区，旅游度假区，康体保健中心，旅游工艺品展销中心。
重点发展区域	适宜进行集中的城镇开发与建设。城镇发展应进行开发强度控制与建筑高度控制，并注重于周边环境风貌的协调。	协调发展区的准入项目，会展中心，大型综合性文化娱乐项目，创意文化产业，文化主题园，旅游房地产。

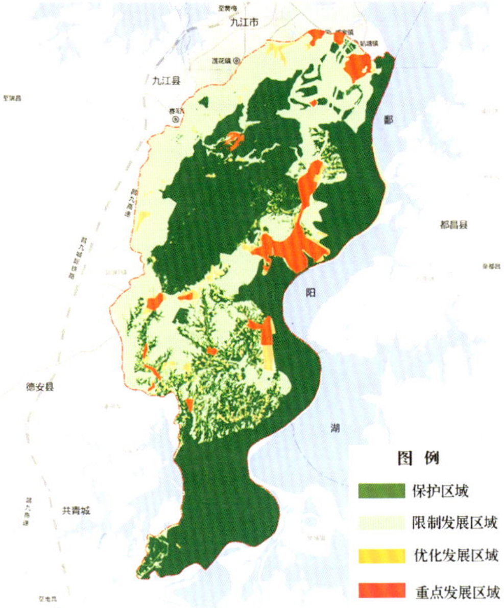

7

1. 构建文化景观遗产保护发展评价与实施体系

规划梳理了世界遗产及世界地质公园的保护控制要求，以及大庐山区域各类上位规划、专项规划的规划控制要求，结合对大庐山区域的资源环境承载力、生态敏感性、用地适宜性分析，以及生态保护红线、人文景观保护廊道与文化景观保护区域的划定，理清大庐山保护与发展的边界。开展资源价值评价，从资源本体价值、景观可见性与可达性等方面，评价山体、湖岸、人文景观等要素的景观价值，确定旅游适宜区和游赏特征。在文化景观遗产评价的基础上确定开发保护的基底、廊道、斑块，并在规划实施中落实管控引导。

2. 落实遗产地保护发展空间格局

以文化景观遗产保护发展评价为基础，规划构建“两带、多廊、四类分区”的全域保护发展空间格局。以评价结果为依据，针对不同区域的现实条件与发展潜力，明确保护区域、限制发展区域、优化区域、重点发展区域四类分区，形成不同的保护控制要求和项目准入原则，作为保护与发展的依据。重点落实环庐山和鄱阳湖岸线两条带，以及串联山湖的八条廊道的保护与发展（表1）。

五、以价值传播为主线的文化旅游产品供给

庐山曾引领中国历代文化的发展，在文化复兴的国家战略下，以新时代庐山文化的引领价值为主线，以产业与产品为依托，推进品牌形象构建，实现价值传播，是对习近平总书记提出的“创造性转化和创新性发展”中华优秀传统文化的发展要求的落实，是实现遗产地文化景观资源与现代旅游业互动发展的重要抓手。

1. 产业链与产品体系

首先，客观评价旅游资源。通过多因素分析法，综合观赏价值、文化价值、科学价值、康养价值等资源价值因素，以及环境容量、区位条件、基础设施、市场条件、投资条件等开发条件因素，对大庐山区域的人文资源和自然资源进行评价。

其次，在资源评价基础上，以人文哲学、诗画美学、自然生态、地质科学四大文化价值的传播为核心目标，规划打造悠学圣地、悠远史诗、悠闲自得、优质科普四类旅游产品，构建研学文化、会展演艺、疗养康体、科教创新四大绿色产业链，重点发展绿色农产、特色研学、民俗节庆、商务会议、博物展览、娱乐演出、温泉疗养、医疗健身、科技研发、文创传播等产业。通过串联上下游产业，以旅游为核心推进农旅融合、工旅融合，强化文化与旅游全周期的结合度，塑造具有地方特色的旅游文化品牌，构建“旅游+”“文化+”的产业链和产业集群。

2. 产业与项目布局

落实各产业链与产品体系，形成滨湖文化科创产业带、庐山自然文化旅游产业片区、山南生态休闲康体产业片区、特色工贸产业片区的“一带三区”产业空间体系，各片区形成不同主题的产业集群，重点落实白鹿研学基地、南康、历史文化体验区、杏林养生园、星子文娱科技城等重点项目。并从空间范围、时间长度、主题体验、交通方式四个方面规划旅游路线，形成跨省游线、省域游线、市域游线、三天两夜黄金游、两天一夜周末游、文化访古游、度假养生游、科普研修游、运动休闲游等多种游线组织形式，串联各产业片区与旅游项目。

3. 品牌形象构建

为更好地传播庐山文化价值、推广旅游产品，沿用庐山深入人心的人文圣山品牌，强化山上自然美景、山下桃花源境的绝对优势资源价值，传达天人合一、人与自然和谐发展的价值观，确定庐山的形象定位为“人文圣山·悠然桃源”，强调以素质教育、诗词国画、休闲康养、科普未来为主题的四大品牌特质。创新宣传营销方式，采用品牌营销、网络媒体营销、深度体验营销、主题活动营销、区域合作营销等营销策略，对庐山旅游产品进行深度宣传推介。

六、构建新型城镇村景协同发展体系

转变发展方式，积极推动庐山的专业化旅游城市建设，以景城一体为目标，形成以景区为中心的新型旅游城镇村体系，完善生态、交通、服务等支撑体系，促进城景镇村的一体化，构建围绕遗产价值且城镇村功能互补的协同发展格局，改变山城湖割裂，景城镇乡联系不足的发展模式，推动区域高质量发展。

1. 总体发展结构

重点打造牯岭人文休闲核、庐山市区综合服务中

8

9

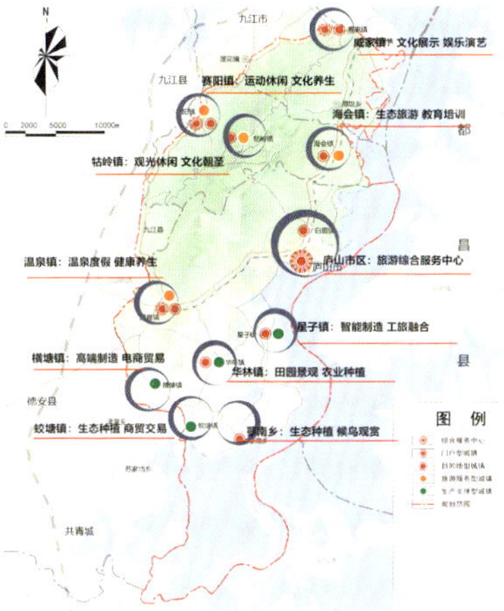

10

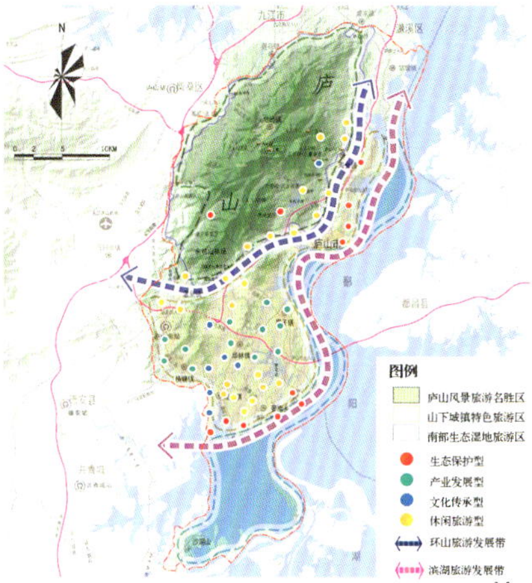

11

心、星子镇生态科创中心三个功能核心，作为综合服务与产业发展的中心，引领区域发展。形成庐山风景名胜保护区、鄱阳湖生态湿地保护区、山下特色发展区三大功能片区，协调保护与发展功能，引导全域有序发展。以山上与庐山城区间的中线联动发展轴、鄱阳湖西岸的滨湖联动发展轴，以及环庐山城镇联动发展的环状轴线串联城景镇村、协同山上山下，带动大庐山区域整体发展。

2. 镇村发展体系

结合旅游特征，将大庐山区域的城镇分为综合服务中心、目的地型城镇、门户型城镇、服务型城镇四类。综合服务中心在商业服务、商务办公、综合交通、基础设施等均按较高标准配置，目的地型城镇拥有核心资源景点，门户型城镇对接区域交通，服务型城镇提供相关产业支撑。各类城镇相互配合助力大庐山区域旅游发展，使城镇与景区的发展形成合力。此外，规划建设赛阳静修小镇、温泉康养小镇、海会云雾小镇、莲花运动小镇等特色文旅小镇，强化城镇的文化景观价值。

为规划根据村庄区位条件、资源优势及上位规划要求，对村庄发展方向进行分类，划分为生态保护型、产业发展型、文化传承型、休闲旅游型四大类，引导不同类型村庄按照不同重点推进乡村振兴，以全域村庄发展助推大庐山区域的全域旅游发展。

3. 城景镇村支撑体系

坚持以人民为中心服务本地居民和外来游客，主动承担国家级、省级公共服务功能，保障和改善教育、医疗、养老、文化等民生设施，增补完善交通集散、游客接待、文化交流、博物展示、商贸物流、信息管理六大支撑体系，打造便捷高效的交通体系和游客疏散系统、强大而全方位的游客接待服务系统、数字化信息化的景区运营系统，以及面向世界的文化传播、高端会展、商贸交易平台，并且在大庐山区域内形成满足主客需求的城镇内部15分钟生活圈和城景融合30分钟休闲圈。

七、规划小结

本规划研究范围跨行政区划，研究内容涉及以旅游为核心的人口、产业、交通、设施等多个方面，因此本规划不是传统的旅游发展规划，而是在区划调整、资源整合背景下，以庐山遗产保护与旅游发展为目标、以区域协同治理为导向的综合规划。规划阐释了大庐山地区发展的思路，理清了保护与发展的边界，建构了国土空间管制的框架，规划内容涵盖区域融合、生态保护、产业协同、村镇发展、城乡服务、空间管控、管理机制、品牌建设等，是以旅游为主线的区域发展综合性规划，可作为专项规划纳入地区国土空间规划体系。

八、规划实施情况

规划对环山、滨湖区域的建设减量与功能提质等行动、庐山鄱阳湖区域的整体保护与产业优化均有指导作用。目前环庐山整治行动正在开展，庐山大道美化工程已经实施。海会镇已成功申报国家级特色小镇，海会云雾小镇的建设正在如火如荼地展开。

在本规划等前期工作的基础上，庐山市已编制《庐山市城市总体规划（2017—2035年）》，并于2018年11月通过评审。当前正在编制的《庐山市国土空间总体规划（2020—2035年）》，在规划指标、城乡结构与指引、国土功能分区管控、产业体系与重点项目、城乡公共服务设施与重大基础设施建设等方面，对本规划的核心思路、重要指标、布局管控原则、重点项目策划等有所衔接，实现了区域旅游发展规划与城市国土空间规划的协同传导。

项目负责人：刘晓

主要参编人员：刘爱萍、刘玉超、夏南凯、严国泰、陈飞、张国全、刘叙霆、丁凡、陈晨、屠颖星、葛凡华、胡剑、夏福君、张曼曼等

参考文献

[1]陈世林. 庐山文化通论[M]. 江西：江西人民出版社, 2019.

[2]澎湃新闻. 庐山设市背后的千年分合：一山多治，曾遭教科文组织黄牌警告[EB/OL]. https://www.thepaper.cn/newsDetail_forward_1462184.2016-04-28.

[3]江仲前, 刘佳惠子. 登生态文明建设新高峰——江西绿色崛起之路的探索与实践[N]. 江西日报, 2016-08-23.

[4]谭晓峰, 练炼, 何深宝. 浩瀚冲波行 云霞万里开——九江市推进旅游产业发展纪实[N]. 江西日报, 2017-07-23.

作者简介

刘玉超，上海同济城市规划设计研究有限公司城市开发规划研究院，主创规划师；

丁　凡，上海同济城市规划设计研究有限公司城市开发规划研究院，规划师。

8.大庐山产业布局与项目落位
9.大庐山城景镇村总体空间格局
10.大庐山城镇发展指引
11.大庐山村庄发展指引

空间规划语境下风景名胜区可持续发展路径探索
——以宜宾市“两海”示范区总体发展规划为例

Explore the Sustainable Development of Scenic Spots in the Context of Spatial Planning
—Taking the Overall Development Planning of "Liang Hai" Demonstration Area as an Example, Yibin

陈 茹 张曼曼
Chen Ru Zhang Manman

[摘　要]　本研究以“两海”生态文化旅游示范区总体发展规划为例，通过构建与空间规划之间的多元传导机制，探索风景名胜区可持续发展和区域协同目标的实现路径。针对发展初期乏力、一体化难度大等问题，规划从“空间管控、持续发展、景镇融合、区域协同”四方面展开研究：（1）融入空间用途管制思想，识别底线管控空间，构建资源保护与利用的空间格局；（2）优化风景旅游资源的评价指标体系，制定动态项目库，重塑产业格局，并从实操角度提出不同的资源发展模式；（3）按照景镇一体化、镇区景区化、乡村主题化的发展思路，构建新型景镇村空间格局；（4）通过完善区域生态网络、推动飞地经济、旅游联动发展、设施共建共享等途径，构建两镇与周边区域协同发展格局。

[关键词]　国土空间规划；风景名胜区；总体发展规划；可持续发展

[Abstract]　The article takes the overall development planning of "Liang Hai" eco-cultural tourism demonstration area as an example. To realize the goal of sustainable development of scenic spots and regional coordination, we investigate the multiple transmission-mechanism between spatial planning and overall development planning. At present, the area is now facing a series of problems, including the lack of strength in the early stage, the difficulty of integration, etc. The planning carries out the research from the following four aspects: space management and control, sustainable development, the integration between landscape and town, regional cooperation. (1) By integrating the idea of space use control, the article identifies the bottom line of control space, constructs the spatial pattern of resource protection and utilization. (2) The article optimizes the evaluation index system of scenic tourism resources and develops dynamic project library. Meanwhile, to reshape the industrial structure, the paper puts forward the resource development mode under different control zones from the perspective of practice. (3) According to the integration of landscape and town, the topicalization of rural space, the article builds a new spatial pattern, which connects scenic spots, towns and countryside. (4) Through the construction of regional ecological network, the promotion of enclave economy, the development of the tourism linkage and facilities sharing, the article explore the linkage and coordination mode of regional development.

[Keywords]　spatial planning; scenic spot; general development plan; sustainable development

[文章编号]　2022-90-P-042

一、引言

围绕习近平总书记“四川是产竹大省，要因地制宜发展竹产业，发挥好蜀南竹海等优势，让竹林成为四川美丽乡村的一道风景线”的重要指示[1]，2019年1月3日，宜宾市委五届七次全会审议通过了《中共宜宾市关于设立蜀南竹海兴文石海生态旅游文化示范区的决定》[2]。2019年8月8日，蜀南竹海兴文石海生态文化旅游示范区（以下简称“两海”示范区）正式成立，全力打造“全国一流、世界知名”的生态旅游文化示范区，成为宜宾文化旅游体制改革的战略之举[3-4]。

“两海”示范区党工委、管委会负责管理蜀南竹海风景名胜区（以下简称“蜀南竹海”）和兴文石海（原名石海洞乡）风景名胜区（以下简称“兴文石海”），委托代管长宁县竹海镇和兴文县石海镇两个乡镇，辖区面积215km^2，总人口6.9万人。2019年11月，上海同济城市规划设计研究院有限公司城市开发规划研究院受“两海”示范区管委会委托编制《“两海”生态文化旅游示范区总体发展规划》。

二、“两海”示范区的规划背景及核心问题

1. 规划背景

坚持以习近平新时代中国特色社会主义思想为指导，深入贯彻落实生态文明建设战略和高质量发展要求，紧抓我国建设世界旅游强国、四川省委建设文化强省、长江经济带加快发展特色小城镇、成渝经济圈加大南向开放力度的重大战略机遇，遵循打造以宜宾为核心的川南经济区成为成渝地区双城经济圈高质量发展第三级的总体定位，围绕“两海”示范区作为文旅综合改革实验区，统筹建设生态文明、文旅融合、乡村振兴、开放合作、改革创新、协同发展“六个”示范[5]，努力建设集文旅融合、农旅结合、景镇协同、乡村振兴为一体的国际生态康养旅游胜地。全面提升蜀南竹海和兴文石海知名度、美誉度、影响力和竞争力，为宜宾市加快建成长江生态第一城、国际旅游休闲目的地、文化旅游强市和全省经济副中心提供有力支撑，助力长宁县打造“国际竹生态文化旅游目的地”[6]、兴文县打造“国际康养旅游名城”。

生态文明背景下，全域全资源要素统一管理，国土空间用途管制为自然资源载体的可持续利用提供了可借鉴的思维范式。“两海”示范区需依托风景名胜区，打造生态引领的一体化样板，不断推动绿色可持续发展，通过探索休闲经济前沿、文化赋能经济、融入区域城镇网络，创新一体化发展制度，引领区域高质量转型发展，最终成为“绿水青山就是金山银山”的最佳实践地。

2. 核心问题

（1）资源统筹管理缺位，资源未转化为资产

蜀南竹海是世界上集中面积最大的天然竹林景区所在地[7]，兴文石海是中国最早发现和研究天坑的地方[8]。但由于各类保护区范围重叠、多头管理导致权责不清晰、空间用途管制因依据标准和基础不统一，导致规划难落地、规划供给与市场需求不对位。在空间规划背景下，示范区资源需重新进行梳理和统筹。

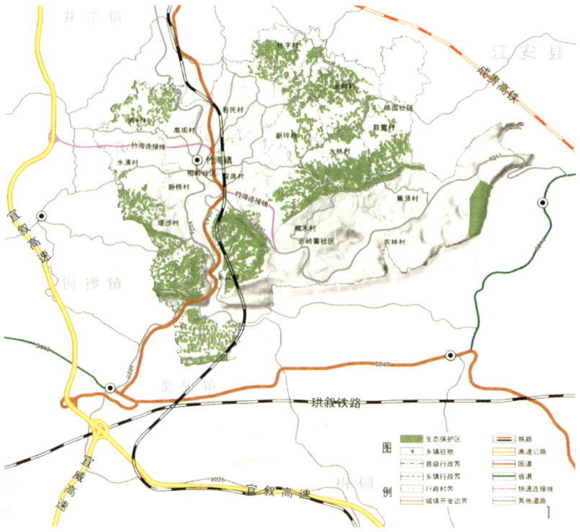

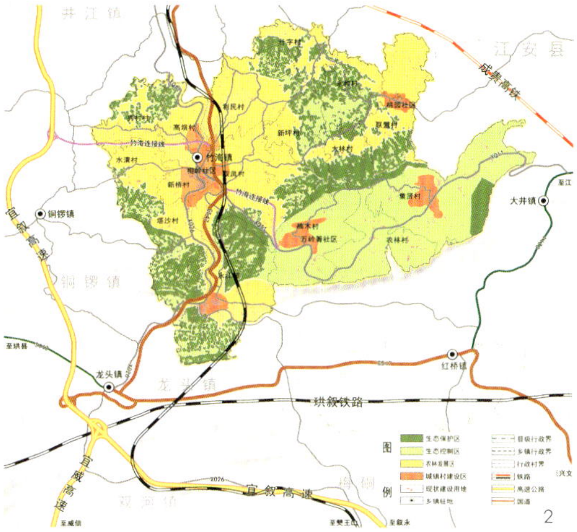

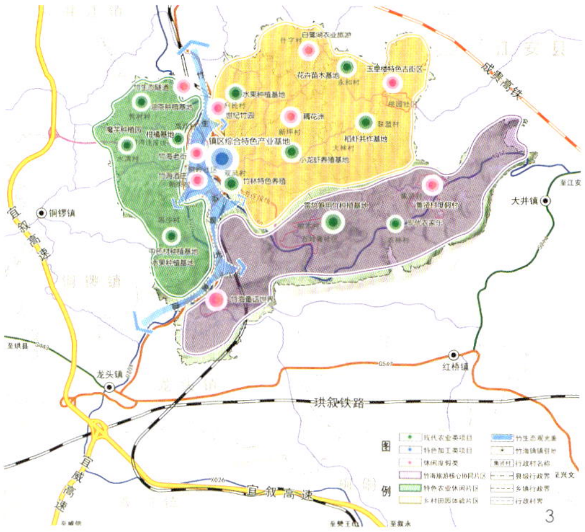

1.竹海镇生态保护区　2.竹海镇保护与利用格局图　3.竹海镇产业发展规划图

“两海”示范区成片分布的竹林生态资源和喀斯特地质地貌资源，是示范区赖以生存和发展的物质基础。但在资源利用方式更新换代趋势下，如何使资源变资产、青山变金山，成为制约示范区可持续发展的关键问题。

（2）经济产业动力不足，旅游发展陷入瓶颈

目前“两海”示范区的经济产业发展模式相对单一，产业结构亟待优化提升。竹海镇作为旅游型城镇，二产比重过高，竹产业仍处于初级开发阶段，缺少精深加工产品，资源价值潜力未充分挖掘。石海镇整体经济规模体量较小，以资源型、原料型产业为主，缺乏经济附加值较高的第三产业支撑。

“两海”示范区坐拥世界级资源，旅游开发较早，但由于资源内涵挖掘不足，仍以观光为主，未能紧跟休闲度假旅游时代发展趋势。同时，“两海”示范区相较于同类型景区，旅游产品品质及营销推广力度未能拉开差距，品牌影响力尚未凸显，区域竞争力有待提升。

（3）景区镇区缺乏统筹，一体化发展难度大

目前“两海”示范区内景区与镇村分治，呈现二元化态势。在景区保护要求下，旅游开发规模和类型难以满足当下市场多元要素配置的需求；乡镇借力景区品牌不足，导致以旅游业为引领的三产对经济的带动作用不明显，整体处于二产推动城镇发展的阶段。

竹海、石海两镇相距40余公里，蜀南竹海景区和兴文石海景区未形成连片发展格局，空间割裂严重阻碍示范区一体化发展。示范区产业发展基础相对薄弱，生态保护限制条件较多，长宁和兴文两县目前各级转运体系的衔接尚不完善，示范区内部道路等级较低、通行能力受限，旅游服务设施配套不足，这些都制约了示范区产业的提升和人居环境的改善。

三、规划思路与项目定位

1. 规划思路

（1）构建与国土空间规划的多元传导机制

①空间管控——优化人与自然和谐共创的格局

明确各类空间保护要求，结合双评价结果，划定空间用途管制分区，实现控制线传导、空间分区传导和资源保护传导。

优化资源评价标准，基于管控对象，细化分区保护要求，明确适宜建设区开发重点，落实开发边界，深化指标传导与要素体系传导。

②持续发展——培育文旅融合联动产业创新的体系

充分挖掘“两海”示范区竹石文化的特色与唯一性，将资源优势转化为资产价值，提升“两海”示范区品牌影响力，打造面向世界的文旅目的地。

承接成渝地区双城经济圈建设要求，构建具有“两海”示范区特色的生态经济体系，推动示范区高质量发展。从项目筛选到近中远期动态项目库的构建，落实项目规划传导与实施传导。

（2）探索示范区一体化协同机制

①景镇融合——营造镇村格局与风景共融的空间

基于“景镇一体化”发展模式，重塑景镇协同空间格局，加快基础设施建设，增强景镇承载力，推进景镇集约发展。

②区域协同——构建协同周边一体化发展的总体布局

“两海”地处成渝经济区南向开放大通道的门户区域，从资源保护、产业布局、设施配置等角度，探索区域发展的联动与协同方式，引领川南地区形成区域协同发展新局面。

2. 战略定位

坚持生态立区、区域协同、绿色发展、创新驱动，“两海”示范区围绕建设“全国一流、世界知名”的生态文化旅游示范区的总要求，从空间管控、持续发展、景镇融合和区域协同四个方面，确立“国际生态养生文化休闲胜地”的总体发展定位。

四、“两海”示范区的创新探索

1. 明确用途管控，构建生态导向的空间格局

（1）基于“竹”“石”风景资源，优化生态保护底线

“两海”示范区的生态系统珍贵多样、连片绵延，“竹海”与“石海”中点缀着特色鲜明的风景资源。基于这一特征，规划将风景资源也作为保护对象，扩展红线保护内涵，对生态空间与风景资源进行共同保护，运用多规合一的思路对生态保护红线、风景名胜区核心保护区等要素进行梳理整合，划定生态保护区作为刚性保护底线，禁止一切有损生态保护与修复的人为活动。

（2）融入空间用途管制思想，构建保护与利用格局

对标国土空间规划分区，通过多类保护区叠加及发展需求，在生态保护区之外划分生态控制区、乡村田园区、城镇发展区，构建镇域保护与利用格局。衔接相关保护规划要求，提出分区主体功能引导，细化用途管制要求（表1）。

2. 重拾资源价值，推动风景旅游可持续发展

（1）优化资源评价指标体系，修正风景资源价值评价结果

4.资源点可持续发展模式图
5.竹海镇区空间结构与用地布局规划图
6.石海镇区空间结构与用地布局规划图
7.竹海镇区空间结构与用地布局规划图
（资料来源：由两海生态旅游文化示范区管理委员会）

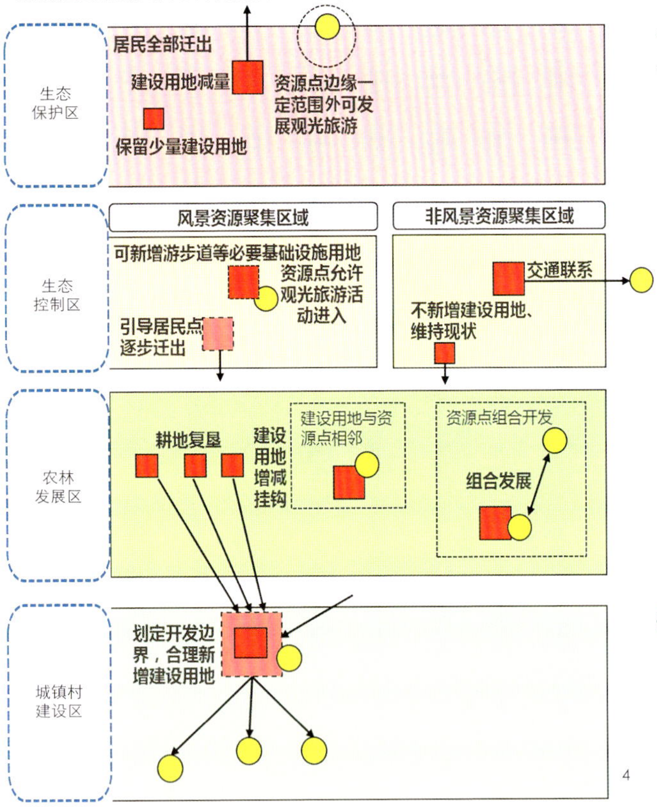

4

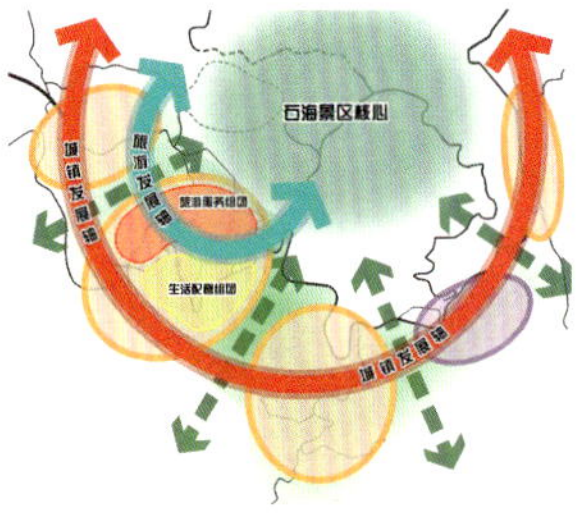
5

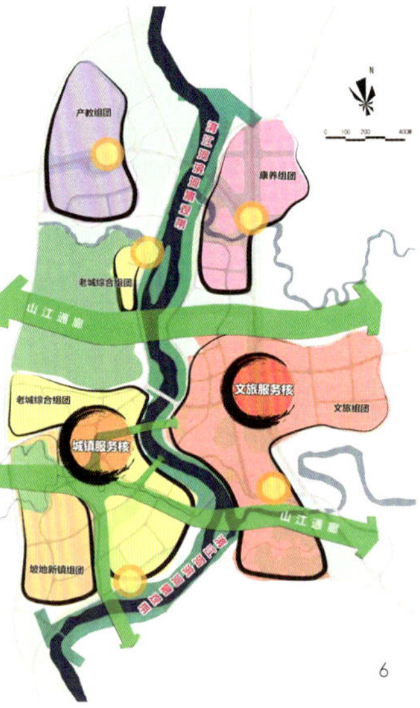
6

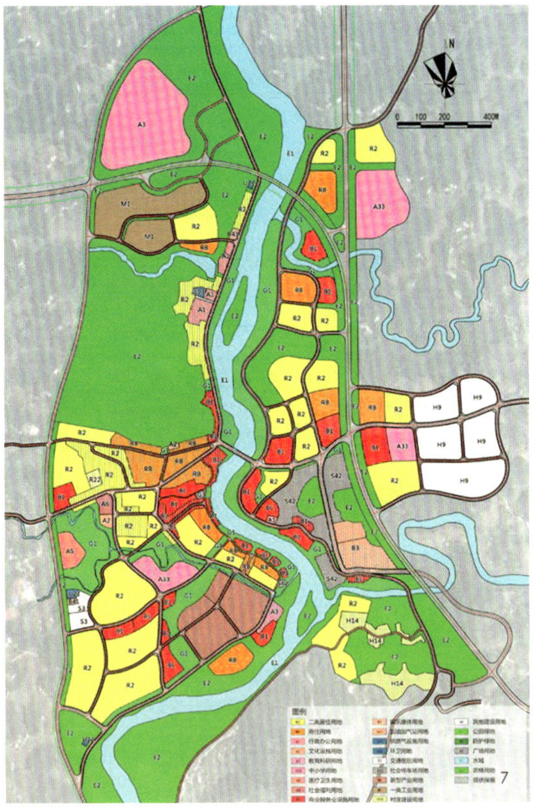
7

表1 空间用途管制分区及管制要求

空间用途管制分区	对标国土空间规划分区	管制要求		主体功能引导
		管控级别	具体要求	
生态保护区	生态保护区	严格禁止建设范围	建设用地减量化，居民全部迁出	生态保护与修复
生态控制区	生态控制区	严格限制建设范围	建设用地减量化、存量更新，引导居民逐步迁出	生态恢复、生态农林、观光旅游
农林发展区	农田保护区	严格限制建设范围	建设用地不新增，存量更新	农林经济、多元旅游
城镇村建设区	村庄发展区	控制建设范围	依据发展需求允许建设用地合理增加	镇村建设、设施服务、多元旅游
城镇村建设区	城镇发展区	控制建设范围	依据发展需求允许建设用地合理增加	镇村建设、设施服务、多元旅游

“两海”示范区资源群集，但资源评价与利用方式有待更新升级。规划在传统的资源评价指标体系中，新增生态敏感性、资源利用可持续性、市场适应性等指标要素，修正示范区资源评价结果。在保持高级别资源点的同时，着重对开发潜力较大的资源点进行升级，如蒲草湾、永江村等；对于已有资源发展乏力或条件不足的资源点进行降级，如青龙湖等。最终得出特级、一级、二级、三级共161个优质资源点，从中提炼示范区风景资源的五大核心价值：竹海瀑布、田园野趣、僰人遗迹、地质地貌、优质环境。

（2）依托优质资源构建分级、分期产品体系，重塑产业格局

基于核心价值构建康养度假、文化休闲2大类型和竹野仙踪田园休闲、竹深境里生态度假、石海苗乡地质康养、古僰秘境文化体验、穿越地史科普溯源5大产品系列，新增3大引爆项目，提升3大现有项目，并筛选出多个支撑性项目。在开发序列上，提升市场潜力大的产品，新增资源价值高的产品，对资源价值小、发展条件弱的项目减少投入，逐步实现旅游产品从观光1.0到度假4.0的升级。

产业结构上，在做强旅游业的基础上激活特色农业与加工业的发展，从旅游独大到三产融合，进而形成景区带动、镇村产业协同的良性发展机制，竹海镇以“竹”为核、以“生态”为特色，发展生态观光、农业休闲、田园体验等产业；石海镇以“石”为核、以“文化”为特色，发展人文养生、地质休闲、康养度假等产业。在空间上形成镇区为核、廊道带动、多片区差异化发展的布局结构。

（3）结合自身特征与用途管制要求提出可持续的资源发展模式

依据分区管制要求及功能导向，规划提出四类资源发展模式，具体如下：

①生态保护区的资源点需进行严格保护，仅资源点周边一定范围之外可开展少量的观光活动，允许保留少量建设用地指标用于修建步道等低影响游览设施，但步道只能延伸至核心区域边缘。

②生态控制区的风景资源聚集区域允许观光旅游活动的进入，可新增游步道等必要的旅游设施确保步行可达。资源聚集区域周边的大片山林地带以农林经济为主体功能，可保留适量建设用地服务生产，资源聚集区域无法承载的服务设施可疏导至该区域的存量建设用地，如建设必要的游览道路以联系核心资源点。

③农林发展区散布着较多存量村庄建设用地，该区域内的九子山、沐浪河等资源点可进行低密度的设施体验、休闲度假等多元旅游开发。空间利用方式上，可从邻近的建设用地进行调整指标，或与建设空间富足的资源点进行组合化开发。

④城镇村建设区主要由镇区及重点发展的村庄构成。在其他区域减量指标的调配下，该区域允许在竹海酒庄、室外桃源度假酒店等核心资源点周边新增建设用地，以满足镇村建设、配套设施服务等需求。

3. 景镇村一体化，构建新型景镇村空间格局

加快城乡基础设施建设，增强景镇承载能力，推进景镇集约发展，构建“以美丽景区为引擎、以特色小镇为支撑、以美丽乡村为基底”的新型景镇村空间格局。

（1）景区精品化，优化核心景区的范围边界

优化景区功能，保留核心、调整边界、提升景点。在严格保护的前提下，生态保护与修复区充分依托竹、石资源价值提升核心游览区品质，竹海景区以竹为主题，升级设施游和体验度假游；石海景区结合古地史科普价值、古僰和古苗文化内涵，开展研学、溯源游览等活动。在生态保护与修复区之外，基于资源评价与开发适宜性评价，提出风景名胜区范围调整建议，划定风景游览区、风景恢复区，调整后的风景名胜区范围未来结合特许经营开发。

（2）镇区景区化，塑造独具魅力的休闲小镇

按照“镇区景区化”要求，将镇区周边农业、生态空间融入城镇开发边界，以景区标准建设镇区，推动服务水平提升、环境整治改善，优先落实生态景观廊道。

竹海镇坚持生态优先原则，以淯江为轴串联发展组团，完善镇区功能，既满足集镇建设需求，又满足旅游特色小镇、景区配套服务需求，构建景镇共生、相融的空间格局。

石海镇坚持生态为底、组团发展、分期实施的原则，以石海景区为核心、以“两海”连接线为城镇发展带，搭建景镇发展组团，实现景区配套、旅游服务、集镇建设错位互补、相辅相成。

（3）乡村主题化，振兴富民安居的美丽乡村

挖掘竹、石文化内涵及红色文化等独特文化元素，树立一批文化标杆村、引导一批精品民俗村、确立一批田园特色村，塑造强化村庄特色，形成资源差异化组合发展模式，进一步提升村庄的旅游功能。利用自身特色优势资源，或依靠景区、镇区周边村庄增加高品质、多类型的旅游接待型产品，促进旅游消费升级，激活乡村活力。进而按照乡村振兴的目标和要求打造集聚提升类、城郊融合类、特色保护类三大类型的村庄，进一步推动乡村振兴。

4. 共建共治共享，实现区域一体化协同联动

从生态网络、城镇体系、产业格局、设施共建等角度，探索区域发展的联动与协同方式。

（1）区域生态合作，构建整体性区域生态网络

构建“长江为屏，一脉串三片；两核为重，二廊联N块”的区域生态网络格局，实现生态系统与资源环境的整体性保护。在长江生态屏障、竹林生态系统、喀斯特地貌生态系统的生态基底上，依托两大风景名胜区的核心景区打造区域生态核心，以特色生态廊道串联。

（2）明确两镇定位，塑造两县协同的发展格局

两镇协同，融入区域城镇发展走廊。一是借势新兴崛起的成贵走廊，加强与长宁、兴文高铁站的衔接，发挥高铁站交通枢纽转换作用，扩大旅游影响力。二是构建串联“两海”的发展纽带，构建以长宁县城、兴文县城、竹海镇、石海镇、双河镇、僰王山镇为重点的城镇发展带，推动“两海”区域的城镇由点状发展向带状连片发展转变。三是提升县镇协同的区域格局，明确竹、石两镇的定位和职能，积极推动竹海镇与长宁县城、石海镇与兴文县城的一体化发展。

（3）加强区域协同，构建整体产业发展格局

规划通过三产融合和飞地经济的发展，实现区域产业的互利共赢。一是共塑产业品牌，引领区域产业联动发展，推动示范区与川南及黔西北地区的合作、示范区与周边城镇的合作，共同打造竹石生态文化品牌，培育竹类产品、富硒农产品等区域特色农林产品品牌，提升产业附加值。二是建设飞地园区，推动县域城镇优势互补，将产业链分解后与周边城镇分工协作，实现“两海”示范区内生产加工“零污染”发展。

承接区域旅游发展定位，构建“一走廊、二中心、三小镇、六片区、多重点”的旅游发展格局，推动区域旅游一体化。

（4）设施共建共享，构建区域协同支撑体系

规划从东西方向落实珙叙铁路货运通道、隆黄铁路客货运通道；南北方向建设休闲旅游度假铁路旅游通道。构建示范区及周边“两纵三横”的高速廊道，完善示范区道路体系与周边高速公路衔接。实施“通航+”产业发展模式，打造连接五粮液机场乃至川南地区的通用航空中心。建设高标准会议交流设施、高水平文化艺术设施、高品质度假康养设施、高影响博物展示设施，立足“两海”共建面向国际的高端旅游服务设施。

五、结语

在国土空间规划背景下，基于地方的资源特色和发展阶段，本规划提出了总体发展规划在编制过程中需要关注的问题与难点，通过构建多元化传导机制与一体化协同机制，探讨了示范区资源保护空间管制、资源利用方式转变、产业可持续发展、景镇融合、区域一体化等发展路径，进一步实现示范区“国际生态养生文化休闲胜地”可持续发展目标诉求，为资源依托型景区总体发展规划提供了宝贵的借鉴意义。

项目负责人：刘晓

主要参编人员：刘玉超、陈茹、范晔霞、丁凡、刘叙霆、张曼曼、屠颖星、黄轶辰

参考文献

[1]省旅游发展委.省旅游发展委赴宜宾调研竹产业发展[EB/OL].四川省人民政府.[2018-04-24].https://www.sc.gov.cn/10462/10464/10465/10574/2018/4/24/10449594.shtml.

[2]张维.宜宾成立“两海”生态旅游文化示范区[EB/OL].新华网股份有限公司.[2019-08-09].http://m.xinhuanet.com/sc/2019-08/09/c_1124857784.htm.

[3]陈玉霞.“两海”示范区成立 翻开宜宾文旅融合新篇章[EB/OL].宜宾日报.[2019-08-12].http://www.ybcmw.com.cn/lvyou/zixun/2019-08-12/313240.html.

[4]宜宾日报评论员.在建设“两海”生态旅游文化示范区上实现新突破[EB/OL].宜宾市人民政府.[2019-02-12].http://www.yibin.gov.cn/xxgk/jdhy/zcjd/mtjd/201902/t20190212_530781.html.

[5]胡洁.宜宾创新设立“两海”示范区,打造文旅融合改革样板[EB/OL].宜宾新闻网.[2019-07-01].http://www.ybxww.com/news/html/201907/375237.shtml.

[6]刘映红.绿色长宁：奋力打造国际竹生态文化旅游目的地[EB/OL].四川日报.[2019-03-28].http://sc.china.com.cn/2019/guihua_0328/313744.html.

作者简介

陈　茹，上海同济城市规划设计研究院有限公司，规划师；

张曼曼，上海同济城市规划设计研究院有限公司，规划师。

基于政策导向的风景名胜区总体规划修改路径探索
——以巢湖国家级风景名胜区为例

Exploration on the Revision Path of the Overall Planning of Scenic Spots Based on Policy Guidance —Taking Chaohu Lake National Scenic and Historic Area as an Example

曹 靖 朱 晗 詹美旭
Cao Jing Zhu Han Zhan Meixu

[摘　要]　伴随国家机构改革与国土空间规划体系的构建，对包括风景名胜区规划在内的各类传统规划产生了较大冲击。风景名胜区规划体系正在重构，与政策的衔接落实必然是变革的主导方向。2021年7月5日《部际联席审查会议成员单位对风景名胜区总体规划的共性意见》为风景名胜区总体规划的修改指明了方向。本文以安徽巢湖国家级风景名胜区为例，在分析国家层面近年来风景名胜区相关政策要求以及国土空间规划多规合一、一张蓝图要求的基础上，结合巢湖自身的保护与发展实际，从范围界定、保护等级优化、游览服务设施布局、生态修复、文化旅游融合、乡村振兴引导等方面探索新政策、新要求下风景名胜区总体规划的修改路径，以期为国内其他风景名胜区总体规划的修改提供借鉴，也为新一轮风景名胜区规划标准的修缮提供思路上的参考。

[关键词]　风景名胜区；政策；国土空间规划；重构

[Abstract]　With the reform of national institutions and the construction of national territory spatial planning system, it has a great impact on all kinds of traditional planning, including scenic spot planning. The scenic spot planning system is being reconstructed, and the connection and implementation with the policy must be the leading direction of the reform. On July 7 this year, eight national ministries and commissions put forward review opinions on the overall planning of 86 scenic spots across the country, pointing out the direction for the revision of the overall planning of scenic spots. Taking Chaohu national scenic spot in Anhui Province as an example, based on the analysis of the policy requirements of the scenic spot at the national level in recent years and the requirements of multi-compliance and one blueprint of national territory spatial planning, combined with the actual protection and development of Chaohu Lake, this paper starts from the definition of the scope of the scenic spot, the optimization of protection level, the layout of tourist service facilities, ecological restoration, the integration of culture and tourism Explore the revision path of the overall planning of scenic spots under the new policies and new requirements, in order to provide reference for the planning revision of other scenic spots in China and provide reference for the upcoming new round of scenic spot planning standards.

[Keywords]　scenic spots; policies; national territory spatial planning; reconstruction
[文章编号]　2022-90-P-046

一、引言

2018年，由于国家机构改革的推进，风景名胜区的监督管理工作由住房和城乡建设部移交国家林业和草原局，风景名胜区规划的审批工作暂定。当前，随着国家部委权责界定的逐步清晰，风景名胜区规划审批重新启动，2021年7月5日《部际联席审查会议成员单位对风景名胜区总体规划的共性意见》要求修改完善后上报审批。但近年来关于风景名胜区的政策要求以及国土空间规划多规合一、一张蓝图的要求对传统风景名胜区规划的编制产生了较大冲击。本文以安徽巢湖国家级风景名胜区为例，尝试以政策为导向，探索风景名胜区总体规划的合理修改路径，全面衔接国土空间规划，实现“一张蓝图”。

二、研究区域概况

巢湖，中国五大淡水湖之一，居皖之中，生态价值突出，在省级国土空间总体规划中定位为“安徽省生态绿心”；周边旅游资源丰富，山水相连、古迹荟萃，山岳、洞府、江湖、庙宇、民居、温泉、森林公园、自然保护区等景区景点星罗棋布，2020年8月习近平总书记考察安徽明确指示“让巢湖成为合肥最好的名片”。

2002年国务院批准设立巢湖国家级风景名胜区，共1299.64km^2，由巢湖水域783km^{2}和周边陆域516.64km^{2}组成。由于行政区划调整等原因，风景名胜区总体规划一直没有批准。按照2021年7月7日九部委要求，启动巢湖风景名胜区总体规划修改工作，准备上报国务院审批[1]。

三、基于政策导向的巢湖风景名胜区总体规划修改路径

1. 精准界定风景区范围

涉及风景名胜区范围界定的相关政策有四个方面。第一，关于风景名胜区范围与自然保护地整合优化范围的关系，中共中央办公厅、国务院办公厅《关于建立以国家公园为主体的自然保护地体系的指导意见》中指出，将风景名胜区纳入自然保护地体系[2]，按照自然保护地要求开展综合评价。这对于同时兼顾生态保护与旅游发展、人文资源较为密集、人类活动较为频繁的风景名胜区产生了较大冲击，深刻影响到风景名胜区范围内的各项管理活动。随后，国家林业和草原局《关于加强和规范自然保护地整合优化预案数据上报工作的函》明确风景名胜区不参与自然保护地整合优化，风景名胜区名称与范围不变[3]。第二，在风景名胜区总体规划编制过程中，随着地方发展诉求的突出，全国多处风景名胜区尝试修改或调整风景名胜区范围界线，国家林业和草原局《自然保护区等自然保护地勘界立标工作规范》中指出，总体规划从未经国务院或其他授权主管部门批准的国家级风景名胜区，其范围应以省级人民政府上报国务院申请新建并通过审查的文件所规定的范围及核心景区的范围为依据，提出了风景名胜区范围的修改准绳[4]。第三，2021年7月5日九部委对86处国家级风景名胜区总体规划审查的共性意见中提出梳理涉及中央环保督察、绿盾行动等发现的各类违法违规项目。各类环保督察过程中，地方尝试将矿山、风电等涉及专项行动整改点位调出风景名胜区范围的行为时有发生，对于该类“以调代改”的做法，应坚决杜绝。第四，《巢湖

流域水污染防治条例》从加强巢湖生态保护的角度出发，将巢湖岸线外1km范围纳入水环境一级保护区，禁止新建、扩建排放水污染物的建设项目[5]。安徽省对于巢湖岸线1km范围内正有序开展生态修复工作，为风景名胜区的生态保护提供了有力支撑。

巢湖风景名胜区按照“尊重现实、实事求是”的思路，从三方面优化风景区范围：第一，注重大保护，从强调生态完整性、有利于巢湖保护的角度出发，将环湖十大湿地与《巢湖水污染防治条例》水环境一级保护区的岸线外1km区域调入风景区范围；第二，注重规划衔接，从突出优质风景资源的角度出发，在精准开展风景区景源评估的基础上，将三调中成片的长期稳定耕地、未来将作为永久基本农田、且缺乏风景资源的区域调出风景区范围；第三，注重精准化，结合三调、地形图、正射影像图、地理国情数据库等基础数据以及国土空间规划“一张图”数据库，按照道路、水系、山脉、等高线等自然边界，精准修正风景区范围。优化后的风景区范围较之原范围规模基本不变，但更加精确地体现生态价值与风景价值。

2. 优化风景区保护等级

风景名胜区应通过分级保育，明确在保护基础上适度利用的发展方式[6]。现行国家标准将风景名胜区保护培育划定为三个不同等级的保护区域，其中，一级保护区（核心景区）的管控要求最为严格，需有序疏解居民点、居民人口及与风景名胜区定位不相符的建设。然而在实际操作过程中村庄迁出难度大，故地方压缩一级保护区范围的诉求强烈，但住房和城乡建设部《关于规范国家级风景名胜区总体规划上报成果的规定（暂行）》要求核心景区面积占风景名胜区面积的比例一般不低于30%[7]，因此，保护等级优化需要平衡这两者之间的关系。风景名胜区总体规划修改应在精准开展风景名胜区生态和景源评估的基础上坚守保护底线，结合国家级重大项目选址适度优化一级保护区范围。由于相关政策对于二三级保护区的比例没有明确规定，可结合地方旅游发展及村庄撤并实际进行适度调整。

《巢湖风景名胜区总体规划（2021—2035年）修改完善将引江济淮国家级重大项目选址范围、生态价值与景源价值“双低”的区域调出一级保护区，调整后的一级保护区占比仍然超过30%；从加强生态保护的角度，将十八联圩等湿地区域从三级保护区提升为二级；结合地方旅游发展的实际，将灵台圩、银屏山角等区域从二级保护区调整为三级。优化后的风景名胜区保护等级既坚守了相关标准的底线，又更加符合地方保护与发展的实际需求。

3. 合理布局游览服务设施

过去风景名胜区规划体系与城乡规划体系的关系并不紧密，如游客服务中心、住宿餐饮等旅游设施布局在风景名胜区总体规划层面倾向于规模控制与位置示意，各类设施用地实操层面的建设指标及四至边界则由下层次的风景名胜区详细规划进一步明确落实。国土空间规划全域全要素管控的要求对传统风景名胜区总、详统筹的规划体系产生了较大影响，虽然国家层面尚未明确风景名胜区规划与国土空间规划之间的关系，但2021年7月5日《部际联席审查会议成员单位对风景名胜区总体规划的共性意见》中明确提出要加强风景名胜区总体规划与国土空间规划的衔接。在国土空间规划变革的背景下，风景名胜区规划应积极纳入国土空间规划体系[8]。在国土空间规划全域一张蓝图的要求下，正在编制的风景名胜区总体规划中游览服务设施布局应充分考虑与国土空间规划“三线”的协调，游览服务设施不能占用永久基本农田、成片长期稳定耕地、生态保护红线以及城镇开发边界中的特别用途区①；下层次的风景名胜区详细规划中对游览服务设施布局的调整必须完全符合乡镇国土空间规划与村庄规划，才能真正实现“一张蓝图干到底”。

巢湖风景名胜区充分考虑与国土空间规划“三线”的协调，对于占用永久基本农田、成片长期稳定耕地、生态保护红线以及城镇开发边界中特别用途区的游览服务设施用地进行调整，保持游览服务用地规模基本不变。优化后的游览服务设施布局更好地符

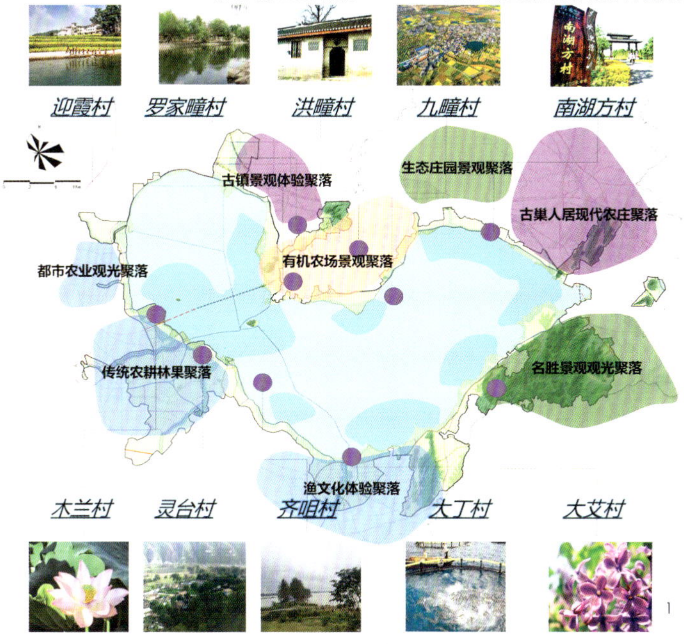

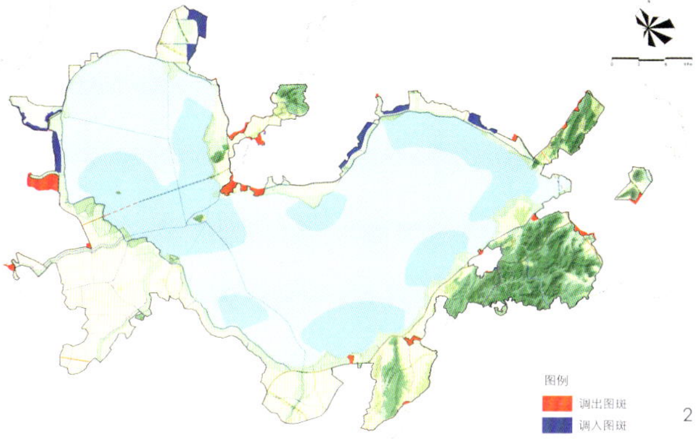

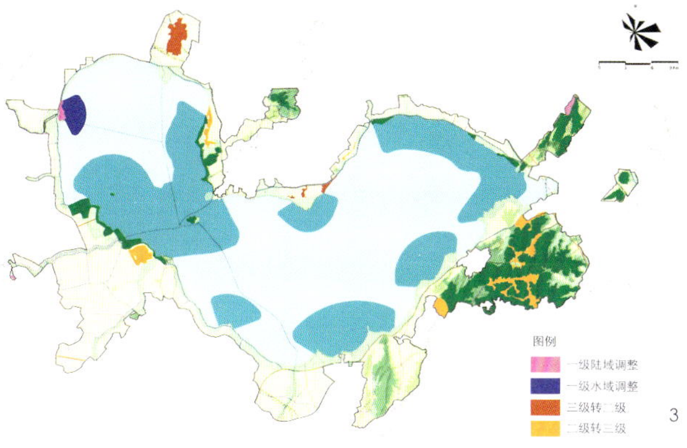

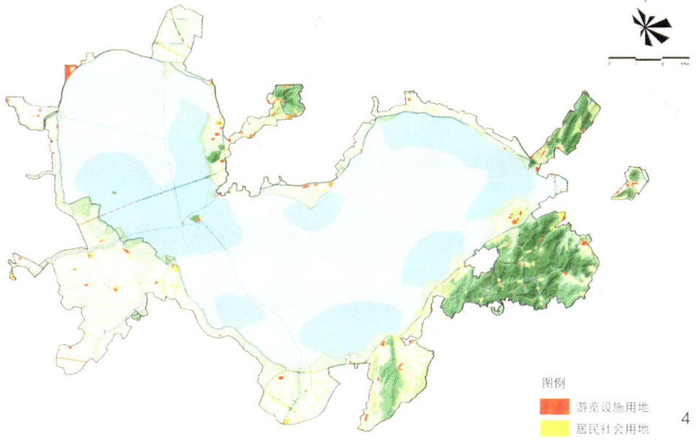

1.巢湖风景区乡村振兴示意
2.巢湖风景区范围优化
3.巢湖风景区保护等级优化
4.巢湖风景区游览服务设施布局优化

合国土空间规划一张蓝图的要求，更加具备项目落地的可操作性。

4. 有序开展生态保护修复

过去的风景区总体规划虽然有生态环境保护章节，但研究较为薄弱。随着习近平生态文明思想的提出，风景区内的生态保护修复被提上了新的历史高度，今年7月7日九部委的审查意见也明确提出要加强生态保护修复的内容。巢湖风景区提出“修山治水、两山转化”的生态修复策略，对于银屏山、凤凰山等受到破坏的矿山按照“因地制宜，矿景融合”的思路，山体采用工程措施，重建山体植被群落，山脚“宜林则林、宜草则草、宜建则建”，因地制宜地探索多元宕底修复利用模式，实现矿山修复的生态与旅游价值双提升；对于巢湖水面及入湖河流，按照“水安全、水环境、水生态、水景观、水文化‘五位一体’”的思路，扎实落实巢湖碧水、安澜、富民工程。

5. 精心策划文化旅游融合

风景名胜区总体规划多由规划类设计院所编制，受专业限制，较多风景名胜区总体规划中的游赏规划章节多从项目与游线组织等基础内容出发，缺乏战略思维以及结合市场的旅游策划内容，忽视了文化旅游在风景名胜区可持续发展中的促进作用。巢湖风景名胜区在开展总体规划的同时，通过文化旅游的专题研究，按照“凝练环湖文化内核、塑造特色文化品牌”“以文化旅游引擎项目带动、构建‘文化+旅游’产业体系”“以巢湖魅力的文化元素、提升环湖景观风貌品质”“策划文化旅游活动项目、文化的极致活态化运用”“打造文化旅游主题镇与村、实现‘文化+村镇’华丽转身”“以‘国际范+文化范’的服务设施支撑国内著名文化旅游目的地”六大思路，构建“一湖两城、两岸四区”的环巢湖文化旅游总体格局，对环湖同类型资源和互补资源统筹策划、合理开发，以“环湖一盘棋”为思路，城旅互动、村旅融合、产旅一体，通过环湖游赏廊道、主题乡村、旅游小镇、文旅项目的相互连接嵌套布局、产业统筹互动，最终，实现廊道串联化、项目产业化、村镇联动化，构建环巢湖文化旅游全产业链。

6. 有效引导乡村振兴发展

过去风景名胜区总体规划中的居民社会调控章节多从村庄拆并的角度出发，对乡村发展的引导较弱。自党的十九大提出乡村振兴战略以来，国家陆续出台了一系列支持乡村振兴的政策，风景名胜区规划也需要有效引导乡村振兴方向。

巢湖风景名胜区结合合肥市正在开展的乡村振兴战略规划与风景名胜区内的乡村特征和特色资源，将聚居型和控制型的村庄划分为历史文化旅游、自然生态休闲、现代农业观光和度假养生休闲四种类型，分类引导，并围绕产业兴旺的目标，重点挖掘环湖十大特色村庄，作为示范，带动整个风景名胜区范围内的乡村振兴发展。

四、结语

伴随国家机构改革与国土空间规划体系的构建，包括风景名胜区规划在内的各类传统规划受到了较大冲击。在国土空间规划全域全要素的管控要求下，风景名胜区规划势必不能再走游离于城乡规划体系的老路，风景名胜区规划的范围、保护等级、游览服务设施布局、居民社会调控等涉及空间控制的内容全面衔接国土空间规划三区三线与用地布局将是大势所趋，最终才能真正实现“一张蓝图”的宏伟目标。虽然《风景名胜区总体规划标准》（住建部公开版，GB/T50298-2018）2018年刚刚出台，但关于风景名胜区的一系列政策以及国土空间规划对风景名胜区总体规划提出了更高要求，主要体现在风景名胜区范围界定、保护等级优化、游览服务设施布局、生态修复、文化旅游融合、乡村振兴引导等方面，基于此，国家层面近期正在开展新一轮风景名胜区规划标准的修缮。风景名胜区规划体系正在重构，与政策的衔接落实必然是变革的主导方向。基于巢湖国家级风景名胜区总体规划修改的实践，笔者认为修改过程中需要把握四大要点：

第一，风景名胜区总体规划修改是为了更好地衔接国家近年来出台的风景名胜区政策文件以及国土空间规划，切忌举修改之旗，行开发之实，对原风景名胜区范围、保护等级大删大降，甚至借助修改的名义逃避中央环保督察、绿盾行动等发现的各类违法违规项目的整改。

第二，坚持将生态优先作为风景名胜区总体规划修改的首要理念，从有利于风景名胜区生态保护的角度，优化风景名胜区范围与保护等级，为子孙后代留下珍贵的风景资源。

第三，全面衔接国土空间规划，将风景名胜区规划的空间控制内容与市、县、乡镇级国土空间规划以及多规合一实用性村庄规划充分衔接。由于国土空间规划的编制与相关政策仍然处于动态调整期，风景名胜区规划需要随之动态调整。

第四，虽然长期以来，风景名胜区总体规划已形成稳定而成熟的框架结构，但近年来国家关于生态修复、文化旅游、乡村振兴等方面政策的陆续出台，需要风景名胜区总体规划顺势而为，在这些方面深化细化，强化政策要求与空间落实的贯彻衔接，实现“政策空间化”。

项目负责人：陶其中

主要参编人员：黄闯、曹靖、朱晗、贲腾、刘灿

注释

①虽然《生态保护红线管理办法（试行）（征求意见稿）》《市级国土空间总体规划编制指南》允许生态保护红线和城镇开发边界内的特别用途区安排配套游憩设施，但风景区总体规划中落图的游览服务设施用地规模较大，在实际操作层面存在较大困难，因此，建议从该类区域中调出。

参考文献

[1]合肥市规划设计研究院. 巢湖风景名胜区总体规划修改（2021—2035年）[Z]. 2021.

[2]关于建立以国家公园为主体的自然保护地体系的指导意见[R]. 2019-06-26.

[3]关于加强和规范自然保护地整合优化预案数据上报工作的函[R]. 2020-08-20.

[4]自然保护区等自然保护地勘界立标工作规范[R]. 2019-07-26.

[5]安徽省人民代表大会常务委员会. 巢湖流域水污染防治条例[S].2019.

[6]何允全. 高原地区风景名胜区总体规划的“保”与“用”——以鲁朗林海风景名胜区为例[J]. 中华建设. 2019(9): 70-71.

[7]关于规范国家级风景名胜区总体规划上报成果的规定（暂行）[R]. 2013-10-11.

[8]金云峰, 陶楠. 国土空间规划体系下风景园林规划研究[J]. 风景园林. 2020, 27(1): 19-24.

作者简介

曹　靖，合肥市规划设计研究院，规划专业副总工程师，高级工程师，注册城乡规划师，注册咨询工程师；

朱　晗，合肥市规划设计研究院风景园林二分院，副院长，工程师；

詹美旭，广州市城市规划勘测设计研究院规划研究中心，副总工程师，高级工程师，注册城乡规划师。

空间约束条件下世界遗产地可持续发展模式初探
——以大敦煌文化旅游圈总体规划为例

A Preliminary Study on the Sustainable Development Model of Unesco World Heritage Sites Under Space Constraint
—Taking the Overall Planning of Great Dunhuang Cultural Tourism Circle as an Example

张曼曼 刘玉超
Zhang Manman Liu Yuchao

[摘　要]　空间约束条件下的世界遗产地一般面临生态资源敏感性高、文物古迹脆弱、保护难度大以及交通区位偏远等问题，对发展形成了较为严峻的制约，也对可持续旅游提出更高的要求。本研究以大敦煌文化旅游圈总体规划为例，明确世界遗产地-敦煌的可持续旅游需要处理的核心矛盾是自然生态资源和旅游空间的关系、原生态文化和旅游发展的关系，以“生态可持续”理念拓展空间体系，以“文化可持续”理念优化产品体系，为空间约束条件下的世界遗产地的可持续发展提供了一种可借鉴模式。

[关键词]　世界遗产地；空间约束条件；可持续旅游；大敦煌

[Abstract]　World Heritage sites under spatial constraints are generally faced with problems such as high sensitivity of ecological resources, fragile cultural relics and historic sites, difficult protection and remote traffic location, which not only severely restricts the development, but also puts forward higher requirements for sustainable tourism. Taking the overall planning of the great Dunhuang Cultural Tourism Circle as an example, this study makes it clear that the core contradiction to be handled in the sustainable tourism of the world heritage site Dunhuang is the relationship between natural ecological resources and tourism space, the relationship between original ecological culture and tourism development, expands the spatial system with the concept of "ecological sustainability" and optimizes the product system with the concept of "cultural sustainability", It provides a model for the sustainable development of world heritage sites under spatial constraints.

[Keywords]　world heritage sites; spatial constraints; sustainable tourism; great Dunhuang
[文章编号]　2022-90-P-049

一、引言

敦煌地处甘肃省酒泉市，拥有莫高窟等多处世界文化遗产和国家级文物保护单位，悠久的历史和厚重的文化被誉为“中国的敦煌，人类的敦煌”。因其世界级的文化遗产和独特的艺术底蕴，使其成为“一带一路”战略甘肃段重要的发展依托，为响应国家战略，甘肃省提出建设河西走廊文化生态经济区，带动敦煌市及周边区域的一体化发展。大敦煌文化旅游圈的设立是对一带一路倡议和河西走廊文化生态经济区提议的积极响应，2017年9月首次提出，2018年4月确定为甘肃省级战略，2018年10月19日全面启动。

世界级的资源、严峻的空间约束条件使敦煌面临着保护与发展难以平衡的严峻问题，也是受空间约束条件制约的世界遗产地所面临的共同议题，联合国教科文组织提出的“世界遗产与可持续旅游”为该类遗产地的保护与发展指出了方向。因此，从区域层面探索敦煌的可持续发展路径，可以为世界遗产地的可持续发展提供研究案例和实践参考。

二、项目定位与核心问题

1. 项目定位

作为丝绸之路经济带的黄金段和河西五市产业振兴的着力点，大敦煌文化旅游圈的使命是带动酒泉产业经济发展，支撑甘肃旅游强省战略，助推“丝绸之路经济带”的构建。因此，本次规划不仅仅是旅游发展规划，而是以文化旅游为核心、以可持续发展理念为引领的区域经济圈构建规划。

2. 研究范围

研究范围为酒泉市域加嘉峪关市域。历史上的河西四郡见证了丝绸之路的交流与繁荣，从文化根源讲，今天的酒泉、嘉峪关、张掖、武威、金昌都应该纳入到大敦煌文化旅游圈的整体中去。

3. 核心问题

（1）空间约束条件制约世界遗产地敦煌的发展

作为世界遗产所在地，敦煌的发展受到多方面空间约束条件的制约。首先，生态环境脆弱、文物保护难度大，以莫高窟为代表的石窟、壁画类文化遗产受干旱环境和人为活动的影响而易损坏。第二，生态敏感性和文物保护要求导致空间承载力弱，“小敦煌”的有限空间承载不了“大敦煌”的发展潜力。第三，地理区位偏远和设施不便。因此，处理好原生态文化、自然生态环境与文化旅游发展之间的关系是大敦煌文化旅游圈规划需要解决的核心问题。

（2）产品与敦煌世界级资源不匹配

敦煌品牌拥有世界级的吸引力，但以观光为主导的旅游发展模式较为初级。敦煌的现状旅游产品体系多是对资源具有强烈依赖性的周期性产品，除少量热门的旅游景点外，湿地公园、沙漠胡杨林、油田红色旅游等其他资源之间也没有发生有机联动，尚未形成可持续的旅游循环经济。

（3）快旅慢游在敦煌较难实现

在省内人口支撑不足的情况下，大敦煌文化旅游圈旅游发展日益依赖省外客流。而边缘的区位条件导致到达大敦煌文化旅游圈区域的时间和经济成本高昂，“快旅慢游”较难实现。

三、规划思路与目标

1. 规划思路

（1）生态可持续：拓展空间体系、区域城市群协同发展

从保护的角度疏解，以旅游空间为核心拓展空间体系。以“低影响介入、高效率发展、差异化分工”等可持续旅游理念为引导，将承载力需求较大的活动从生态或文化敏感区域中剥离出来，安排在承载力相对较大的区域，使生态空间、游览空间、体验空间、服务空间分层次发展，既拓展了空间承载力，又带动了区域城镇群发展。依据大敦煌文化旅游圈区域的综合特征，判断出

1.区域经济圈构建路线图　　2.可循环产业体系结构图

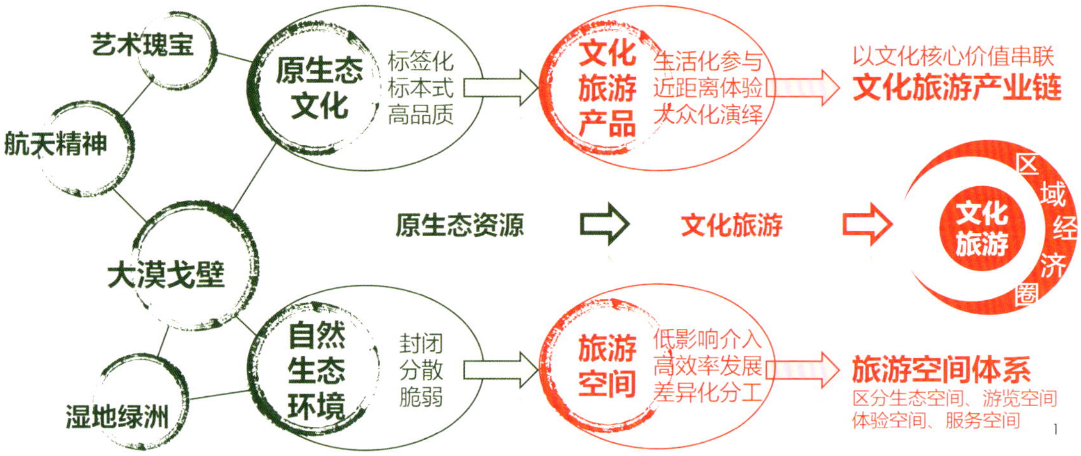

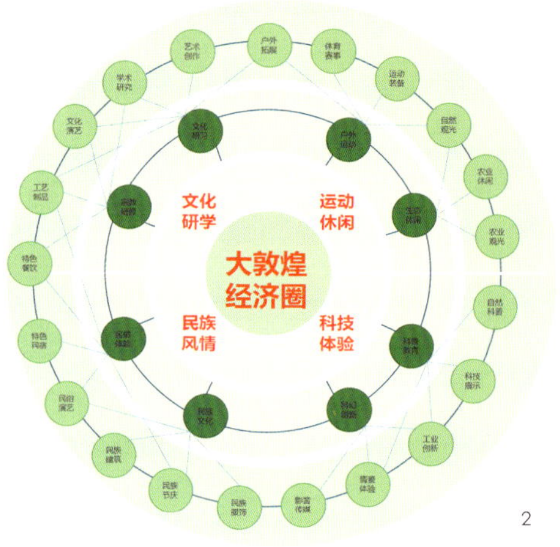

旅游空间的扩张一定是斑块而非线性的，旅游要素的供给一定是集聚而非分散的，因此，规划需从遍地开花的景点建设转向城市旅游品质提升。

（2）文化可持续：延长留客时间、文旅产业链完善升级

从发展的角度纵深，以文化旅游为核心延伸产业链。首先引导旅游发展从观光升级为旅居，吸引游客延长停留时间，通过进一步挖掘、延伸、演绎原生态资源的核心价值，打造更具丰富性、系统性、体验性的旅游产品体系，完善区域旅游要素供给与配置，让大敦煌文化旅游圈真正成为游客的异地旅居目的地。进而以核心产品体系串联文化旅游产业链，打通从资源到文化旅游再到文化旅游经济的通路。大敦煌文化旅游圈区域拥有得天独厚的历史文化与自然资源，未来的发展不应仅仅局限于打造周期性的旅游产品，而应该在挖掘大敦煌文化旅游圈核心价值的基础上打造体验型文化旅游产业，最终实现以文化旅游为核心的区域循环经济。

2. 目标愿景

（1）规划目标

构建可持续发展模式，引导绿水青山和文化资源的转化。对于大敦煌文化旅游圈而言，自然风貌、文化瑰宝、科技精神都可以实现价值的转化。关键点就是以可持续理念为主导，处理好原生态文化与文化旅游发展的关系、自然生态环境与旅游空间的关系，实现生态价值和文化价值的共同转化。

（2）发展愿景

对于目前的大敦煌而言，通过延长游客停留时间来增加旅游收入，带动地区经济产业发展是必然的选择。规划通过挖掘资源价值，优化产品体系，完善区域旅游要素供给与配置，将大敦煌打造成为传播探索交融文化精神、带动周边区域经济发展的文化旅居型旅游目的地。

四、大敦煌文化旅游圈总体规划的创新探索

1. 重拾核心价值，创新产品体系

（1）挖掘文化遗产核心价值，创新产品产业体系

大敦煌文化核心价值聚焦于“探索”与“交融”。敦煌历史始于张骞出塞，历经乐僔凿窟、玄奘西行、石油勘探、航天发展等不同阶段，形成宗教文化、壁画文化、科技文化等多元文化类型。纵观区域历史的兴衰变迁，源于对未知地域的探索、源于对新兴技术的探求、源于对区域商贸、文化交流的渴望，源于多元文化、不同民族间的互相影响。因此，大敦煌文化的核心价值应该是“探索”与“交融”。

基于核心价值创新四大产品体系，构建产业链。规划将大敦煌的自然资源与人文资源整合重组，打造运动休闲、文化研学、科技体验、民族风情四大产品体系。拓展产业体系，带动一、二、三产联动发展，最终在区域与城市内部形成以文化旅游业为核心的可循环的经济产业体系。

（2）从“飞天”到“航天”，打造大敦煌文化品牌

依托文化研学类重点产品体系，传承演绎“飞天”文化，打造“无处不敦煌”文化艺术品牌。策划全客群全季研学产业链，以“知行悟创融”五大主题为引领，串联壁画艺术传递之径，从文化空间的观赏、学习过度到艺术元素的日常感知、活动体验，最后提升到敦煌壁画艺术的创作与传播，形成涉及教育培训、生活服务、运动休闲、文创生产、物流营销等多方面一体化的文旅产业体系。

依托科技体验类重点产品体系，传承演绎“航天”文化，打造航天文化体验品牌。规划航天旅游城以“离星空最近的地方”为主题，建设全景式、沉浸式全系列航天研学基地，以航天体验为核心，打造天文观测—物理启蒙—航天体验—科幻猜想的全过程体验学习之旅，传扬航天人探索无畏的精神，实现多学科交融创造。

2. 重构空间体系，明确职能分工

（1）拓展空间体系

规划形成“母港引领，子港支撑，全市联动，一体链接”空间格局，以大敦煌文化旅游圈为龙头带动河西五市区域旅游经济联动发展。旅游母港城市是区域旅游的交通运输中心、物流集散中心、文化展示中心、产业集聚中心和旅游服务中心，联动与辐射旅游子港城市。旅游子港城市需要建立自身的旅游品牌与对应的产品体系，成为各具特色的旅游目的地，对旅游母港城市形成支撑。在此基础上，延伸出第三层级旅游岛链，串联起整个区域的文化旅游产业发展。

（2）差异化功能布局

以空间体系为框架，引导区域城镇功能差异化布局、一体化发展。

敦煌子港采用“优”“扩”结合的空间策略，带动瓜州、肃北、阿克塞等节点城镇的一体化发展。“优”对应对于敦煌市的旅游空间提升与产业体系完善，通过新增文旅项目优化城市旅居吸引力、疏解热门景区压力，从景点旅游走向城市旅游。“扩”对应于敦煌对瓜州、肃北、阿克塞等旅游岛链城镇的带动，联动文创产品制造、餐饮住宿等产业发展，明确四县职能分工，紧密合作，联动外围分散的景点，形成旅游经济为主体的一体化发展新格局。

酒泉—嘉峪关母港共同打造航天旅居目的地，实现敦煌“飞天”与酒泉“航天”的梦幻联动。酒泉航天声名远播，但航天资源远离客源、所在城镇承载有限、军事旅游功能交错，难以为酒泉发展所用。对此，规划认为应剥离航天科技发展与航天文化旅游两大功能，将航天旅游城落位于酒泉市区，通过省级统筹与酒泉卫星发射中心达成合作，妥善利用退役航天

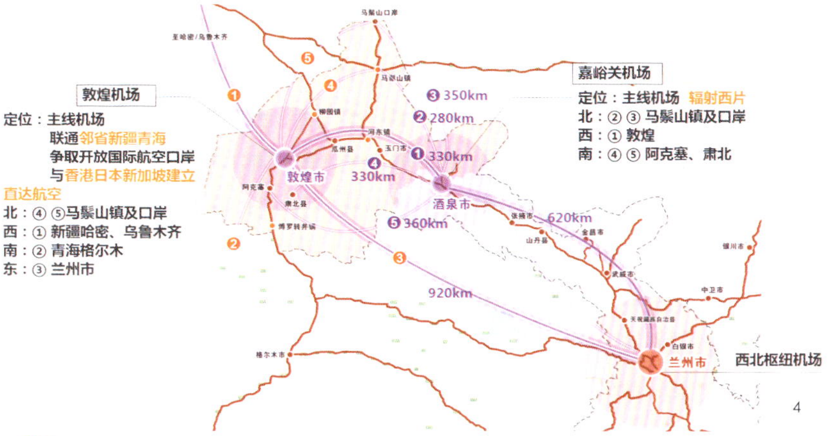

3.区域空间体系结构图　　4.航线规划图　　5.高铁规划图

设备、积极邀请航天工作者、运用AR、VR等技术重现不涉密的历史场景资料，逐步打造参观展示型博物馆、体验型科普研学营，最终形成以航天旅游城为核心，航天农业、航天文创、体验互动、影视游戏多功能联合发展的航天旅游产业体系。

玉门借力敦煌与酒泉—嘉峪关，聚焦工业城市转型。联动敦煌文化艺术主题，在老市区开凿洞窟，构建壁画艺术创产业链，形成以洞窟开凿及壁画创作为主体的一、二、三产联动发展的循环旅游经济。联动酒泉—嘉峪关母港“航天”经济，依托魔山地质公园打造科幻影视基地。

3. 内外交通提速，实现“快旅慢游”

（1）航线扩容，缩短时间成本

规划以兰州枢纽机场为依托，通过主线、支线机场的联动，加密省域西部的航空支线。联动嘉峪关机场，将酒泉机场打造为辐射西部四县的主线机场；扩建敦煌机场作为重要的支线机场，争取对接邻省和国际航线。

（2）特色转型，交通方式趣味化

通过低空飞行等特色交通方式提供趣味化的旅途体验。西部四县自然地质地貌奇特、风光秀丽，规划在主线及支线机场之间设立低空飞行旅线，让游客从空中观赏戈壁沙漠、草原湖泊、冰川石窟等特色风景。

（3）陆路提速，构建高铁高速网络

在酒泉市域内部，规划酒（泉）—敦（煌）快速高铁线，实现两个城市之间一小时互通。建成后可大幅度提升沿线瓜州、玉门两市的外部交通可达性，加强酒泉、玉门、瓜州、敦煌之间的联系，缩短旅行到达时间。

五、结语

本文以敦煌为研究案例，以可持续理念为引领，以文化旅游为主导，初步构建了空间约束条件下世界遗产地的可持续发展模式。针对空间承载弱、“快旅慢游”难以实现的问题，围绕生态可持续理念，联动区域城镇拓展承载空间，凸显敦煌的文化核心地位，强化酒-嘉作为母港城市对于大敦煌价值内核的承载、创新、展示和传播作用，联动周边其他城市，实现区域协同一体发展。针对大敦煌区域旅游产品与旅游资源不匹配的问题，围绕文化可持续理念，以优化供给为导向，拓展产品体系，构建一二三产联动发展产业链。最终将大敦煌文化旅游圈打造成为传播敦煌文化内核、带动区域经济发展的文化旅居型旅游目的地。

项目负责人：刘晓

主要参编人员：刘玉超、丁凡、刘叙霆、屠颖星、张曼曼、葛凡华

参考文献

[1]冯骥才.中国的敦煌，人类的敦煌[EB/OL].北京:中国艺术报社.2011[2011-06-10].http://www.cflac.org.cn/ysb/2011-06/10/content_22977907.htm.

[2]韩炜.国内外世界遗产地旅游开发模式研究综述[C].规划创新：2010中国城市规划年会论文集.2010:5239-5249.

[3]陈岩峰.近年旅游可持续发展研究综述[J].资源开发与市场.2009.25(01):91-93.

作者简介

张曼曼，上海同济城市规划设计研究院有限公司，规划师；

刘玉超，上海同济城市规划设计研究院有限公司城市开发规划研究院，主创规划师。

专题案例
Subject Case
风景名胜区详细规划
Detailed Planning of Scenic Spots

风景名胜区人文类景区详细规划编制方法探讨
——以楠溪江风景名胜区渠口文化景观区详细规划为例

Discussion on the Formulation Method of Cultural Scenery Area Detailed Planning in Scenic and Historic Area — Taking the Qukou Cultural Landscape Area Detail Planning in Nanxi River Scenic and Historic Area as an Example

李 鑫 汪 瑾
Li Xin Wang Jin

[摘　要]　浙江省风景名胜区内拥有众多的以人文资源为主要特色的景区，常常因其尺度巨大的空间规模、复杂多样的资源类型、景村交融的景观格局以及强烈的经济社会发展需求，使得景区详细规划编制复杂且难以通过审批。楠溪江风景名胜区渠口文化景观区详细规划考虑了景区内山水资源保护的生态敏感性、古村落保护的历史文化传承性，也综合平衡了居民社会建设的可持续发展性和旅游发展的功能设施需求性，从“以资源分类为导向的保护分区和建设管控、强化风景特征的游赏组织和典型景观展示、景中村类景区详细规划编制深度探索”三方面入手，梳理和总结风景名胜区人文类景区详细规划编制方法。

[关键词]　风景名胜区；详细规划；楠溪江；景中村；人文

[Abstract]　There are many scenery areas featured mainly with human resources in Zhejiang scenic and historic areas. Due to their huge spatial scale, complex and diverse resource types, landscape pattern of blending scenery with villages and the strong demand for economic and social development,the detailed planning of these scenery areas is complicated and difficult to be approved. The Qukou Cultural Landscape Area detailed planning inNanxi River Scenic and Historic Area considers the ecological sensitivity of landscape resources protection, the historical and cultural inheritanceof ancient village protection, and it also comprehensively balances the sustainable development of communities' construction and the demand forfunctional facilities of tourism development. This paper combs and summarizes the formulation method of cultural scenery area detailed planningin scenic and historic area from three aspects: "protection zoning and construction control oriented by resource classification, strengthening tourorganization of scenic features and typical landscape display, and in-depth exploration of detailed planning formulation of scenery areas featuring villages".

[Keywords]　scenic and historic area; detail planning; Nanxi river; scenic area village; human culture
[文章编号]　2022-90-P-052

一、研究背景

1982年国家正式建立风景名胜区制度，批复了浙江省杭州西湖、富春江—新安江、雁荡山、普陀山等第一批44个国家重点风景名胜区，在至今的近40年间，风景名胜区制度与体系逐渐成熟，在自然景观、名胜古迹保护中发挥着不可替代的重要作用[1-2]。

党的十九大以来，随着建立以国家公园为主体的自然保护地体系相关工作推进，风景名胜区被纳入了自然保护地体系。但由于历史渊源影响深远、规划管理体系健全、建设发展经验较多，风景名胜区被众多学者认为是一类特殊的、最具中国特色的自然保护地[3-5]，往往具有自然与人文兼容的特点，更加重视保护与利用并举。

回顾风景名胜区制度的产生与发展，风景名胜区特征的呈现与历史背景、功能需求、艺术审美和哲学思想演变有密切关系，而在当下，风景名胜区被识别为自然生态空间的重要组成部分，生态保育功能被进一步强化，因此将风景名胜区纳入自然保护地体系的过程中，容易出现资源保护、功能需求和管理目标相矛盾的情况[6]。

以浙江为例，全省22个国家级风景名胜区、37个省级风景名胜区，自然景源和人文景源的数量之比约为6比4，共涉及150多个乡镇、近2000个居民点，超过140万人口，还有众多的文保单位和旅游景区。因此，往往在以人文资源为主要特色的景区，如何满足多重目标需求、如何有效落实上位总体规划，这就成了景区详细规划编制需要解决的难点和重点。

笔者选取了浙江省涉及人口最多且人文自然高度融合的楠溪江国家级风景名胜区作为研究对象，结合楠溪江风景名胜区渠口文化景观区详细规划编制，探索风景名胜区人文类景区详细规划编制方法。

二、项目概况

楠溪江风景名胜区是1988年国务院公布的第二批国家级风景名胜区，面积670.76km^2，是以典型的火山岩地貌、完整的楠溪江水系和苍朴的古村落群为风景资源主体，表现出“水美、岩奇、瀑多、林秀、村古”的山水田园特色，是中国古代耕读社会传统生活方式与山水审美文化完美结合的产物，是具有游览观光、民俗体验、科学考察、休闲度假价值的特大型自然文化复合式风景名胜区[7]。本项目所在的渠口文化景观区是2011年经国务院同意批准实施的《楠溪江风景名胜区总体规划（修编）（2009—2025年）》中明确的52个功能区之一，位于楠溪江风景名胜区最南端的太平岩景区，规划面积4.72km^2。

1. 场地特征

从区位交通上看，本项目是楠溪江风景区南入口

1.项目区位图　2.场地特征分析图　3.从周边山上俯瞰中部古村落　4.从田园远眺山林　5.渠口村的传统民居和坦下村的寨墙樵亭　6.渠口叶氏大宗（国宝单位）　7.凤凰山的凤冠岩和凤凰谷　8.规划总平图　9.渠口人文景源分布图

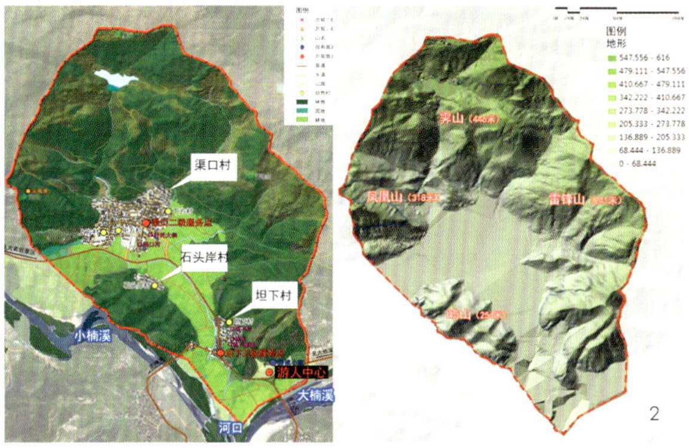

主通道上的重要节点，南临大楠溪和小楠溪汇合口，是风景区游客中心所在。

从场地特征上看，区内中部是古村落所在，四周田园、溪水、群山环绕。渠口历千百年有余，围绕者数百家，凤凰其西，雷峰其东，南有屿山，外有大溪环之，中穿一渠，可以灌田，而其北则层峦叠翠，有径可通四处。这是楠溪江中下游河口地带典型的盆地区，很好的反映了楠溪江流域古村落的风水环境理念。

2. 资源特征

整个区块资源特色可概括为：渊源深厚的古村文化，神秘青秀的山岭幽谷风光，突出展现了楠溪江风景区的山水田园特色。

（1）渊源深厚的古村文化

区内有渠口社区、坦下村和石头岸村三处居民点。其中渠口社区和坦下村留有大量宗祠和传统民居，是楠溪江古村落群的重要组成部分。渠口社区所在的上方、下方、中方村历史久远，建筑年代最早可追溯到北宋，其中有1处一级景源——叶氏大宗，为国宝单位。村落的格局是典型的“三面临山，内引溪水”的农业村落格局，体现了古人顺应阴阳五行的择地思想。坦下村始迁祖陈彬是楠溪江芙蓉村抗元民族英雄陈虞之的族侄，兵败后携子解甲归田，在坦下村寨傍崖筑屋定居，村内至今留有寨墙、樵亭等军事防御设施。

（2）神秘青秀的山岭幽谷风光

区内三面环山，山岭幽深，植被繁茂。冬季不受寒风侵袭，南面有不高的屿山作为案山，块然独立，在区内的东南角和西南角形成两个豁口，夏季，季候风循河谷北上，在坦下村折向西北，正好吹进东南豁口，带来充足的雨量。北侧凤凰山因顶部有岩似凤凰的冠而得名，山上有凤凰寨遗址，据称是宋抗元义士扎营所之处，又称是太平天国据守之地，凤凰山上的珠固洞相传即为珠固的藏身之处。

三、规划构思

《渠川叶氏宗谱》中清晰得描述了这里的地理环境及生活状态：“地僻非僻，山贫不贫，有樵可采，有林可种，有美可茹，有鲜可食，桑麻蔽野，禾稼连畦。”这是对场地环境和资源价值的历史判定，有浓郁的文化自信。

本次规划通过对区内“田园、溪流、古村、山林”的分类资源保护、提升和恢复，来延续这种山水田园格局和古村文化风貌。具体包括：保护本底——

10.渠口文化游览线路图　11.游赏结构规划图　12.分级分类规划图

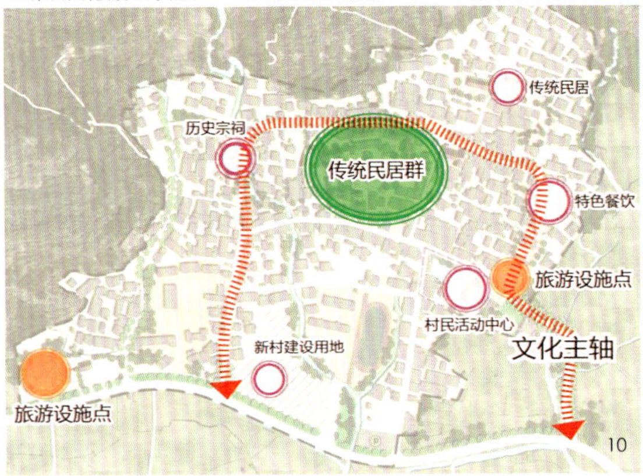

10

11

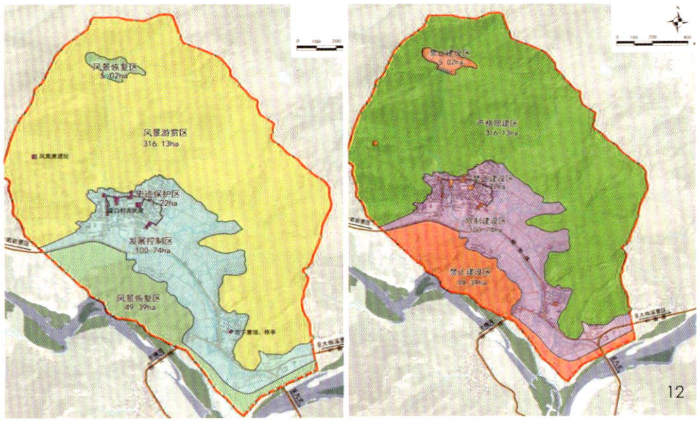
12

保护现状农田和自然风光，强调楠溪江流域古村落的风水环境理念；挖掘内核——全面梳理并保护古村落内有价值的景点，包括传统民居、历史建筑、街巷空间及人文资源；美化外壳——提升村庄建筑和环境风貌，重点整治沿街建筑和梳理村内公共环境空间，形成古村落文化游览线路；延伸拓展——恢复凤凰寨、雷锋山古道，完善游客中心服务区，形成山上山下、区内区外交融的“掌指状”游赏结构。

渠口文化景观区规划定位为以古村文化、山岭幽谷为资源特色，以观光休闲、文化体验为主要功能的文化景观游览区[8]。

四、技术探索

1. 以资源分类为导向的保护分区和建设管控

风景名胜区详细规划是对上位总规的深化落实，详细规划审查的第一要点就是总规的符合性，特别是保护分区，具体而言就是不可通过详细规划调整总规明确的三级分区。但详细规划在落实总规要求时，往往在具体地块层面，简单的三级分区很难协调保护与利用的关系。

本次详规在总规确定的渠口文化景观区整体属于二级保护区要求的基础上，根据区内不同的资源类型、用地情况和游赏功能进行分类分区保护，提出更为针对性的保护措施和建设引导。将渠口、坦下村内文保单位、古村民居及传统街巷，凤凰寨遗址等划定为史迹保护区；将万坦水库、屿山、大小楠溪江北岸退蓝线200m范围作为重点恢复、培育对象，划定为风景恢复区；将雷锋山、凤凰寨、古村落内各级风景结构单元集中区划定为风景游览区；将居民生产生活和旅游服务配套区域划定为发展控制区。

针对史迹保护区和风景恢复区采取较严格的保护要求，对风景游览区采取适度的保护要求，对发展控制区和游客中心区域采取相应的符合当地发展需求的保护要求。

此外，对这几类区域从设施管控和活动管控等方面进行可以、禁止、有条件进行等明确约束，以指导实现精细化管理。以上保护要求均不低于总规确定的二级保护区的要求（表1）。

表1　分区控制要求与用地划分表

保护分区	保护对象	保护措施	用地范围	面积（亩）
风景恢复区	需要重点恢复、培育、抚育、涵养、保持的对象与地区	严禁新建与风景保护和游赏观光无关的建筑物，严重影响景观环境的建筑物应进行拆除；人文景观要做到修旧如旧；以审美观赏、文化体验、科普教育、科学考察等活动为主	万坦水库、屿山、大小楠溪江北岸退蓝线200m范围内	54.41
史迹保护区	需要重点保护的史迹		渠口、坦下村内文保单位和重要传统民居及传统街巷以及凤凰寨遗址	1.22
风景游览区	景物、景点、景区等各级风景结构单元和风景游赏对象的集中地	限制与风景资源保护和游览无关的建设，区内应以游赏项目为主，可以设置少量景点建筑和小规模、临时性的服务设施，采用保持楠溪江风格的建筑	雷锋山及凤凰寨—万坦水库游览区（甲类用地为主，包括部分庚、已、戊等用地）	316.13
发展控制区	对上述三类保护区以外的用地与水面以及其他各项用地	准许原有的土地利用方式与形态，按总规要求安排相应的服务设施和居民社会用地，并控制其规模和内容	景区内的旅游点建设用地（乙类）、居民社会用地（丙类）以及耕地（庚）等用地	100.74

2. 强化风景特征的游赏组织和典型景观展示

本次规划在总规确定的6个景源基础上，通过深入的风景资源分析和挖掘，特别是对古村落价值的研究，从古村落整体风貌格局、山水田园景观、街巷空间肌理、建筑保护类型、传统民居单体、历史遗址遗迹、新村建筑及环境等方面进行了专题调研与梳理，挖掘珠囤洞、凤凰山古道遗址；凤翔祠、三官亭、天主堂、基督堂等拟推荐历史建筑；横龙房宗祠、肩头山宗祠、大岩根祠、雷锋寺、凤仙宫等具有传统风貌价值的古民居宗祠；上方溪、中方溪等重要保护水系；共计新增景源20处，并明确了各景源类别和等级，规划景点游赏内容和建设要求。

除了人文资源价值的挖掘与展示，规划利用植物景观营造，在凤凰山东侧和雷锋寺东侧现有谷地分别设计“桃花谷”“银杏谷”，形成“凤凰山上凤凰寨，凤凰山脚桃花开”“雷锋山下雷锋寺，雷锋山脚银杏黄”的典型植物景观。同时，对火山岩地貌景观、水系景观、建筑景观、古道景观等做了专项规划支撑，强化了风景特征和典型景观展示，并通过游线组织，串点连廊，形成三条主题游线，凸显古村风情、山水风光等风景特征。

3. 景中村类景区详细规划编制深度的探索

《浙江省风景名胜区条例》明确：风景名胜区详细规划应当包括其编制范围内的城市和镇详细规划、乡和村庄规划。而像渠口社区其实是城乡规划、文保规划和景区规划的叠合部分，以往景区详规常常会以开天窗的方式避开。

本次详规，对县里批复的渠口社区规划进行了重新审视和修订，在研判规划人口和用地指标的基础上，从风景区的角度对其建筑风貌、游赏组织、设施布局、路网结构和建设用地布局提出更符合古村落发展的方案。比如：原社区规划中旅游服务设施用地集中布置在东部，本规划采取了小而散的布局，顺应了古村游赏序列；原社区规划中路网采用了井字结构，用地布局呈“摊大饼”状，完全忽略了古村历史生长边界，而本规划沿用了原有的村口布局和街巷肌理，同时考虑到村落赖以生存的山水田园本底，新村建设用地单独选址论证布局在了雷锋山下。

除了建设布局和平面试排外，本规划还针对景中村，对接了风景区用地分类和城乡用地分类，明确了具体地块图则，并对重要节点，提出了设计引导和建设效果意向。

五、小结

浙江省地形复杂，气候温润，生态优良，文化丰厚，风景资源丰富，国家级风景名胜区数量为全国第一，具有我国东南人口稠密地区资源特征的典型性，也拥有众多的类似楠溪江风景名胜区渠口文化景观区这样的人文类景区。对于该类景区，我们应从其不同尺度的空间规模、复杂多样的资源类型、景村交融的景观格局以及强烈的经济社会发展需求出发，综合考虑景区内山水资源保护的生态敏感性、古村落保护的历史文化传承性、居民社会建设的可持续发展性和旅游发展的功能设施需求性，从“以资源分类为导向的保护分区和建设管控、强化风景特征的游赏组织和典型景观展示、景中村类景区详细规划编制深度探索”三方面入手，编制科学合理的景区详细规划，以期实现景区保护与发展良性循环。

项目负责人：李鑫

主要参编人员：汪瑾、谭侠、仲美学、赵欣、方毅立

注：《楠溪江风景名胜区渠口文化景观区详细规划》获2019年中国风景园林学会科学技术奖规划设计二等奖。

参考文献

[1] 严国泰,宋霖.风景名胜区发展40年再认识[J].中国园林,2019(3):31-35.

[2]赵智聪,杨锐.中国风景名胜区制度起源研究[J].中国园林,2019(3):25-30.

[3]石春晖,代莹,宋峰.世界遗产保护制度与中国本土化保护体系关系——基于风景名胜区制度的探讨[J].中国园林,2016(3):75-79.

[4]李金路.风景名胜区是最具中国特色的自然保护地[J].中国园林,2019(3):21-24.

[5]邓武功,贾建中,束晨阳,等.从历史中走来的风景名胜区——自然保护地体系构建下的风景名胜区定位研究[J].中国园林,2019(3):9-15.

[6]李鑫,宋松松,金肾涵.新形势下浙江省风景名胜区定位与发展——基于自然保护地体系构建下的研究[J].城市规划,2020,v.44;No.405(S1):35-41+91.

[7]北京大学世界遗产研究中心,中国对外建设总公司城市规划设计院.《楠溪江风景名胜区总体规划（修编）（2009—2025年）》[Z].2011.

[8]浙江省城乡规划设计研究院.《楠溪江风景名胜区渠口文化景观区详细规划》[Z].2017.

作者简介

李　鑫，浙江省城乡规划设计研究院遗产保护与国土绿化所，所长，正高级工程师；

汪　瑾，浙江省城乡规划设计研究院遗产保护与国土绿化所，高级工程师。

13.游线规划图
14.原渠口社区规划（永嘉县批复）
15.图则引导
16.本规划（紫圈内为旅游服务设施）
17.建设引导

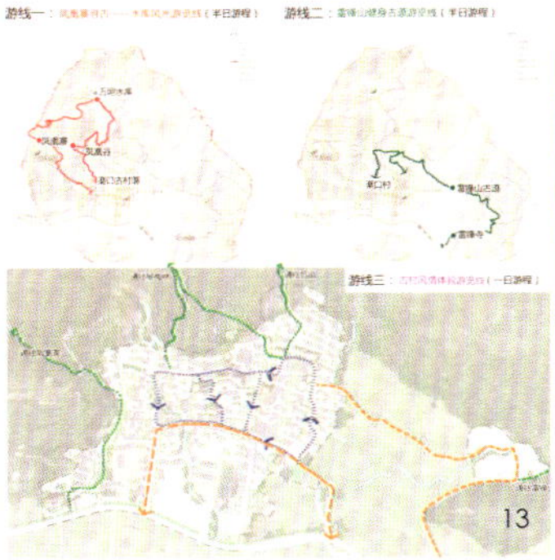

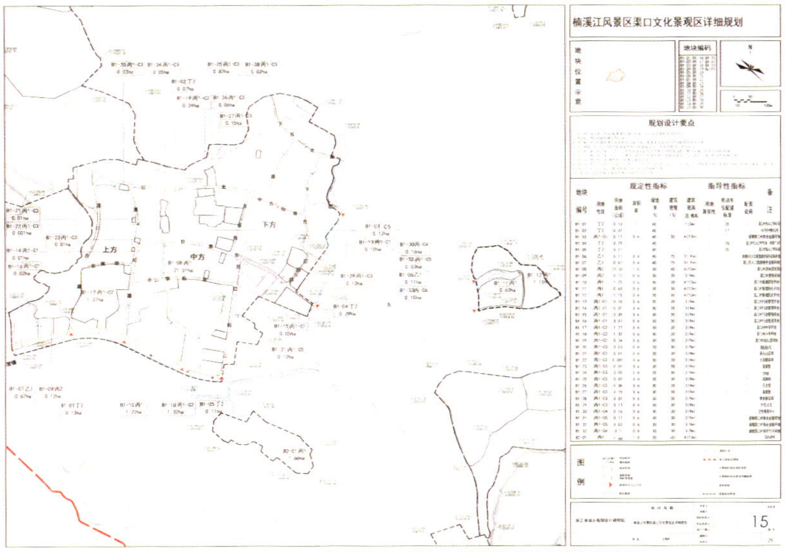

文化景观视角下风景名胜区详细规划编制研究
——以亚龙湾景区入口区详细规划为例

Study on the Scenic and Historic Area Detailed Planning Under the View of Cultural Landscape
—Detailed Planning for the Entrance Area of the Yalong Bay

高一菲 严国泰
Gao Yifei Yan Guotai

[摘　要]　风景名胜区是我国重要的文化景观资源，是体现中国特色自然资源与文化价值和谐共存的载体。《风景区详细规划标准》中明确提出“风景名胜区的主入口、旅游服务设施集中区、旅游服务城镇等涉及建设活动的区域应编制以建设引导与控制为主要内容的详细规划[1]”。本文以亚龙湾景区入口区详细规划为例，提出通过对区域的文化景观的价值评估、关键特色提炼，明确详细规划中建设用地控制指标和包括空间特征维持、典型景观保护、人文环境营造和游赏行为引导在内的引导性指标的规划编制方法，为风景名胜区详细规划提供参考。

[关键词]　风景名胜区；详细规划；文化景观；特征要素

[Abstract]　Scenic and historic area is an important branch of cultural landscape in China and the carrier of harmonious coexistence of natural resource and cultural values with Chinese characteristics. Balancing the value of cultural landscape with the development in the construction area differs the scenic and historic area form others.

[Keywords]　scenic and historic area; detailed planning; cultural landscape; chracteristic element

[文章编号]　2022-90-P-060

一、文化景观与风景名胜区

文化景观是人与自然相互作用的结果，是人类群落受自然条件限制和内外部社会、经济、文化力量共同影响下随着时间演进的缩影①。

名胜者，在风景资源集中之所，以名纪胜景、因名彰胜景。风景名胜区自古不仅是自然山水胜地、文化传承之地，更是人类智慧在自然界中践行“天人合一”的作品[2]。

风景名胜区是最具中国特色的文化景观，是自然地域的空间上中华文明的高度凝练[3]。目前中国国内共有五处世界文化景观遗产，其中三处为风景名胜区（庐山风景名胜区、西湖风景名胜区、五台山风景名胜区，详见表1）。

根据上文对庐山、五台山、杭州西湖三处文化景观提名标准的分析，其文化景观的共同价值主要在于：（II）体现了一段时间内或世界某一文化区域内重要价值观交流，对建筑、技术、古迹艺术、城镇规划或景观设计的发展产生过重大影响；（III）能为现存的或已消逝的文明或文化传统提供独特的或至少是特殊的见证；（VI）与具有突出的普遍意义的事件、文化传统、观点、信仰、艺术作品或文学作品有直接或是指的联系⑤。

由此可见，文化与自然共同协作的“文化景观”与“风景名胜”意出同源，风景名胜区内的文化景观价值主要体现于文化导向下在自然环境内有意识地规划建设和环境营造[4]。

二、风景名胜区详细规划发展历程

自1982年国务院审定公布了首批44个国家重点风景名胜区（自2007年起更名为中国国家级风景名胜区）名单起，我国共审定公布了9批、244处国家级风景名胜区。

针对风景名胜区的行政法规和政策，从1985年的《风景名胜区管理暂行条例》确立风景名胜区应当统一规划管理起，1999年建设部与国家质量技术监督局联合发布了《风景名胜区规划规范》（GB/T 50298-1999），2006年国务院又颁布了《风景名胜区条例》。之后随着风景名胜事业的不断发展和规划管理工作的不断提升，2015年颁布实施了《国家级风景名胜区规划编制审批办法》并对原有的条例规范进行了修正完善，后相继出台了《风景名胜区条例》（2016修订）、《风景名胜区总体规划标准》（GB/T 50298-2018）、《风景名胜区详细规划标准》（GB/T 51294-2018）等为我国风景名胜区的管理规划和审批监管提拱了依据，也见证了我国风景名胜区规划的工作重心由偏总体性、指导性的总体规划向强调协调性和可操作性的详细规划的转移（表2）。

三、风景名胜区内建设集中区的文化景观价值

风景名胜区建设集中区不仅承担着其原本的生活职能（特指旅游服务村镇）、旅游服务职能和经济职能外，还应承担风景名胜区内文化交流、文明传承和价值体现的职能，是区域内文化文明导向下人与自然协作的延续和有机发展[5]。

在文化景观的视角下研究风景名胜区内建设集中区，不仅有利于与风景名胜区核心资源价值建立持续的文化关联性，更利于在现有的风景资源中继续创造属于当代的文化景观[6]。

四、亚龙湾景区入口区概况

三亚热带海滨风景名胜区为第三批国家级风景名胜区，是迄今为止海南省唯一的国家级风景名胜区，也是我国最南端、唯一地处热带的国家级风景名胜区。三亚热带海滨风景名胜区由“三区（天涯海角、亚龙湾、南山—大小洞天）、四点（鹿回头、椰子洲、落笔洞、崖州古城）”组成。其中，亚龙湾景区以其优美的自然海湾风光，丰富的热带海洋海岸资源，成为我国热带最美海湾的代表[7]。

亚龙湾景区入口区位于景区北部，是联通亚龙湾景区与市区及其它旅游景区的重要门户空间。入口区的海域东线是海南重要环岛公路东段部分，连接了三亚市区、亚龙湾景区和海棠湾景区，是现状海南环岛经济重镇、开发区、旅游景区与主路网骨架连接的集散道路。

入口区原隶属于海南省农垦总局下属国营南新农场，原场地地表多被自然雨林和橡胶林覆盖，沿海榆东线散布若干场部居民居住用房。在近十余年的建设开发中，大量自然林地被侵蚀，改种芒果或改建用于商业经营。

五、风景名胜区总体规划落实

1. 核心功能明确

亚龙湾景区的核心功能为观光游赏和主题度假，根据景区内各地块旅游资源进行产业协同和主题差异化发展，依据景观资源、建设开发类型不同，将亚龙湾景区划分旅游服务、游赏体验、休闲度假和居民调控四个主题功能，分别实施相对应的景观风貌引导和地块建设控制策略，从而塑造与自然环境良好结合的热带滨海风景名胜区整体形象。

2. 总体空间布局规划

结合三亚热带海滨风景名胜区总体规划中的功能布局、保护培育要求、风景游赏和服务设施规划的要求，在亚龙湾景区内规划形成了“三心四区三带”的功能空间布局。其中在入口地段，规划结合国家度假区设置旅游服务基地，将旅游管理、商业服务、文化娱乐、运动休闲和住宿接待等功能一体设置，打造亚龙湾景区的入口旅游服务中心[8]。

亚龙湾景区三面环山，南向面海，山体、海域、沙滩、沙坝、红树林、泻湖、水库和内河、平原等要素相互联系、相互影响，共同构成亚龙湾“山水林田海”的景观空间格局。其中入口区的大安岭是形成三面环山的重要组成部分。

表1　庐山、西湖、五台山的文化景观遗产价值

文化景观	遗产提名标准	评价
庐山 文化景观	（Ⅱ）（Ⅲ） （Ⅳ）（Ⅵ）	江西庐山是中华文明的发祥地之一。庐山的历史遗迹，以其独特的方式融汇在突出价值的自然美之间，形成了具有极高美学价值的与中华民族精神和文化生活紧密相连的文化景观②
五台山 文化景观	（Ⅱ）（Ⅲ） （Ⅳ）（Ⅵ）	五台山位于山西省忻州市，是中国四大佛教名山之首，以浓郁的佛教文化闻名海内外。五台山保存有东亚乃至世界现存最庞大的佛教古建筑群，享有“佛国”盛誉，五台山由五座台顶组成，珠联璧合地将自然地貌和佛教文化融为一体，典型地将对佛的崇信凝结在对自然山体的崇拜之中，完美体现了中国“天人合一”的哲学思想，成为持续1600余年的佛教文殊信仰中心——一种独特而富有生命力的组合型文化景观③
杭州西湖 文化景观	（Ⅱ）（Ⅲ） （Ⅵ）	数百年来，西湖景区对中国其他地区乃至日本和韩国的园林设计都产生了影响，在景观营造的文化传统中，西湖是对天人合一这一理想境界的最佳阐释，是文化景观的一个杰出典范，它极为清晰地展现了中国景观的美学思想，对中国乃至世界的园林设计影响深远④

表2　风景名胜区详细规划发展历程

时间	名称	发布部门	关于详细规划的阐述
1999	《风景名胜区规划规范》（GB/T 50298-1999）	建设部与国家质量技术监督局联合发布	“一些重点建设地段，也可以增编控制性详细规划或修建性详细规划”
2006	《风景名胜区条例》	国务院	“风景名胜区规划分为总体规划和详细规划”
2015	《国家级风景名胜区规划编制审批办法》	住房和城乡建设部	“国家级风景名胜区规划分为总体规划和详细规划”
2018	《风景名胜区详细规划标准》（GB/T 51294-2018）	住房和城乡建设部、国家市场监督管理总局联合发布	“风景区的主要入口、旅游服务设施集中区、旅游服务村镇等涉及建设活动的区域应编制以建设引导与控制为主要内容的详细规划，景区、游线等可编制以景观保护与游赏利用为主要内容的详细规划”

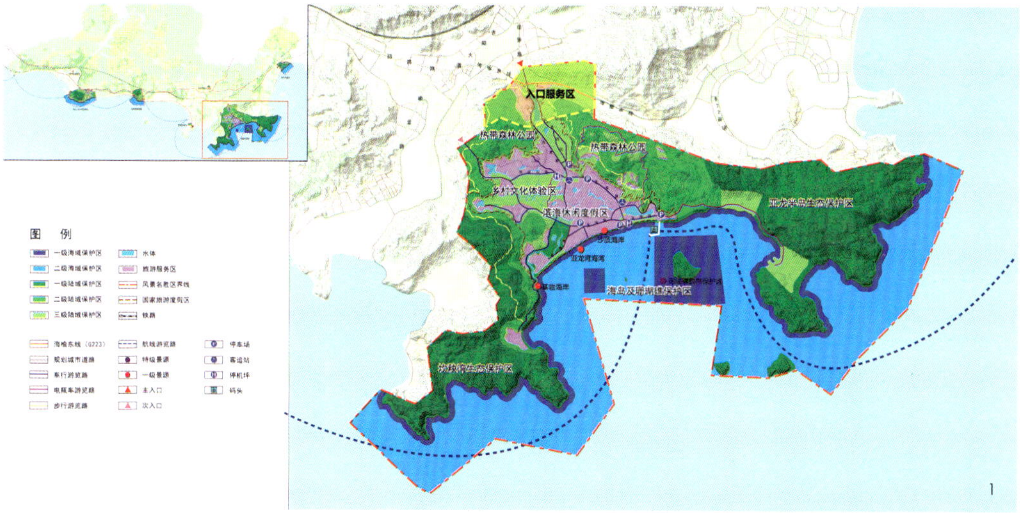

1.亚龙湾景区入口区区位示意图

3. 入口区文化景观价值解读

（1）自然山水格局

亚龙湾景区整体山水空间为三面环山、南面向海，由东北向的虎头岭—白石岭—六盘岭—六道岭—大安岭自然山体和西北向的红霞岭—龙塘岭—湾艾岭—港口岭自然山体环抱其内的田园腹地及月牙型海岸线。

其中入口区所在的大安岭不仅是亚龙湾整体山水格局的重要组成部分，也是亚龙湾景区最主要的景观门户空间。

（2）典型植被景观

亚龙湾景区自然山体保护基本良好，山体植被

2.亚龙湾景区“三心四区三带”功能空间布局
3.亚龙湾景区“山水林田海”景观空间格局
4.亚龙湾景区自然山水格局示意图
5.入口区典型植被景观
6.入口区线性道路景观
7.入口区综合现状与规划定位

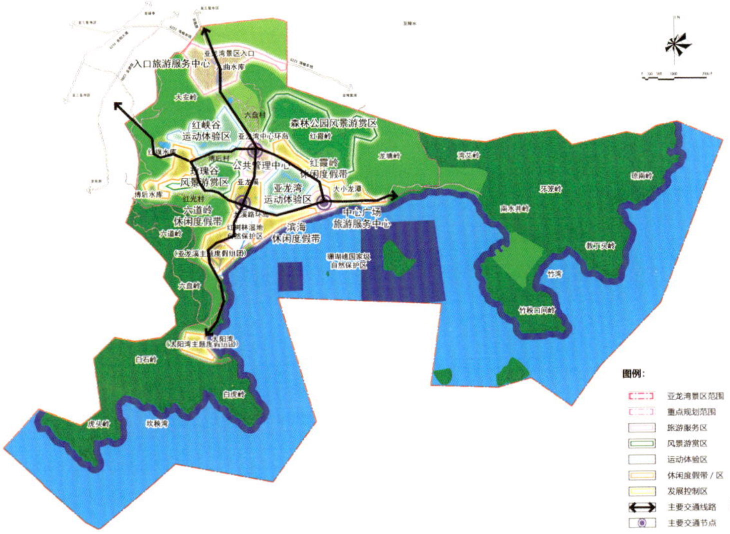

2

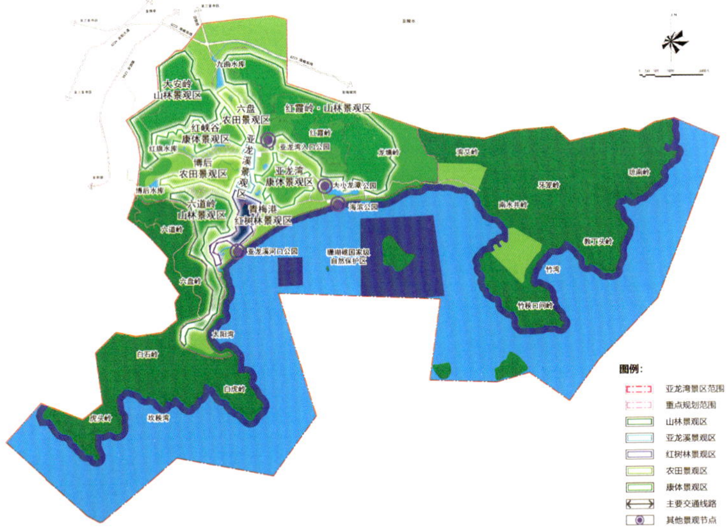

3

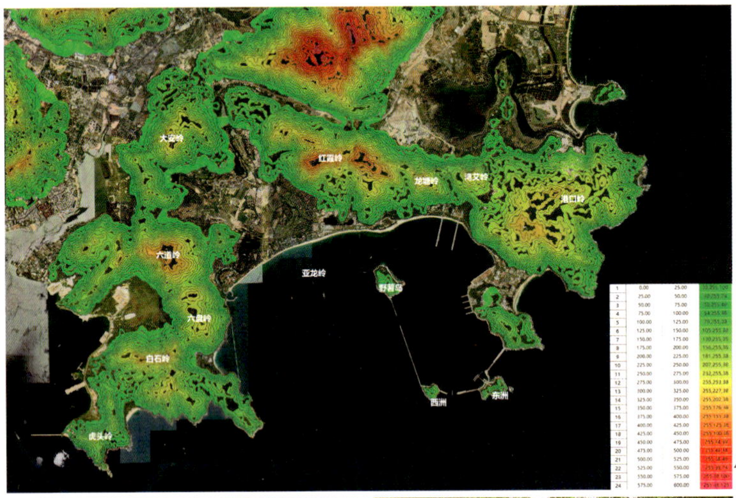

4

5

6

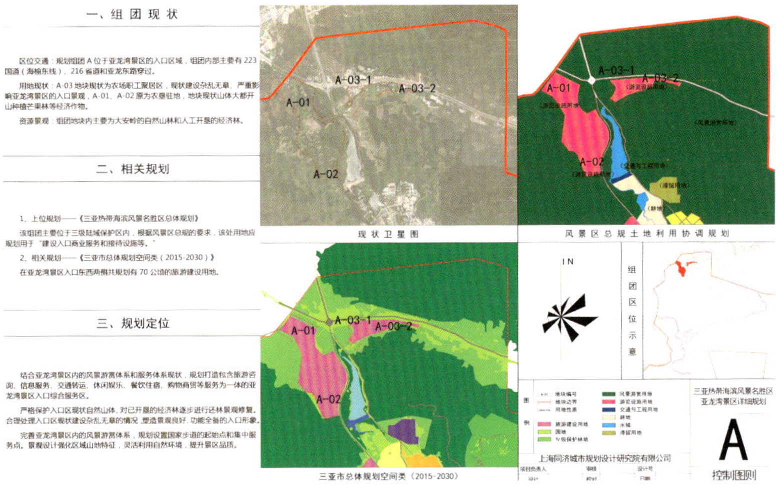

7

则多为荒山造林和砂土野生杂灌林，现有保存较好的次生林，多龙血树、椰子、槟榔、橡胶、油棕、芒果、木菠萝等热带植物，在风景游赏区域内的植被以热带海滨特色的观赏树为主。但入口区局部地段存在村民芒果种植，破坏山体和植被情况。

（3）线性道路景观

亚龙湾景区的入口通道历来被称为最有风景名胜区氛围的道路。亚龙湾景区的对外交通为单向道路亚龙东路和亚龙西路，道路依山就势形成了曲径通幽、静谧深幽的道路景观，颇有《桃花源记》中“林尽水源，便得一山，山有小口”的隐世感和“忽逢桃花林，夹岸数百步，中无杂树，芳草鲜美、落英缤纷”的景观导向性，现在入口区的车行道已成为亚龙湾景区的特色景观名片。

（4）地域文化脉络

亚龙湾入口山体原多被热带雨林植物和自然橡胶林覆盖，有后曾隶属海南农垦下属南新农场，主要以种植天然橡胶、芒果等热带经济作物为主，沿海榆东线散布若干场部居民居住用房，但仍保留有黎族若干生活习俗。区域并存有现代海南农垦文化和原生的黎族文化。

六、入口区的建设用地控制与建筑布局规划

1. 入口区规划定位

结合入口区的综合现状、上位和相关规划要求和亚龙湾景区内风景游赏体系及旅游服务体系规划布局，将入口区定位为集旅游咨询、信息服务、交通转运、休闲娱乐、餐饮住宿、购物商贸等为一体的大型综合性入口服务区。

落实上位规划中资源分类保护的要求，应严格保护区域自然山体，对已开垦的经济林逐步进行还林景观修复，合理处理现状建设杂乱无章的状况，重塑入口景观。

根据区域的地形条件、典型景观资源、景点景源分布和现状设施建设情况，在严格遵循亚龙溪上游河道管理控制要求和积极营造海榆东线沿路景观的目标上，规划布局入口商业、旅游服务综合体、国家森林步道、户外运动场地等综合服务和户外游憩的内容，并对区域的整体的空间环境保护、建设布局和场地环境营造提出控制引导。

2. 建设用地控制

落实到具体建设地块内部，其具体的控制引导指标应针对区域文化景观价值进行甄选和补充。

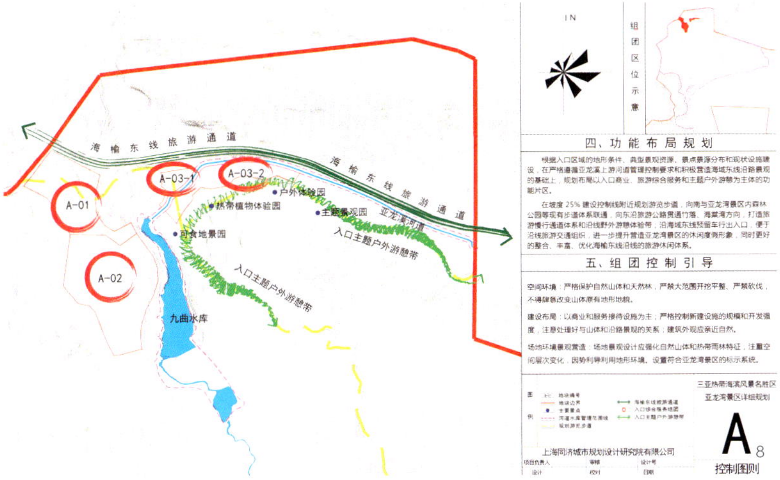

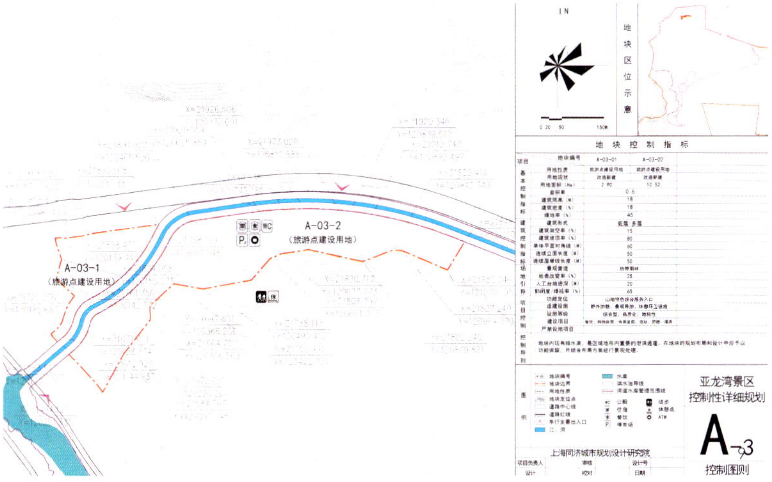

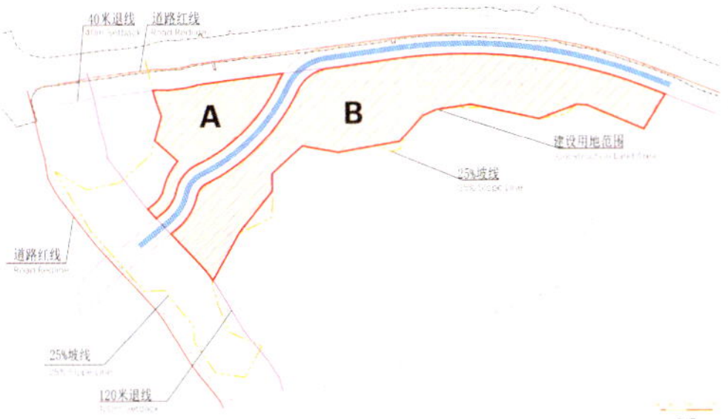

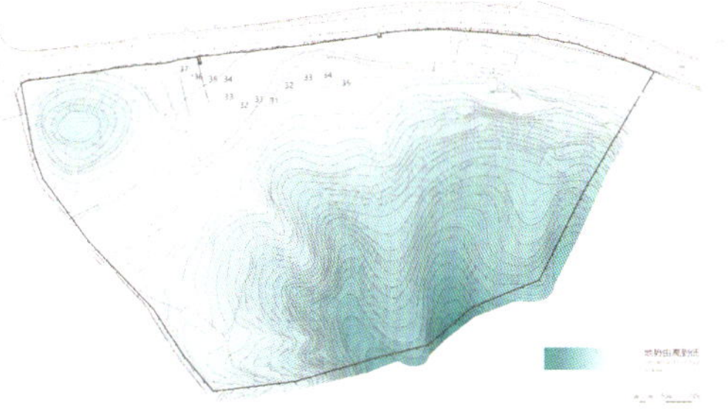

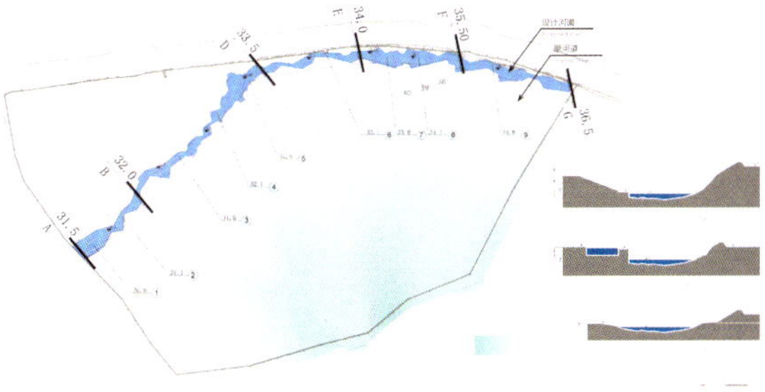

8.入口区功能布局与控制引导
9.A-03地块控制图则
10.A-03地块建设条件分析
11.A-03地块原始地形分析
12.A-03地块水系中心地形改造示意

（1）自然山水格局保护

在该地块内，应着重控制海榆东线上的视觉景观和山体效果，即维护入口区的山体天际线。应控制要求地块内的布局形态、色彩材质与整体山体环境相适应，建筑轮廓先应整体平缓低矮，且与山势呼应。

另外，介于规划地块内山体现状已被破坏，需对山体进行修复加固。参照三亚市相关规范，坡度25%以上区域禁止建设，主要用于山体修复和植被绿化恢复。

（2）典型植被景观维护

地块内虽经开垦和建设，仍保有典型的热带雨林景观特征。规划一方面要求因地制宜恢复山林地貌、培育地带性树种和典型植物群落，提高整体绿地率和绿视率；另一方面引导丰富区域内的植物配植和景观树种，提升服务区的景观丰度和观赏度。

（3）线性道路景观提升

在山水格局的基础上，通过植物配植，山林修复强化亚龙东路和亚龙西路的线性景观特色，在确保道路安全的基础上可适当补种现状行道树；并增配具有鲜明热带风情的灌草植被，强化道路景观性。

（4）地域文化脉络传承

入口区不仅是亚龙湾综合服务中心更是整个区域的形象，在体现原生黎族文化、农垦文化的基础上更应体现当代文化的包容性，突出亚龙湾景区的风景名胜区气质和融入环岛休闲度假氛围并重。

地块的整体布局应强化内部与周边环境的融合，鼓励开放式环境设计。注重户外空间和设施小品中的特色要素体现，注重在建筑装饰、景观塑造、标志标识、公共艺术等方面的协调统一和品牌形象营造。

通过以上在地块层面对文化景观价值特征要素的分析，对相应的特征要素控制和引导指标进行补充添加和合理量化（表3），与用地控制的基本内容、项目准入控制和地块内特殊要素的控制导则协同构成了入口区地块的控制引导指标体系。

3. 建筑布局规划

入口区的建筑布局规划应在充分分析场地的自然地形和建设条件的前提下，合理保留利用现状地形地貌和景观环境要素，进行场地改造和环境要素设计。

同时作为一个大型综合性入口服务区，区域建筑布局须方便满足各类人群功能性的交通组织和游赏性的交通需求（表4）。

七、结语

风景名胜区中国特色自然资源与文化价值和谐共存的载体，其文化景观的价值集中体现在特定文化导向下在特定自然环境内意识地规划建设和环境营造。而风景名胜区内建设集中区往往也是其文化景观价值的集中体现区。

在文化景观的视角下，通过对区域文化景观价值的解读，归纳总结详细规划区内体现文化景观价值特征要素及其控制指标，与建设用地控制必要指标一起作为风景名胜区建设用地的控制体系，打造延续区域文化景观价值的风景聚落，创造属于当代的风景名胜资源。

本文以亚龙湾景区为例探讨了风景名胜区入口区详细规划的编制方法，此外风景名胜区内的旅游服务设施集中区、旅游服务村镇等建设集中区也应结合地块的主体功能在文化景观视角下编制有明确依据和指导意义的详细规划。

项目负责人：严国泰

主要参编人员：高一菲、谢伟民、朱夕冰、等

注释

①《保护世界文化和自然遗产公约》

②https://whc.unesco.org/en/list/778

③https://whc.unesco.org/en/list/1279

13

14

15

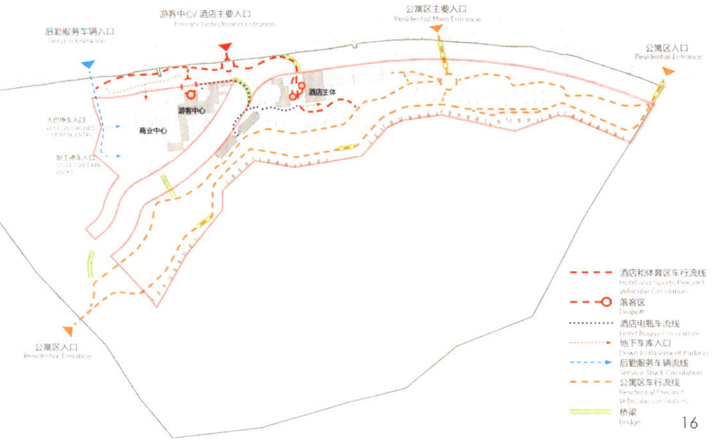

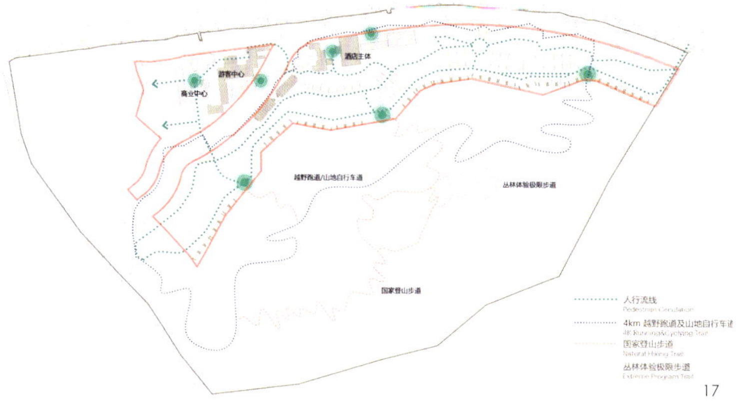

13.A-03地块整体鸟瞰图
14.A-03地块室内外空间意向
15.A-03地块沿海域东线立面示意
16.A-03地块车行交通分析
17.A-03地块步行交通分析

④https://whc.unesco.org/en/list/1334

⑤https://whc.unesco.org/en/criteria/

参考文献

[1]GB/T 51294-2018．风景名胜区详细规划标准.

[2]孟兆祯.中国风景名胜区的特色[J].中国园林.2019.35(3):5-8.

[3]严国泰．韩锋．风景名胜与景观遗产的理论与实践[J]．中国园林．2013(12)：52-55.

[4]严国泰.宋霖.国家公园体制下风景名胜区的价值与发展路径[J].中国园林.2021(3):112-117.

[5]严国泰.宋霖.风景名胜区发展40年再认识[J].中国园林.2019(3):31-35.

[6]严国泰．风景名胜区遗产资源利用系统规划研究[J]．中国园林．2007(4)：9-12.

[7]雅克设计有限公司.三亚热带海滨风景区名胜区总体规划[Z].海南：海南省住房和城乡建设厅、三亚市人民政府，2017.

[8]上海同济城市规划设计研究院有限公司.三亚热带海滨风景区名胜区亚龙湾景区详细规划[Z].海南：三亚市林业局，2020（过程稿）.

[9]HKS.入口地块总体规划规划建议.2020（过程稿）.

作者简介

高一菲，上海同济城市规划设计研究院有限公司，副主任规划师；

严国泰，同济大学建筑与城市规划学院景观学系，教授、博士生导师。

表3　基于文化景观价值特征要素的建设用地控制指标体系

特征要素	控制性指标	引导性指标
自然山水格局	建筑限高、建筑形式、建筑架空率、建筑坡顶率、单体平面对角线、连续立面长度、连续屋脊线长度、人工台地进深、25%坡度禁建线	建筑色彩室、内外联通度、山体修复、山地复绿
典型植被景观	绿地率、地表改变率、人工台地进深、郁闭度/绿视率	山体复绿基础树种、建议景观树种
线性道路景观	沿道路后退红线（海榆东线40m、亚龙路120m）、25%坡度禁建线	山体修复、行道树补种
地域文化脉络	建筑形式、建筑坡顶率	建筑要素、景观要素、标识系统引导

表4　入口区场地布局交通需求分析

	景区游客	住宿游客	后勤
功能性	临时停车、景区交通换乘	过夜停车、服务区电瓶车换乘	后勤服务、职工停车、员工通道
游赏性	山林游览、国家步道驿站、休闲购物、主题游乐	休闲购物、夜间娱乐、户外体验、主题游乐、山地运动	—

红水河风景名胜区修建性详细规划实践

Practice of Constructive Detailed Planning of Hongshui River Scenic and Historic Area

胡大勇
Hu Dayong

[摘　要]　红水河风景区位于广西大化瑶族自治县大化北景镇所属红水河区段，风景秀美，水质清冽，适合于休闲垂钓，为配合当地政府有意将其中部分潜力地段打造提升为东盟国际垂钓基地用来组织具有影响力的国际垂钓比赛的目标，规划立足于风景区实地踏勘，多维度解析基地条件，通过采访基地渔民获得北景渔业发展的动态和真实产业状况，并对风景区内的水文、环保、基础设施等关键因素进行详细的调研和实地测绘，使得规划项目精准定位，精确落位，获得广泛赞誉。

[关键词]　红水河；垂钓基地；修建性详细规划；壮乡情

[Abstract]　Hongshui River scenic spot is located in Dahua Yao Autonomous County in the west of Central Guangxi. Dahua Beijing town belongs to the Hongshui River section, which has beautiful scenery and clear water quality and is suitable for leisure fishing. The local government intends to build and upgrade some potential areas into ASEAN International fishing base for organizing influential international fishing competitions, and plans to conduct field survey based on the scenic spot, Analyze the conditions of the base in multiple dimensions, obtain the dynamic and real industrial conditions of Beijing fishery development through interviewing the fishermen of the base, and conduct detailed investigation and field mapping on the key factors such as hydrology, environmental protection and infrastructure in the scenic spot, so as to make the planning project accurately locate and locate, which has won wide praise.

[Keywords]　Hongshui river; fishing base; constructive detailed planning; Zhuang nationality nostalgia

[文章编号]　2022-90-P-066

1.基地现状图
2.基地现状实景

一、概述

近年来，广西壮族自治区旅游面临东盟国际片区良好的发展环境与机遇，红水河凭借自然和文化优势，赢得了河池市、自治区乃至全国各地人民的青睐，垂钓休闲、美食康养等第三产业快速崛起。“绿水青山就是金山银山”，大化县政府、文旅局顺应时机，积极筹措资金，做出在红水河沿岸营建东盟国际垂钓基地的重要决策。

广西壮族自治区大化县北景镇音圩红水河库汉东岸，是红水河现代生态渔业示范区的核心区，基地以北景镇那色村音圩屯为中心点，沿红水河峡湾约2km县道展开，其周边山环水抱，农田穿插，自然生态基底良好，规划用地11.67hm^2。为了推进二、三产业深度融合，有效推进大化县北景镇的淡水养殖业，大化县政府、文化广电体育和旅游局重点协调相关职能部门、规划设计院、测绘队，深入调研项目现场，进一步开展垂钓基地的修建性详细规划工作。计划2019年半岛前期建设初现效果，2020年渔村改造完成，完善沿路景观，实现规划愿景。

二、修建性详细规划的前期准备

《大化瑶族自治县红水河现代生态渔业（核心）示范区建设规划》（2017）、《大化瑶族自治县创建全域旅游示范区总体规划》（2018）两个法定规划可以作为本次规划的直接依据，但是这并不充分，除了要搜集参考更多的法定依据外，应对自治区的十三五规划纲要、自治区旅游业发展十三五规划、河池市现代特色农业示范区建设（2016—2017年）行动方案有所了解，在此基础上，还要对项目背景做更深入的研究，尤其是旅游市场分析、基地特征分析、SWOT分析，它们的重点在于发现问题。

就旅游市场而言，大化红水河2小时范围圈内多为以山水、文化资源为优势的国家级风景名胜区，市场竞争激烈，缺乏专项竞技与科技体验类旅游度假产品。就基地特征而言，首先基地现状植被品种单一，以桉树人工林为多，缺少层次和季相变化；其次如何协调半岛灯塔和驳岸的竖向落差问题、如何解决场地内部渔村的断头路；再次渔村的建筑民族风格较弱，山墙老旧，公共活动空间缺乏，风貌欠佳。对于SWOT分析，则应在明确基地优劣势及机遇的基础上，重点思考四个问题：如何打造红水河的鲜明特色？如何满足当地居民的脱贫期待？如何规划协调公共设施与生态资源的矛盾？如何满足垂钓竞技与休闲度假的双重需求？

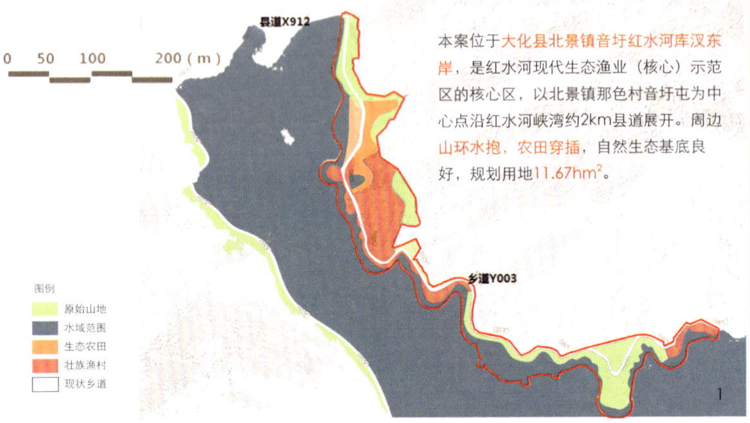

1

2

三、修建性详细规划的策略研判

对于垂钓基地规划而言，整体效益最优是目的，在此基础上，要追求生态优先、特色鲜明、产业支撑和市场导向，运用科技手段发展广西地方生态渔业，助力扶贫，增加规划设计的可操作性。因此，规划除了建设辐射东南亚地区，融合垂钓竞技、渔文化旅游、康养娱乐功能于一体的国际湖畔度假旅游目的地，还要依托岩滩水电站的水文优势创造发扬深厚民族文化的续航力；容纳国际垂钓竞技的驱动力；引爆生态康养旅游的感染力。

综上所述，本案规划策略为全方位、多层次，打造具有竞技、度假、康养特色的东盟国际垂钓基地。具体有以下三重含义：以生态塑体——发挥水文资源优势，重塑乡土植被基底，运用生态景观塑造农业渔业旅游业发展大环境；以文化点睛——将渔文化、壮族文化、瑶族文化、地质文化有机融合，赋予场地特有的精神之魂。以产业联动——响应北景镇特色农业、淡水养殖业、生态休闲渔业、旅游业深度融合的规划策略，互为引擎，联动发展。树立饮食文化品牌：大化北景鱼迎合异地旅行者、垂钓竞技运动员的体验心理，值得围绕鱼文化深入挖掘[1]。

四、修建性详细规划的布局特点

本次修规在满足上一层次规划要求的前提下,其任务是直接对基地的建设项目作出具体的安排和规划设计,并为下一层次建筑、景观和市政工程设计提供依据。建设条件分析已在前期准备阶段完成，规划的核心则是在空间结构提取、功能分区落位、交通分析梳理、景观视线分析的基础上对基地进行全面规划布局。

本规划的布局特点为“一轴、两核、五区多点”，“一轴”指滨河旅游观光带，它串联基地起始端，富于节奏和变化；“两核”指渔业休闲核及竞技服务核，其中渔业休闲核装载主题为“古村探迹”，竞技服务核装载主题为“竞技会友”，两者遥相呼应，通过旅游观光轴线串联，共同驱动基地的核心功能；“五区多点”指渔歌——民俗体验区、渔味——古村探迹区、渔趣——休闲垂钓区、渔技——竞技会友区、渔宿——食宿休憩区，另外还有灯塔、垂钓浮桥等多处景观节点，在此基础上，再结合五大生态塑体元素——“山”“水”“田”“村”“路”以及对应的五类文化点睛活动“民俗”“尝鲜”“垂钓”“竞技”“康养”，共同搭建成完美的空间结构。

为了使得空间结构更加充实和顺畅，规划在交通布局方面综合布置主次干道、栈道、浮桥；划分水上游线和慢行系统；科学规划主要交通节点、停车点及路亚垂钓点。道路交通特征具体表现为：充分利用现状道路，遵循合理的等高线进行道路梳理；道路关键节点高程控制，基本采取遵循现状标高设计流线；充分考虑游客量设置停车位，停车场设置于重要交通交汇处；考虑垂钓功能，于场地适合垂钓位置设置浮桥和路亚垂钓设施。

除此之外，规划还对场地进行了视线分析，鉴于场地内部背山面水，地势崎岖，规划充分考虑游客观景感受在视线观赏较好的部位设置观景点，结合场地休憩空间与活动空间合理分布观景点，同时考虑垂钓功能，垂钓与观景相结合。

3.项目规划总平面图　4.项目规划功能分区图　5.交通分析图

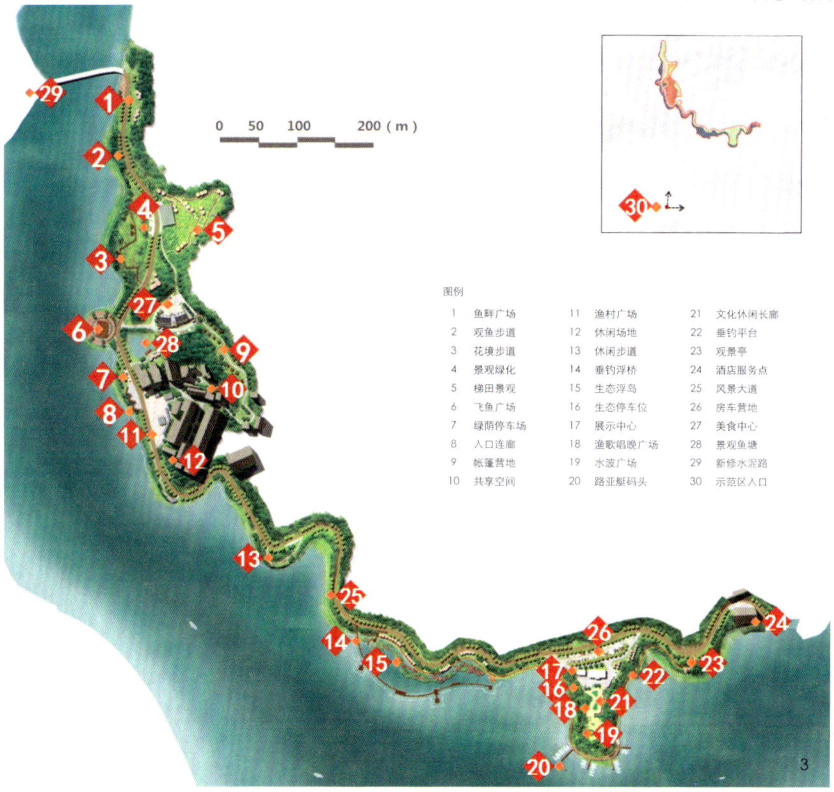

3

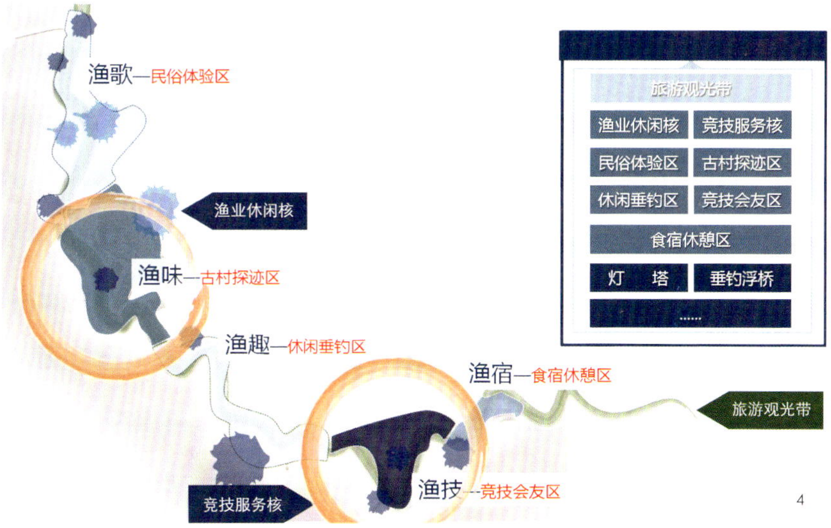

4

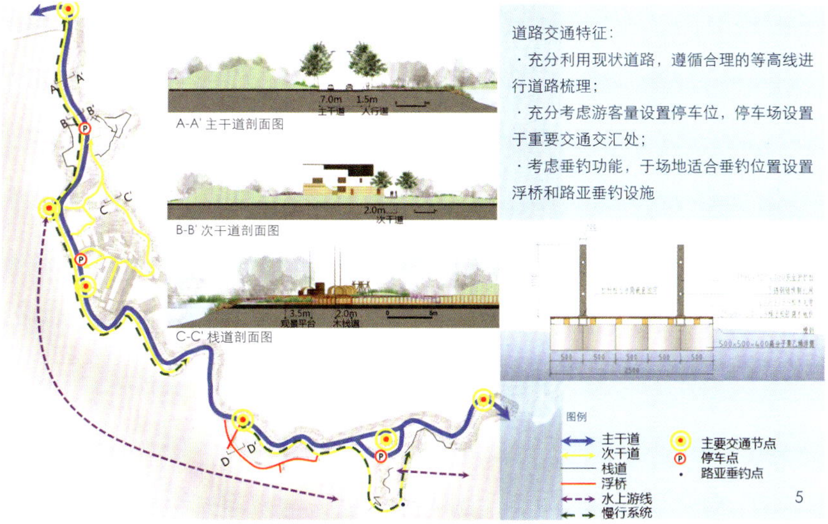

5

6.详细规划鸟瞰图

五、修建性详细规划的内容

本修规主体内容布点包括：鱼畔广场、观鱼步道、花境步道、景观绿化、梯田景观、飞鱼广场、绿荫停车场、入口连廊、帐篷营地、共享空间、渔村广场、休闲场地、休闲步道、垂钓浮桥、生态浮岛、生态停车位、展示中心、渔歌唱晚广场、水波广场、路亚艇码头、文化休闲长廊、垂钓平台、观景亭、酒店服务点、风景大道、房车营地、美食中心、景观鱼塘、新修水泥路、示范区入口30个景点。它们分别隶属于民俗体验、古村探迹、休闲垂钓、竞技会友、食宿休憩五大功能分区。以下分别论述。

1. 民俗体验区

本区展示渔民捕鱼场景，设置花港观鱼、渔歌唱晚、梯田排屋等景观节点，汇集入口形象、游览观赏、夜景声光展示等功能于一体，营造“渔”趣，丰富场地空间，增加互动体验，突出民俗特色。

2. 古村探迹区

大化古村，蕴含桂北文化特点，规划通过完善建筑功能，提升建筑形体风貌，梳理路网、绿网、水系及公共空间的关系，使得建筑立面融入民族元素，强化文化氛围，实现在游览过程中学古探微。

3. 休闲垂钓区

定位为亲子商务休闲垂钓区。设计思路为：完善服务、游乐设施，岸边设置生态浮岛吸引优质鱼类聚集，流线型栈道丰富垂钓体验，提高垂钓趣味性，预设更多游人前来娱乐休闲。

4. 竞技会友区

详细规划高游客量、高容纳量的垂钓竞技场地。其思路为：遵循垂钓基地相关设计规范尺度，设计完善区域交通、场地系统规划，建设垂钓常规及特需配套设施，该区也是整个项目的主题功能区。

5. 食宿休憩区

科学划定垂钓基地的接待中心，利用有限的河岸空间设置休闲活动空间，满足游客观景及休憩功能，激活场地功能，与垂钓基地连通，功能互补。

六、专项规划

专项规划指引本修规按科学路径集结落位。

1. 建筑专项规划

建筑是东盟国际垂钓基地的精神载体，修规通过详尽的踏勘和匠心构思，将其落实为以下几项内容：

首先，入口点睛，风景区入口处规划LOGO建筑一处，运用带有地方特色的喀斯特洞口波浪门造型，衬托出红色喜庆的红水河大鱼，彰显垂钓基地主题。

而后充分利用现状道路，遵循合理的等高线进行道路梳理；做好道路关键节点和水面高程的控制，规划半岛展示中心——建筑形态随半岛展开为“凸”字形，面向水域，增大观景面积，视野良好。外立面选择本土的木材纹理及石材贴面，使建筑融入山体，融入村落。

继而渔村建筑群风貌整治工程，则通过对壮族建筑文化、居住环境、社会风俗等方面的综合分析和考虑，本次立面改造主要从建筑外部色彩、建筑材质、屋面类型、披檐构件以及窗眉装饰五个方面进行改造。

最后在景观鱼塘东侧坡地上规划美食中心，利用原村庄小学操场平台展开为扇形，坐北朝南，具备良好的视野，外立面材质上选择本土的木材及石材贴面，使建筑融入山体，融入村落。

2. 水系岸线规划

红水河风景区内的水系岸线，因山地地形而蜿蜒变化，本案以生态和功能相结合为前提，在规划风景区主干道的滨水一侧，分段划定基地驳岸线。对于有缺憾的驳岸，例如下侵蚀较为严重的区段，则根据地形、坡度等现状条件，设计合理的硬质驳岸形态，如挡墙式、阶地式等；对于自然条件较好，可以利用作为鱼群栖息、鱼饵峡湾的位置，给与重点保护和利用；总体与规划交通线路、建筑布点、基础设施布局相协调。局部点位需要规划水岸广场、游船码头等人流密度较高的区域，则设计硬质人工驳岸，利于后期功能实现和工程落地。

3. 种植规划

红水河流域位于云贵高原与广西平原过渡带，优

7.半岛建筑群完工实景图 8.垂钓浮桥建成实景图 9.垂钓基地核心区建成航拍图

越的水热条件孕育了丰富的植物品种[2]，种植规划应把握以下重点内容：

注重选用乡土树种，如木棉、小叶榕、桂树、棕榈、扁桃、广玉兰、凤尾竹、竹柳、鸡蛋花、红花羊蹄甲、三角梅、桃花、九里香、山茶、勒杜鹃等为特色。水位变化区域种植耐湿植物，水生植物有荷花、睡莲、芭蕉、水生美人蕉、菖蒲、再力花等；耐水湿植物有水杉、枫杨、乌桕、美人蕉、鸢尾、芦苇等，突出种植规划因地制宜。

构建生态驳岸，在岸边上种植深根湿地植物，有效防护堤坡，减少水土流失树种。如荷花、睡莲、芭蕉、水生美人蕉、菖蒲、再力花。河岸经典植物群落配置举例为：红花羊蹄甲+中国无忧花+大花紫薇+黄槐[3]。做到生态优先。

在不同季节，使植物的色彩、姿态随着季节的变化交替出现。重点地区四季有景，其他各区可突出某一季节景观。体现植物再空间上的疏密变化，用植物营造空间的开合关系，避免均匀散布。

基地种植规划按五大区段布置，包括渔歌——滨水花海；渔味——七彩渔村；渔趣——生态浮岛；渔技——红绿相映；渔宿——绿荫苍翠，着重体现整体自然生态特色，在创造和谐共生的生物群落基础上，丰富植被种类和结构体系。植物配置以功能性为主，力求自然、色调协调统一。局部因地制宜规划种植香花类特色植物。

4. 公共设施规划

公共设施规划按照乡村旅游区建设标准进行旅游服务相关配套设施建设，以满足旅游“吃、住、行、游、娱、购”基本要求。规划设置有展示中心、游乐码头广场、共享空间、钓鱼赛事竞技台、美食中心、宾馆、垂钓浮桥、生态停车场、房车营地、帐篷营地、公厕、移动式生态公厕等。

5. 夜景照明规划

夜景照明根据场地活动的活跃程度划分为三级照度，一级照度光照条件最优，照明等级最高。场地类型包含重要节点；二级照度光照条件正常。场地类型包含疏林草地，节点活动区，活跃度相对较高，停留时间稍长；三级照度光照条件次之包含次要活动片区，以边坡道路为主，停留时间较短。光源以LED和太阳能灯具为主，适当选用金属卤化物、光纤等节能型灯具[4]。

6. 给水规划

给水规划的主要水源引入北景镇自来水系统，用水量预测：绿化日用水量Q=161吨；规划商业服务建筑日用水量Q1=23吨，总计用水量184吨。供水水质水压参照国家现行的《城市供水水质标准》（CJ/T 206-2005）执行。基地用水主要为生活和工作人员、游客用水、公共设施及其他用水水量的总和。规划基地从北景镇接入一根DN100给水干管，基地内依据用水量接DN75及DN50的供水管，管道埋深为0.7~1.2m。

7. 排水规划

排水体制采用雨污分流制。雨水排放可与水利沟渠工程相结合，利用地形，以雨水及时排放为目标，使雨水能就近排入红水河音圩屯西侧库汊。生活污水在排入排水系统前采用化粪池、污水净化沼气池、地埋式污水处理设施进行预处理，按照饮用水二级水源保护区的要求，原则上引到保护区外排放或由专业部门专门收集处理，禁止排水红水河库汊。

由于红水河沿岸多属喀斯特地貌，水土保持力差[5]，雨水排除主要是以地表径流自然渗透和沟渠流入周边水域。

8. 电力工程规划

电源规划就近从风景区照明配电箱或箱变引来220/380V电源。供电系统规划应满足规范要求，垂钓基地附近电线使用电缆埋设，电缆直埋深度不小于0.7m，保障用电安全。供电设施建设规划优先保障基地抽水泵房及相关管理服务用房用电，照明用电结合使用太阳能和沼气资源采用节能灯具。

七、结语

红水河流域不仅风景旖旎，更是一种民族文化的象征，其博大的胸怀，宏大的智慧，赋予北景人民丰厚的物质和精神回馈，大化最美红水河，东盟垂钓壮乡情[6]，红水河—东盟国际垂钓基地修建性详细规划的技术难点在于凸显垂钓基地的特色，通过科学制定规划策略和规划布局，实现了主题景点的落位，同时编制了更加详细的专项规划，以不干涉河道生态为原则，引入新型建筑材料和垂钓设备，满足赛事和游览需求，并制定两步走的科学建设时序，使得项目成功落地，取得良好的生态、社会和经济效益。

参考文献

[1]丰晓旭. 红水河流域旅游资源整合研究[D]. 南宁：广西大学, 2012.

[2]徐作先. 红水河流域自然景观的艺术创作价值[J]. 广西科技师范学院学报, 2019(10): 44-46.

[3]邹晨曦. 广西大化县红水河沿岸风景林植物选择与配置研究[D]. 南宁：广西大学, 2013.

[4]欧阳建友, 王振宇, 张聪. 基于可持续发展理念的滨水景观设计——以红水河流域滨水景观整治项目为例[J]. 规划师, 2013(S3): 21-24.

[5]陈务开, 黄万常, 周兴. 广西红水河流域生态安全综合评价[J]. 安徽农业科学, 2011(34): 21191-21194+21220.

[6]王明雅. 桂西北文学中的红水河情结研究[D]. 南宁：广西民族大学, 2016.

作者简介

胡大勇，岭南设计集团有限公司上海分公司，技术副总工，高级工程师。

专题案例
Subject Case
风景名胜区的景观专项设计
Special Landscape Design for Scenic Spots

雁荡山水旅游的见证与传承
——灵岩景区卧龙谷景点提升规划设计

Witness and Inheritance of Yandang Landscape Tourism
—Upgrading Planning and Design of Wolong Valley Scenic Spot in Lingyan Scenic Spot

姚悦思 李 鑫 施梦颖
Yao Yuesi Li Xin Shi Mengying

[摘　要]　卧龙谷位于雁荡山风景名胜区灵岩景区的核心区，是对雁荡山水资源直观感受的重要场所，但因为20世纪90年代的过度开发而导致风貌杂乱、意境缺失。本次景点提升从保护要求、环境品质、旅游设施和游客承载等多角度出发，通过心随景动的游赏组织，强调意境的文化传达，简少为贵的设施规划，随行就势的景点布置，以及根植乡土的材料选择这五个方面，强化卧龙谷自然“幽”谷、人文“隐”逸两大特色，构建一处以“卧龙息波，寂谷养心”为主题的隐逸山水风景。

[关键词]　雁荡山；灵岩；景点提升；规划设计

[Abstract]　Wolong Valley is located in the core area of Lingyan Scenic Spot of Yandang Mountain, which is an important place for intuitive feeling of the water resources of Yandang Mountain. However, due to the excessive development in the 1990s, the landscape is disorderly and the artistic conception is lacking. The scenic spot demand from protection, environment quality, tourist facilities and tourists multifa ceted aspects of carrying through the scene with heart of touring organization, emphasizes the artistic conception of cultural communication, Jane for less expensive facilities planning, along with the potential of scenic spots arrangement, and local material selection of grounding the five innovations, strengthen the wolong valley natural valley, humanities "hidden" escape "mysterious" two big characteristics, To construct a secluded landscape with the theme of "Cleaning Dragon Breath Wave, Silent Valley Nourishes Mind".

[Keywords]　Yandang Mountain; Lingyan; attractions ascension; planning and design
[文章编号]　2022-90-P-070

一、缘起

“雁荡冠天下，灵岩尤绝奇”[1]。雁荡山风景名胜区灵岩景区像一座三层山水画楼，底层有景点灵岩寺、小龙湫，中层为景点龙鼻洞、天窗洞，上层是景点卧龙谷、双珠谷。整个景区峰峦雄壮古洞诡奇形态万千。《雁荡山风景名胜区总体规划（2018—2035年）》（后文简称《总规》）中明确：卧龙谷景点位于风景名胜区“二灵一龙”核心景区范围，属二级景点。

卧龙谷作为灵岩的制高点、小龙湫瀑布的脊背和出水口，这里绝壁环合，两侧裸岩耸立，一条溪涧贯穿其中，从端头卧龙潭沿地势而下，层层跌落，直至谷口小龙湫瀑布顶龙口湖，峡谷特征突出。整个谷地宽处近100m，窄处30m，谷深300多米，垂直落差80m，景点总面积约2.8hm²。谷内地形坡度多在15%以上，不适宜建设。

卧龙谷虽然容量有限，但其分量在于用地的多重承载。在此居高临下俯瞰全景，感受崖、洞、潭、涧等自然景观，是对雁荡山水资源直观体验的重要场所，自然承载独特。谷下灵岩禅寺晨钟暮鼓，谷内断肠崖畔，神雕侠侣隐逸江湖，文化承载深厚。因此，“峡谷幽深、静谧脱尘”的卧龙谷自唐宋以来，盛名远扬，游人络绎不绝。

二、矛盾

卧龙谷从1994年以来，建垂直电梯，开发经营卧龙轩茶室，并陆续建设一些景观景物。一定程度上激活了卧龙谷景点，大大增强了灵岩景区的游赏活力。特别是2004年，卧龙谷成了《神雕侠侣》断肠崖的主要取景地，更使卧龙谷名声大噪。但随着旅游发展的不断推进，特别是景点外包经营后，卧龙谷开始由于过度开发而出现设施人工化、意境缺失等问题，与整个灵岩景区的定位和发展背道而驰。2014年6月，温州市雁荡山

1.灵岩景区鸟瞰图

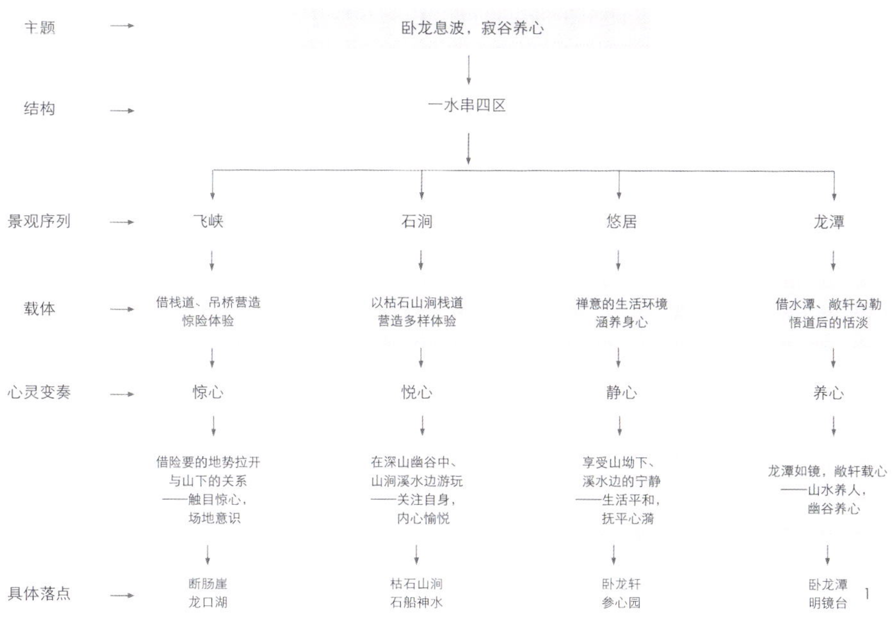

2.卧龙谷景点区位图　3.现状栈道栏杆　4.现状游乐设施　5.布局结构图

风景旅游管理委员会收回了卧龙谷的管理权，并进入了恢复期，重新梳理景点特色，提升景点环境。

《总规》明确卧龙谷景点严格禁止与资源保护无关的各种工程建设，严格限制建设各类建筑物、构筑物；要求改造独秀峰旁电梯，以同环境相协调；要求拆除卧龙谷游乐园的人造景观，恢复其自然景观原貌。

至此，如何平衡资源保护与旅游体验，如何挖掘文化内涵，并融入自然山水环境，成为本次景点提升规划的难点和重点。

三、立意

《总规》针对风景名胜区具体情况，参照相关规范及国际上国家公园的功能分区，制定了六类功能分区。卧龙谷景点位于特殊景观区，即指可观赏景观资源价值高而且比较集中，可以开展游览活动的区域。

据此，本次提升规划从保护要求、环境品质、旅游设施和游客承载等多角度出发，强化卧龙谷自然“幽”谷，人文“隐”逸两大特色，组织景观景物，将场地精神外化，构建一处以“卧龙息波，寂谷养心”为主题的隐逸山水风景。

四、布局

整个景点依托中心水系串联四大区块，通过飞峡、石涧、悠居、龙潭四个区块的营造来完成惊心、悦心、静心、养心四个心灵衍化过程，并结合心灵体验，组织景观景物，按各分区主题营造各景观节点的诗画意境，将人文关怀融入空间组织，使得场地精神内涵得到外化表达。游客深入其中，用自己的本色去体会“心随景动，人景感应”的游赏过程。

飞峡“惊心”区以悬崖峭壁、飞瀑龙湖为基本资源特色，并通过悬挑栈道、改造电梯、玻璃栈道、断肠崖、龙口湖形成景观序列。游客从入口体验悬崖栈道的险象环生，至断肠崖上叹神雕侠侣的绝情，再见龙口湖的风恬湖静，移步换景，营造险峻、变幻的节奏，构成“惊心”之路。

石涧“悦心”区以枯石山涧、曲径幽谷为基本资源特色，并通过梳理溪水、潭水等不同的水体形式，增配秋色叶小乔木，形成石船神水、悦心亭等节点。游客从枯石山涧的“声喧乱石中，色静深松里”，枫林石桥，乱石狭道，溪水潭水，曲径通幽，在充满野趣的游览中体验“悦心”的滋味。

悠居“静心”区以古建山泉、亭廊柴扉为基本资源特色，并通过改造两组台地建筑，为整个卧龙谷提供游赏休憩场所。“百尺云岩佛阁前，晚钟疏叶思悠然”的卧龙轩，“谁知密密深深地，参得明明了了心”的参心园，环境禅意、悠远，“静心”之情随景而至。

龙潭“养心”区以卧龙潭水，清川深洞为基本资源特色。并通过梳理亭廊和观景台，形成倚水亭、卧龙潭、明镜台等节点。且此处为《神雕侠侣》小龙女古墓出口的取景处，更增添神秘、出世的氛围，为“养心”提供最佳场所。

五、特色

除前文介绍的布局特色外，规划在文化传达、设施规划、景点布置和材料选择等方面也秉承强调意境恢复原真、随行就势、就地取材的原则，力求营造出“林泉淡逸清幽，游者亦宜与称”的东方美学意蕴。

1. 文化传达强调意境，实践天地有大美而不言的美学思想

“天地有大美而不言”是庄子提出的美学命题。庄子认为天地所派生出来的美，不需要通过直白的实体去表现。灵岩禅寺是雁荡十八古刹之一。而卧龙谷因灵岩禅寺，晕染佛法神韵。又因拍摄新版《神雕侠侣》断肠崖镜头而闻名，使游人至此，多了一份隐逸江湖、醉情山水的心灵感悟和文化韵味。规划摒弃传统文化景观通过设立雕塑、碑刻等直白的设计手法，围绕卧龙谷“隐逸”“幽深”的气质，一方面结合“心随景动”的游赏组织，引导游客通过自身体验去感受文化内涵。另一方面，注重景点命名与空间特征相契合，“断肠崖上叹绝情，绝情谷底哭断肠”的断肠崖，“清溪深不测,隐处惟孤云”的清溪落泉，“湖光秋月两相和，潭面无风镜未磨”的卧龙潭，以及“神水浮石船，幽谷铸清心”的石船神水，游客结合空间风貌和景点介绍，在移步异景中，感受谷内高爽清幽，奇景罗列，飞尘步道，恍若桃源的文化意蕴。

2. 设施规划简少为贵，恢复自然景观的原真风貌

卧龙谷现状只能通过垂直电梯到达谷内，且电梯年代久远，存在安全隐患。而谷内游步道、休憩场地多为碎石与水泥路面，路况差。局部水泥硬化驳岸，铁栏杆和临时指示牌等配套设施，建设品质低。根据前文所述游客量超容的情况，为保证游人

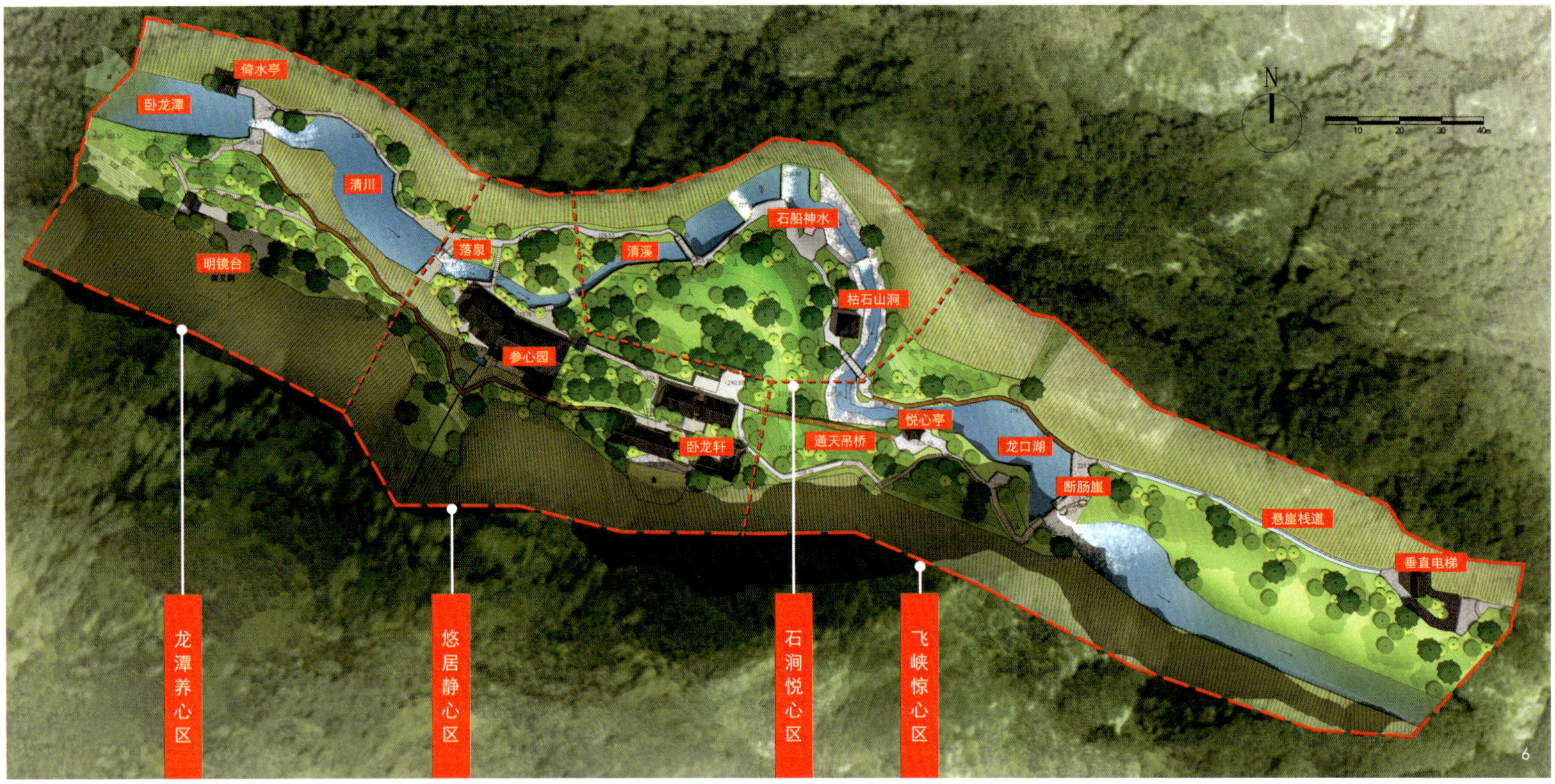

6.总平面图　7.飞峡区（悬挑栈道）　8.石洞区（曲径幽谷）　9.悠居区（参心园）

安全，规划从梳理游路系统和休憩场地，控制建筑体量与提升设施功能，以及结合“智慧景区”系统预判、监测和管控游客量三个方面切入，从而达到设施规划简少为贵，恢复自然景观的原真风貌的目标。

首先，游路系统规划力求“内外兼修”。外部在谷底灵岩寺西北侧新增接线游步道1300m，以及单臂悬挑栈道400m。此举不仅串联了灵岩景区中、低山游线，为上下交通联系提供了电梯以外的另一种体验方式，更成为一处俯瞰谷底风景的绝佳场所。内部以总长100m的悬挑玻璃栈道作为游路开端，而后以围绕谷底水系的600m长块石步道作为环形主线，并结合亭廊等节点，穿插木栈道、石汀步等多样步道作为辅线，丰富游赏体验的同时延长游客游览时间，保证人群疏散。休憩场地提质增量。拆除沿线简易房屋、临时搭棚和游乐设施，挖潜现状空地、洞穴约1500m^2。结合周围环境及竖向高差，开辟台、院、洞等形式丰富的休憩场地，并新设指示系统、条石坐凳、垃圾桶等配套设施。

其次，建筑体量控制落实《总规》要求，面积只减不增。现状谷内建筑主要有两组，一组为卧龙轩茶室，由1层歇山木构茶室和后排1层简易工作间组成；另一组为三栋2层砖混办公楼和二栋1层砖混辅房组成。除此以外，谷内还留有一些带有游乐设施的简易房和搭棚，整体风貌较差。提升后，总建筑面积由原来的1000m^{2}减少至600m^2。功能上，改造现状两组体量较大的建筑——卧龙轩和参心园，保留一层石材墙体，二层以上改建，包含公厕、茶室、小卖等功能，服务游客。更新悦心亭、依水廊、景观拱桥等构筑，作为配套建筑的补充，提供游客多种方式的休憩空间，并增加观景层次。

再次，伴随“雁荡山智慧景区大脑”的系统建设，依托景区大数据中心，根据景区不同预案，建立预判机制，基于移动大数据、网络预订大数据、历史客流数据，科学预测假日客流。并可针对每日客流变化，实施监控，适时控制或禁止游客进入，保证游赏体验和游览安全。

3.景点布置随行就势，建立多角度立体游赏空间

通过GIS分析、SU建模等辅助手段，分析谷内“看与被看”的视点视线关系，结合用地条件，确定建筑、亭廊、观景台的最佳位置。同时，按照《总规》要求，改造现状联系卧龙谷上下的垂直电梯，增设400m长的悬挑栈道解决30m高差的竖向联系，并打通和方洞景区的游路系统，形成雁荡山中高山游线，使游客能多角度立体观赏雁荡山突出的流纹岩地质地貌。

景观建筑改造，借鉴浙南民居的特点，随山采行，就水取势，台地式布置。建筑平面以“一字形、三合院”为原型，方整而分割灵活。整体造型屋面

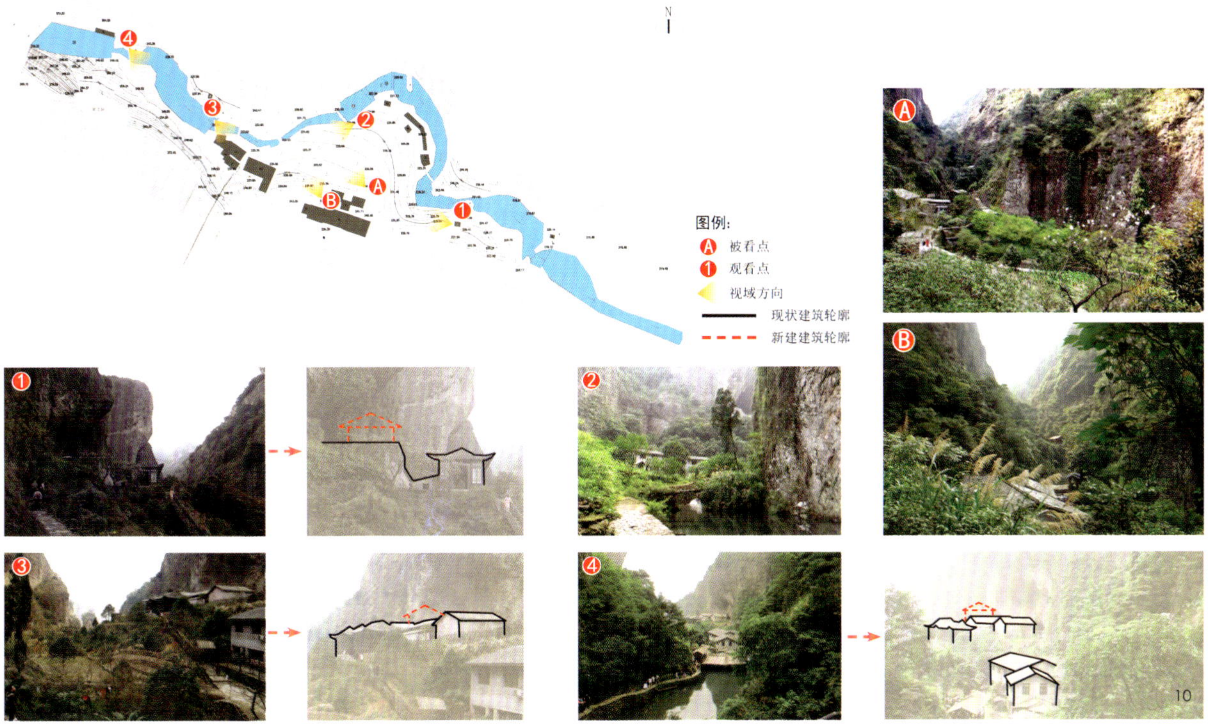

10.视线分析　11.龙潭区（卧龙潭深）　12.改造断肠崖　13.新建玻璃栈道

为悬山顶，屋檐头辟为前廊，多有山墙大披檐。结构材料为疏朗式穿斗，四面开窗，多蛮石墙，小青瓦屋面，自由灵活。规划后，卧龙轩和参心园两组建筑层叠错落，结合院落空间，游客在不同建筑内部、平台院落停留休憩，形成丰富的视觉观赏体验。

4. 材料选择根植乡土，运用就地可得的石材植材

现状谷内植物覆盖茂密，品种诸多，以乡土植物为主。规划考虑谷内条件限制，苗木材料运输不便。因此在种植等专项规划设计时，结合现状条件，保留其朴野的绿化环境，以地被梳理和补充为主。绿化主题结合现状乔木，强化春花和秋叶的双季季相，营造“落英缤纷，秋林尽染”的主题特色景观。在步道入口、建筑场地周围等节点，结合景石，适当配置乔灌草组合的多层次绿化组团，起到“画龙点睛”的效果。上层保留现状油桐、银杏、香樟等大乔木。中层增加碧桃、玉兰、红枫等小乔木。灌木地被多选用了南天竹、锦绣杜鹃、兰花三七、络石等适应山林环境的半耐阴、耐阴品种。

铺装材料以防滑耐用的小规格石材为主，特别选用了代表雁荡山地质特征的流纹岩石材，铺设方式也力求简洁拙朴，以错缝铺和冰裂纹为主要样式。栏杆作为景区内重要设施，设计通过安全性、美观度、耐久性和维护成本等多因子比选，确定以拙朴的石立柱穿插亲人的实木横档的结构方式落地实施。其他导向系统、室外家具等小品设施也以石、木为主材，以融入雁荡的地质地貌环境。

六、结语

卧龙谷景点提升，自2014年开始规划设计，于2016年底正式竣工并对公众开放。根据2017年上半年游客量统计的最新数据，近半年同比游客量增长85.4%，被主流媒体评选为“雁荡新三绝”之一。该项目荣获2017年浙江省风景园林优秀设计二等奖、杭州市建设工程西湖杯二等奖。

通过本项目的实践，笔者有两方面的反思。一方面，针对景区景点提升类项目，在强调资源保护和功能满足的基础上，设计是否还可以从功能、形式和材料等方面更多的体现时代特征，使得新老风景既相联系又相区别，提升景区吸引力与活力。比如除了采用石、木等传统材料，是否还可以融入锈钢板、透水混凝土等新材料。另一方面，景区的建设不是一蹴而就的，而业主的需求又是那么得迫切。如何平衡短期落地效果和长期发展需求也值得探讨。在本项目中，包括聚义洞在内的多个岩洞景观，规划只提出了环境清理的要求，对洞内空间做了留白。这是作为设计者，在满足业主即时要求的同时，希望为景区后续的发展留有余地，并通过一代代风景人的耕耘和努力，终可“见高峰增色，流泉生韵，草木鸟兽为之绰约翔舞”！

“卧龙息波，寂谷养心”，不论是设计的简少为贵，还是心随景动结合多角度立体游览的方式，我们希望卧龙谷保留其潜龙寂谷的沉静，以及朴质清丽的原生风貌，这一份自然清丽的气质是风景区独有的仙气，也是触动我们灵魂的原真！

参考文献

[1] 谢凝高.保全雁荡各尽其能[J].中国园林.2005(3):56-60.

作者简介

姚悦思，浙江省城乡规划设计研究院风景园林与环境艺术分院环境艺术所，所长，高级工程师；

李　鑫，浙江省城乡规划设计研究院遗产保护与国土绿化所，所长，正高级工程师；

施梦颖，浙江省城乡规划设计研究院，高级工程师。

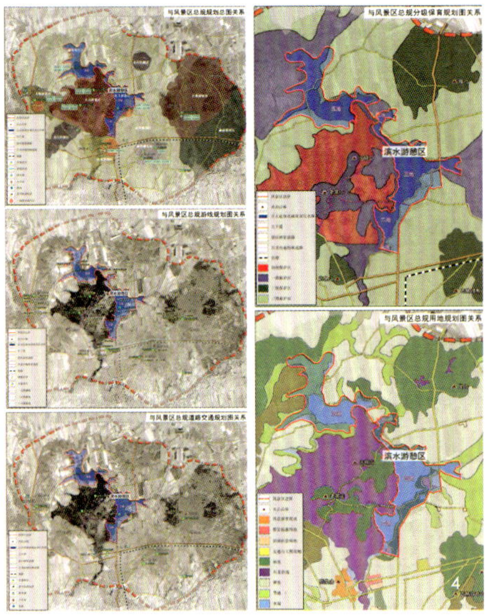

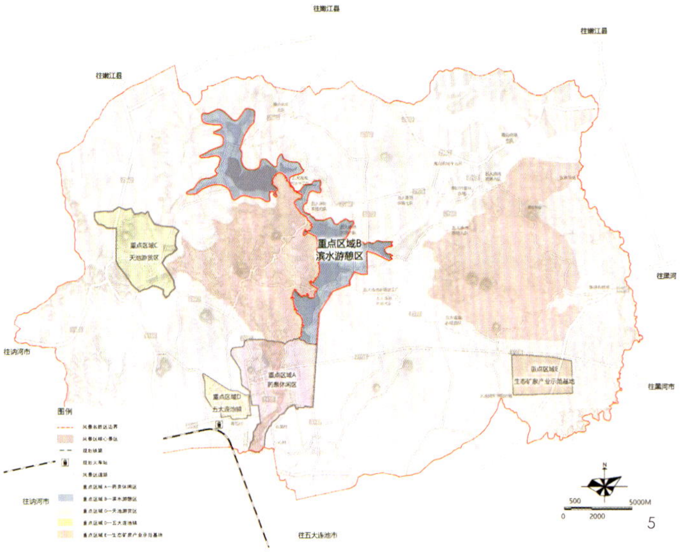

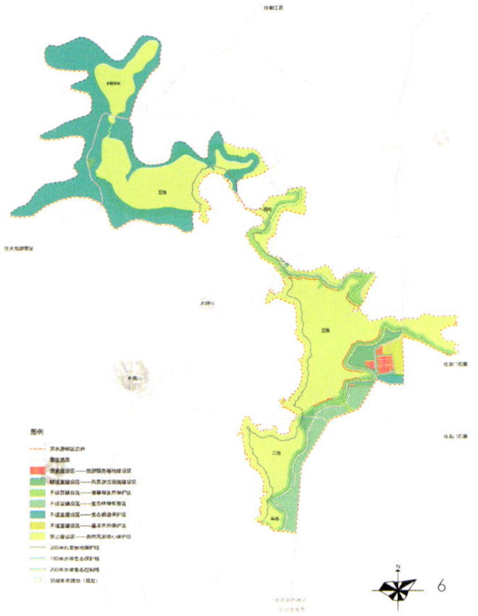

4.上位规划　5.滨水游憩区规划边界　6.空间规划

入，五大连池北部仅设有一处电信分局。

5. 上位规划分析

《五大连池风景名胜区总体规划（2007—2025年）》指出：五大连池风景名胜区可划分为火山博览区、药泉休闲区、水上游憩区、天池游赏区、冰洞探奇区、湿地观光区、石寨探险区、火山控制区、森林保育区和生态农业区十大功能区划。本次规划的滨水游憩区由水上游憩区和湿地观光区组成，包含头池、二池、三池、四池、五池、灰鹤湿地等湖泊湿地景源，是以滨水休闲、观赏、游憩活动为主的景区，与五大连池的火山旅游产品形成优势互补。

生态保育：分级保育规划中，滨水游憩区以一级保护区和三级保护区为主；植被保护规划中，滨水游憩区以五大连池水域及其他水体、水域保护林区、湿地保护区和退耕还林区四大分区为主。

功能定位：突出其极高的科学观光价值，确保湿地生态的完整性，区内只可开展科学观光的游览项目，向游客宣传湿地的珍贵价值以及湿地保护的重要意义。

风景游赏：主要的项目活动围绕水上活动展开。湿地观光区的灰鹤湿地是五大连池风景名胜区一块宝贵的生态资源，游客的活动主要以水禽类观光为主，具体可开展湿地鱼乐、沼泽观鹤、科研教育、珍禽鸟类观赏、天然氧吧等游览项目。

居民调控：滨水游憩区的五大连池农场场部位于居民控制区，各分散农场和村庄及大部分农场耕地区为居民衰减区。五大连池场部为控制性居民点，81112部队农场为搬迁型居民点。对于居民衰减区力求在中远期逐步使居民点萎缩并退耕还林。

规模与容量控制：五大连池风景名胜区2016—2025年已达到平稳发展阶段，其游客预测发展人数为111.37万人次。湿地观光区年容量为4.8万人次。

道路交通：五大连池风景区分为四个环路、一条纵路、一条横路、一条从五大连池镇到格拉球山农场路。其中第二条环路从五池子与尾山农场六队屯西头环路相交开始，经四池子、三池子、二池子、一池子，沿石龙河，终点到风景区内的石龙桥，全长约30km。

土地利用：在土地利用协调规划中，滨水游憩区的风景游赏用地（甲类）主要集中在二池、三池东岸，原休闲渔村处；旅游服务设施用地（乙类）主要集中在三池东岸、原五大连池农场本部；二池、三池东部用地为林地（戊类）；五池及灰鹤湿地周边主要为草地（辛类）；部分滨湖沿岸以及S303省道为耕地（庚类）。

四、规划设计

本文以五大连池风景名胜区重点区域详细规划为主要依据。

1. 项目指导思想与原则

确保五大连池风景名胜区滨水游憩区建设的连续性，必须严格保护五个池子的完整自然地貌和风景资源,以可持续发展思想为指导，以维持最佳生态环境为目标，全面规划、分级保护、适度开发、分期实施；突出五个池子“水域观光”“湿地观光”“四季水上运动基地”“五大连池风景区唯一的滨水度假基地”等特色项目，并以此吸引国内外游客。详细规划设计与五个池子山水生态环境相应的游赏产品,塑造滨水游憩区观光游览的良好形象和独特的休闲、运动和度假品牌。合理安排五个池子的游赏时间，通过四季水上活动策划，丰富游客的游憩项目，延长滨水休闲、运动和度假产品的生命周期。

（1）可持续保护自然资源原则

保护自然生态资源原则。严格保护石龙台地特级保护区，杜绝一切设施的建设；保护和恢复沼泽湿地，坚持防护林建设优先的原则，在各池湖水周围种植一定面积的防护林，确保湖区的生态环境有所改善；保护现有的芦苇等水生植物，尊重自然，顺应自然生态环境，除了必要的游憩活动区域外，严禁乱砍伐现有的水生植物；水上船只尽可能用无污染动力；生活污水必须经过处理，才能排入湖中。

（2）梯度开发与集中建设原则

根据功能分区的特点，严格梯度开发建设的模式。凡不允许建设的项目一个不上；凡与生态环境不符合的内容，严格审批程序，并且要做好环境评估，方可立项。对一些基础性服务设施则尽可能集中建设。

杜绝在石龙台地保护区能建设任何人工设施，严格控制该区内的游憩活动；尽可能少的在各池沿岸建设永久性建筑；必须要建的建筑应控制容量和体量，将建筑融入自然环境中。

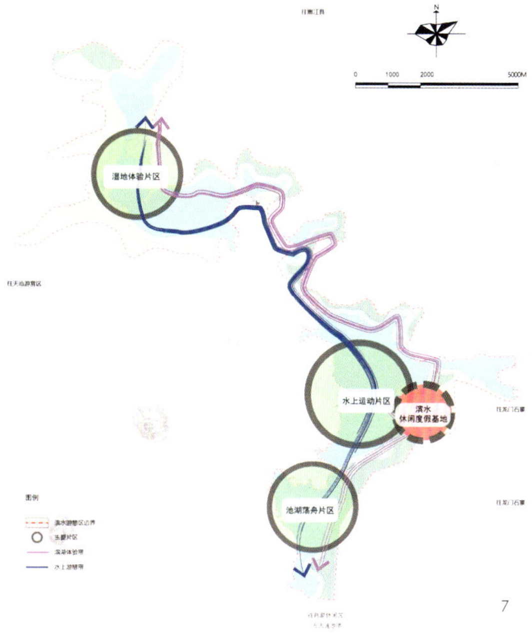

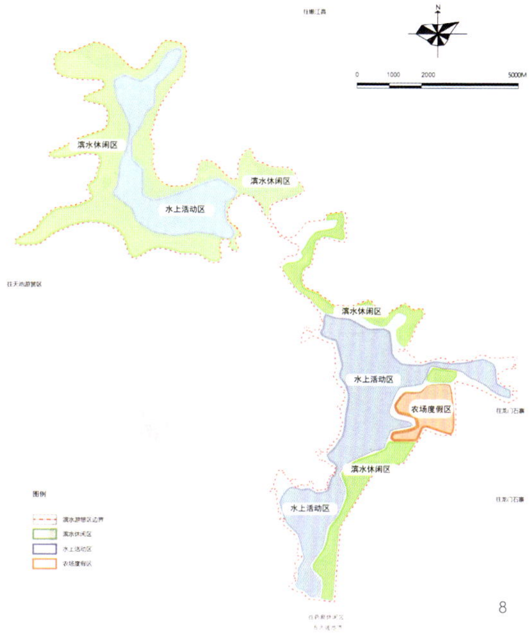

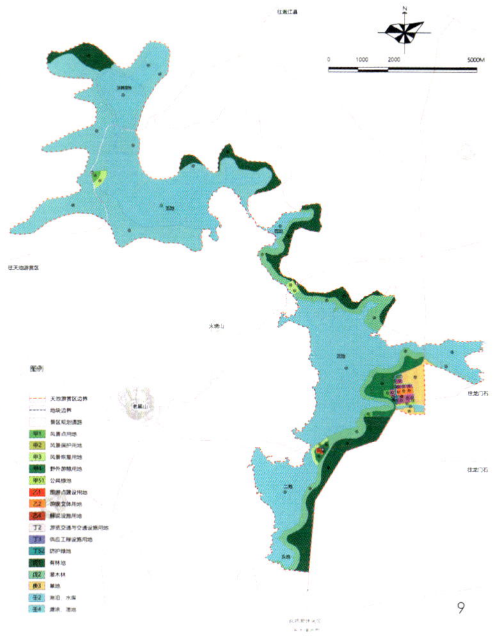

7.规划结构　8.功能分区　9.湿地策略

（3）环境容量控制和游程控制

考虑到资源保护的需求，五湖的开发力度减小，需要控制环境容量。环境容量的控制主要在于对游客必到的游览区域，要保持其游览的舒适性，生态破坏在可承受的范围之内。通过对本试验段中供大众游客游览的区域采用面积法、线路法、卡口法进行测算，并综合比较上述三种计算方法的结果，为保持生态平衡，本试验段的环境容量应该以卡口处所能承受的最大容量为准。本地区一年的可游天数为200天，由此得出本试验段的日环境容量为：3000/日；年环境容量为3000×200=60万人/年。

2. 规划结构及功能分区

滨水游憩区的总体布局可概括为"一心、两带、三片"，其中：

"一心"为依托于五大连池农场的休闲度假基地。位于S303省道东侧，功能定位为集餐饮、住宿、购物商贸、文娱休闲、体育运动和农场休闲于一体的综合服务接待区。

"两带"为水上游憩带和滨湖体验带。其中水上游憩带——从温泊经过头池至二池，主要提供池湖荡舟等静态游赏项目；从二池服务接待区至滨水服务接待区，利用广阔的三池湖面，主要提供高空热气球、水上降落伞、水上摩托艇、冰雕雪景、冬季滑冰、动物爬犁等动态的水上运动项目；从五池服务接待区到灰鹤湿地，主要提供湿地荡舟、芦苇迷宫、草地风筝、植物认知等湿地科普观光类项目。滨湖体验带——二池服务接待区，主要体验自然山水风光；从北大荒生态庄园至滨水服务接待区，主要体验乡村休闲、运动、文化、娱乐和生活体验等旅游服务；从滨水服务接待区向北经过三池服务接待区至五池服务接待区，主要体验农场建筑、场地、景观、设施及文化遗存与滨湖自然山水和湿地环境，同时承载滨湖游赏沿途服务功能。

"三片"分别为二池的池湖荡舟片区、三池水上运动片区和五池湿地体验片区。二池湖面较小，连接温泊景区与景区次入口，主打山水观光和湖泊荡舟等静态游憩类活动项目；三池湖面较大，依托农场休闲度假基地，主打户外运动和农场休闲等运动类项目；五池水质清澈，生态环境较好，主打水禽观光、湿地体验等科普教育类项目。

滨水游憩区主要由水上活动区、滨水休闲区和农场度假区三大部分组成。

水上活动区主要包括头池、二池、三池、四池、五池和灰鹤湿地，是开展水上活动水体区域。

规划依据各池资源特色、环境条件和周边设施配置潜力，安排水上休闲、水上运动、水上竞技、湿地观光等众多水上游憩项目，为游客提供丰富的水上活动。

滨水休闲区主要包括滨湖的草地、林地、耕地等自然区域。规划以水域生态保护为先，依托五个池子、滨水运动乐园、北大荒生态庄园等景点，结合丰富的滨湖景观环境，营造优美、轻松的休闲氛围，为游客提供滨水休闲、户外休闲和湿地观光为主的旅游产品。

农场度假区是滨水游憩区的休闲度假基地，整合区内其他的农场支队，策划各具特色的农场休闲度假产品，同时提供滨水旅游咨询、交通集散、住宿接待、特色餐饮、文娱休闲和运动康养等旅游服务设施。

3. 可持续保护水域规划策略

（1）湿地策略

五池上游内水草丛生、水鸟栖息、鱼虾游弋、蛙声起伏，是典型的自然湿地环境。大面积的湿地和水域是五大连池风景名胜区不可多得的宝贵风景资源，能够调节五大连池风景名胜区的湿度、温度、空气质量等，必须保证五池的湿地面积和水域面积，只能开展湿地科考活动和青少年科学教育实践基地。湿地的恢复和水环境的改善是五大连池风景名胜区对风景资源永续利用的一种可持续发展的措施。

（2）生态资源保护策略

整个滨水游憩区沿湖200m作为火山堰塞湖恢复区进行湖岸坍塌治理、水体生态保育和修复工作，由各池湖面向外依次拓展100m、3m、100m，用于设置自然草甸区、生态截留沟、生态缓冲区，以期达到湖岸治理、景观营造、雨污截留、过滤和净化等效果，保证水体生态环境，净化水质。

（3）涵养林带分级保育策略

按照保护级别可分为一级保护区和三级保护区，其中一级保护区面积为3788.10hm^2，主要包括五个池子、灰鹤湿地及周边的生态景观区域；三级保护区1094.31hm^2，主要包括各农场建设用地、现状耕地

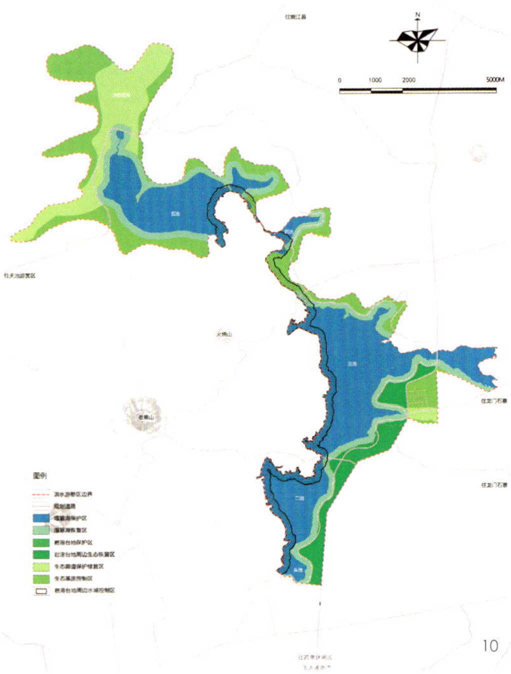

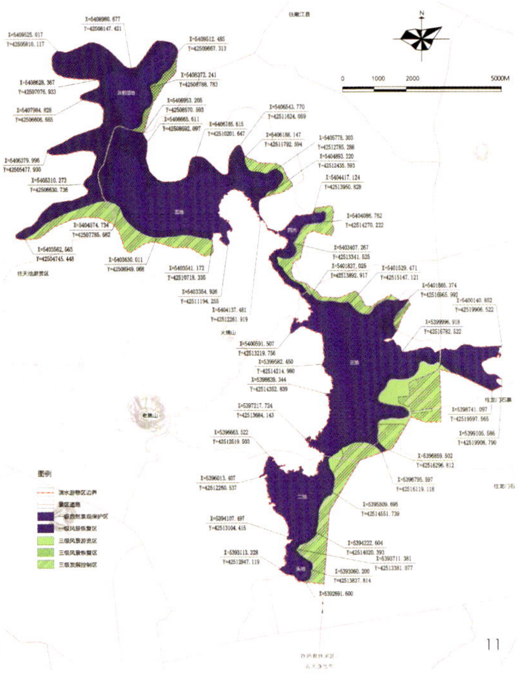

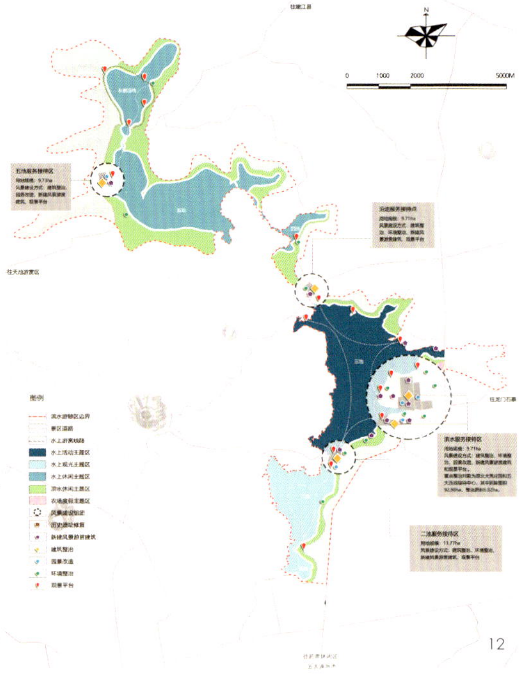

及周边的自然景观区域，与总规分级划分基本保持一致。其中一级保护区为严格限制建设区，细分为一级自然景观保护区、一级自然景观恢复区和一级风景恢复区；三级保护区为控制建设区，细分为三级风景恢复区、三级风景游览区和三级发展控制区。

（4）风景点建设策略

滨水游憩区的风景点建设，以自然水域景观为主，主题明确，景点规划以五个池子为依托与周围环境相协调，形成一个特色突出的整体。依据景观资源特征、游览线路的特点，景点规划不破坏自然景观，影响环境、水体，造成景观污染；充分挖掘现有景观资源，突出良好的水上生态环境特色。其中，以生态农庄休闲、观光和体验为主，于滨湖200m范围内主要以滨水湿地植物园营造为主，打造滨水游步道、自行车健身步道和亭、廊、观景台等风景建筑；滨湖200m范围外以景观农业园和花卉园、休闲体验园和科技展示园营造为主，注重于北岸三池戏水乐园和三池滨湖自然景观相协调。

五、结语

风景名胜区滨水的可持续保护，必定是倡导生态文明发展的领先者。

本文规划实践是探索堰塞湖形成滨水游憩领域研究的一种路径。未来的风景名胜区总体规划实践，应更多地重视地质特性相互协调，运用科学手段，引导水资源环境保护和规划开发，推进风景名胜区可持续发展。

注释

①五大连池市地方志编纂委员会编纂. 黑河地方志五大连池市志1986-2000[M]. 黑龙江人民出版社, 2004: 107.

②王苏民，窦鸿身主编.中国湖泊志[M].科学出版社, 1998: 513.

③上海同济城市规划设计研究院，五大连池风景名胜区总体规划（2007—2025年）[Z].上海同济城市规划设计研究院. 2009.

项目名称：五大连池风景名胜区重点区域详细规划

参加人员：严国泰、谢伟民、袁婷婷、朱夕冰、王晓洁、高一菲、李鹏鋆、傅大伟、杨欣晨

参考文献

[1]严国泰,宋霖.风景名胜区发展40年再认识[J].中国园林,2019,35(03):31-35.

[2]宋霖,严国泰.基于公文分析的风景名胜区制度建设历程研究(1978—2018)[J].中国园林,2020,36(11):19-24.

[5]上海同济城市规划设计研究院. 五大连池风景区详细规划重点区域B——滨水游憩区规划设计阶段性成果[Z]，2021

[3]上海同济城市规划设计研究院. 五大连池风景名胜区总体规划（2007年-2025年），2009

[4]上海同济城市规划设计研究院. 五大连池风景区水域建设可行性研究[Z]，2016

[6]王苏民，窦鸿身主编.中国湖泊志[M].科学出版社,1998

作者简介

撒　莹，云南大学建筑与规划学院建筑规划系，系主任，副教授；

袁婷婷，上海同济城市规划设计研究院有限公司，工程师。

10.生态资源保护策略
11.涵养林带分级保育策略
12.风景点建设策略

生态文明导向下长三角河流型风景名胜区高质量绿色发展路径探索

——以合肥市南淝河地区为例

Exploration on High Quality Green Development Path of River Scenic and Historic Areas in the Yangtze River Delta Under the Guidance of Ecological Civilization

—Taking Nanfei River Area of Hefei As an Example

黄 闯 曹 靖 詹美旭
Huang Chuang Cao Jing Zhan Meixu

[摘 要] 2020年习近平总书记在扎实推进长三角一体化发展座谈会上要求提升长三角城市发展质量，夯实长三角地区绿色发展基础。本文结合合肥市当前全力推进的南淝河流域环境综合整治及两岸景观空间整体提升工作中的做法，从划定滨水绿线、营造滨水景观、梳理滨水交通、丰富滨水功能、塑造滨水文化、构筑滨水中心等六个方面探索河流型风景名胜区高质量绿色发展路径，并针对长三角绿色一体化发展提出统一理念、统一标准、统一政策"三统一"的治理创新模式。

[关键词] 生态文明；河流型风景名胜区；高质量绿色发展

[Abstract] At the Symposium on Solidly Promoting the integrated development of the Yangtze River Delta this year, General Secretary Xi called for improving the quality of urban development in the Yangtze River Delta and consolidating the foundation of green development in the Yangtze River Delta. This paper explores the high-quality green development path of river scenic and historic areas from six aspects: delimiting the waterfront green line, creating waterfront landscape, combing waterfront traffic, enriching waterfront functions, shaping waterfront culture and building waterfront center. It also puts forward the governance innovation mode of "three unification" of unified concept, unified standard and unified policy for the green integrated development of the Yangtze River Delta.

[Keywords] ecological civilization; river scenic spots; high-quality green development

[文章编号] 2022-90-P-079

1.环城公园—西郊省级风景名胜区区位示意图

一、引言

2020年8月20日，习近平总书记在合肥主持召开扎实推进长三角一体化发展座谈会并发表重要讲话，强调紧扣一体化和高质量两个关键词，提升长三角城市发展质量，夯实长三角地区绿色发展基础，对长三角城市今后探索高质量绿色发展路径指明了方向。风景名胜区作为高质量绿色发展的重要载体，其发展路径的科学合理性是决定生态文明战略和高质量绿色发展目标实现的关键组成部分。

二、研究区域概况

合肥市环城公园—西郊省级风景名胜区由环城公园和大蜀山两大片区组成，南淝河属于环城公园片区的核心组成部分，是典型的河流型风景名胜区。作为合肥市的母亲河，南淝河长期以来受到上游董铺水库和大房郢水库截流的影响，成为一条季节性缺水河流，由于缺乏清洁的持续水源，大量水质欠佳的城市再生水补入南淝河，加上未经处理的初期雨水和农业面源污染，造成南淝河整体的水生态、水环境质量急剧下降，直接影响到巢湖流域的生态环境品质和生态综合效益。另一方面，由于南淝河对于城市的战略地位受到忽视，两岸逐步被各类开发建设侵占，滨水开放空间十分局促[1]。与此同时，南淝河两岸还存在人车混杂通行、景观单调乏味、沿岸功能单一、文化认同丧失等困境，逐步成为城市的背面空间。

三、南淝河高质量绿色发展实践

十八大以来，建设生态文明成为合肥市的战略发展目标，为提升合肥城市空间品质及人民群众幸福感，当前合肥市正全力推进南淝河流域环境综合整治工作，做好"水清"文章的同时，开始谋划"岸绿" "景

基于绿地分类的鼓浪屿可持续景观提升策略探索

Exploration on Strategy of Sustainable Landscape Promotion of Kulangsu Island Based on Green Space Classification

傅玮芸
Fu Weiyun

[摘　要]　鼓浪屿是世界文化遗产地、国家级风景名胜区和国家级历史街区，优美的自然风光与富有特色的人文景观每年吸引着上千万的海内外旅游者。鼓浪屿全岛绿化呈现多样性，然而鼓浪屿的整体环境现状存在系列问题，如何将这些多样风格的景观区域统一协调起来，提升景观效果，增强其人文气息，这是一个重要的课题；本文通过对鼓浪屿的绿地进行分类并进行分类提升导引，旨在满足空间功能需求，提升鼓浪屿的景观品质、彰显人文特色、突显地域生态特征，可持续地保护世界遗产，使其不负“海上花园”的美誉。

[关键词]　鼓浪屿；景观提升；绿地分类；遗产保护

[Abstract]　Kulangsu Island is a world cultural heritage site, a national scenic spot and a national historical block. Its beautiful natural scenery and distinctive cultural landscape attract tens of millions of tourists at home and abroad every year. The landscape of Kulangsu Island is diverse. However, there are a series of problems in the overall environmental status in it. How to unify and coordinate these diverse landscape areas, improve the landscape effect and enhance their humanistic atmosphere is an important topic; This paper classifies and improves the landscape of Kulangsu Island, in order to meet the spatial functional needs, improve the landscape quality, highlight the cultural characteristics, highlight the regional ecological characteristics, sustainable protection of world heritage, and make it live up to the reputation of "Sea Garden".

[Keywords]　Kulangsu island; landscape promotion; green space classification; heritage protection

[文章编号]　2022-90-P-082

一、鼓浪屿概况

鼓浪屿位于中国福建厦门市的九龙江出海口，地处距厦门岛西南海岸600m的海岛上，与厦门市区隔着鹭江海峡遥遥相望，城景相依，方便到达又相对独立。全岛外观略显狭长，犹如一艘停泊在海湾的帆船，面积约1.88km^2，素有“海上花园”之誉。

2017年7月8日，“鼓浪屿：国际历史社区”被列入世界遗产名录[1]，成为中国第52项世界遗产项目。鼓浪屿融历史人文和自然景观于一体，是国家级风景名胜区、国家级历史街区和世界文化遗产地。

二、鼓浪屿绿地景观分类

由于鼓浪屿地理、人文、交通等各方面的特殊性，文章根据鼓浪屿绿地特性、文脉背景、使用情况等进行综合研究，将鼓浪屿的绿地进行分类，针对不同种类绿地及人群需求展开研究，旨在探求岛内景观的可持续提升方法（表1）。

1. 公园绿地

参考《城市绿地分类标准》（CJJ/T85-2017）对公园绿地的定义②，根据鼓浪屿公园绿地的特殊的地形条件、现状旅游利用等综合条件，进一步分为三分类（表2）。

2. 遗产地社区绿地

鼓浪屿拥有数量庞大且各具特色的建筑,这些建筑与外围环境共同构成了一个有机整体,是鼓浪屿多元文化生态不可分割的组成部分[2]。这些房前屋后可用空间内的景观绿化，文章界定为遗产地社区绿地。根据不同的建筑特色和功能分为三类，包含历史建筑绿地、商业区建筑绿地、生活建筑绿地（表3）。

3. 道路绿地

道路绿地指鼓浪屿上道路广场用地内的绿地，根据鼓浪屿的实际使用情况，包括道路绿地、街旁绿地、码头广场绿地三类（表4）。

三、鼓浪屿绿地景观分类提升导引

文章综合研究考量各类型绿地功能定位、自身特色、服务对象等方面，对鼓浪屿各个类型绿地的提升导引如下。

1. 公园绿地提升导引

表1　鼓浪屿绿地分类

绿地分类	子类
公园绿地	自然山地公园
	休闲人文公园
	专类植物公园
遗产地社区绿地①	历史建筑绿地
	商业建筑绿地
	生活建筑绿地
道路绿地	道路绿地
	街旁绿地
	码头广场绿地

鼓浪屿的公园绿地承载了岛上旅游者主要的观光游览活动，是鼓浪屿形象展示的重要窗口，也是鼓浪屿独特文化的自然载体。

（1）总体导引

以申遗成功为契机，通过提升鼓浪屿文化旅游附加值，以文化类景点吸引更多旅游者到访，科学引导旅游者并提高其对于文化类型景点的体验。[3]

根据每个公园历史与现状的特点，明确公园功能定位、特色主题等方面内容；挖掘鼓浪屿各个公园的人文情节，找寻各个景点之灵魂，展现各个公园独到的人文特色，创造令旅游者流连忘返的园林瑰宝（表5）。

1.鼓浪屿公园绿地分布图　2.鼓浪屿自然山地公园分布图　3.鼓浪屿区位图

表2　鼓浪屿公园绿地分类及界定

绿地分类		概念界定	景观提升要求	主要包含绿地
公园绿地	自然山地公园	山地公园指鼓浪屿上具备独特的山体特征，旅游者和岛民休闲、游憩、娱乐的场所	凸显山海关系、人文内涵，营造独具特色的海岛山地绿化景观风貌	燕尾山生态公园、兆和山公园、笔山公园、笔架山公园、升旗山、浪荡山、日光岩、琴园和英雄岩、旗尾山等
	休闲人文公园	相较于自然山地公园，鼓浪屿平地上向公众开放，地形较为平缓，以休闲游憩、人文展示为主要功能的绿地场所	凸显公园人文特点和景观特色，营造独具特色的海岛景观风貌，注重景观节点的绿化优化提升	延平公园、毓园、滨海浴场公园等
	专类植物公园	鼓浪屿上具有特定植物相关主题内容的绿地	结合现有时代需求，重新定义场地功能定位，弱化生产及科研功能，丰富游赏游憩内容，对必要的景观节点进行改造提升	苗圃、引种园等

表3　鼓浪屿遗产地社区绿地分类及界定

绿地分类		概念界定	景观提升要求	主要包含绿地
遗产地社区绿地	历史建筑绿地	岛上历史建筑前后的绿地定义为历史建筑绿地	恢复强化景观绿化，还原历史建筑风貌	历史风貌建筑、代表性历史建筑及院落绿地
	商业建筑绿地	承载商业功能的建筑前后的绿地定义为商业建筑绿地	提升加强花化彩化，突出商业街区氛围	特色商业街区、家庭旅馆等建筑周边用地
	生活建筑绿地	住宅、办公等建筑则承载着本岛居民的工作和生活，这些服务于本岛居民的建筑附属绿地定义为生活建筑绿地	梳理整合绿化空间，增强住宅及办公用地绿化	岛上居民的住宅、办公建筑等建筑周边绿地

表4　鼓浪屿道路绿地分类及界定

绿地分类		概念界定	景观提升要求	主要包含绿地
道路绿地	道路绿地	鼓浪屿上道路、广场用地内的绿地	通过绿化改造提升、景观配套设施完善、街容街貌整治等改善鼓浪屿街道景观，形成各具特色的历史道路、风景道路	鼓浪屿上所有道路广场用地内的绿地
	街旁绿地	鼓浪屿上位于道路用地附近，相对独立成片的绿地	塑造多元功能的公共空间，有效提升街旁公共空间的使用率和使用效果	龙头路街心公园、中华路街心公园、鼓新路三角绿地、延平路街旁绿地、安海路街旁绿地
	码头广场绿地	指鼓浪屿上各个码头和周边广场用地内的绿地	提升门户形象，营造精致化的码头广场绿化空间，合理引导交通	三丘田码头、钢琴码头、内厝澳码头、黄家渡码头、环卫码头等

表5　鼓浪屿公园绿地特色主题

公园名称	公园主题
日光岩	文化之园——钟灵毓秀文化风光园
菽庄花园	山海之园——屿上山庄中西合璧的海上花园
皓月园	纪念之园——郑成功纪念文化主题公园
西北部绿地	休闲之园——北部海滨林带绿色开放空间
琴园	浪漫之园——揽山观海的爱情主题文化园
英雄岩	英雄之园——浩然正气历史纪念主题园
燕尾山	生态之园——有氧野趣的山林生态公园
升旗山	度假之园——山地别业特色民宿度假休闲园
延平公园	活力之园——南部疏林草地海滨文化公园
引种园	神秘之园——引种植物科普科研专类园
苗圃	生机之园——苗木及特色花卉培育参观基地

（2）分类导引

①自然山地公园

鼓浪屿四面环海，全岛有七座主要山体，以日光岩为核心向东向西向北延展，呈现“三龙聚首”的地脉特征，植被分布于山体紧密结合，呈现三条绿带，在北部、西部、南部沿海区域呈现“半环状”分布和中部沿燕尾山、笔架山、鸡母山、英雄山的纵向分布。

a.保护优化山地生态资源，展现滨海山林自然景观

通过对山地原生植被的保护和优化，展现独特滨海山林的自然景观；对存在生态破坏的山体进行生态修复。同时满足服务功能要求，配套设施“因地因时因需”而设，并能适当隐蔽于山地中。

b.处理好“山—海—岛—人”之间的关系，满足看与被看的需求

对于面向海域的燕尾山生态公园、兆和山公园、升旗山、英雄山等，需要特别考虑各个景观界面的观赏性与被观赏性，塑造揽山观海、风月无边

4-5.山海岛人关系梳理
6-7.精致化节点空间营建
8.休闲人文公园景观营造

的山地公园。

c.地脉传承，结合地形、地貌进行景观分区与提升

尊重原生山地地脉，尽可能保留并利用，与周边环境融合，因地制宜进行集约化改造。结合地形、地貌进行景观分区与提升，创造自然原生并展现鼓浪屿海岛特色的山地休闲公园。

d.营造精致化的节点空间，烘托人文氛围

在生态保护的基础上，适当对山地公园的部分空间进行彩化和美化，如公园出入口空间、活动平台、主要游赏线路沿线等；提取独属于鼓浪屿的元素符号，以文入景，融于山间场地，烘托历史遗产的人文氛围。

② 休闲人文公园

a.满足多元休闲活动的需求

公园主题明确，满眼绿色，繁花似锦，处处有景可赏。提供硬质和软质活动空间相结合的形式，为使用者提供休闲广场、观景平台、疏林草坪等休闲舒适的活动场所，便于多种活动的展开。

b.提升鼓浪屿旅游的人文体验

通过多种景观手法演绎鼓浪屿的传统和历史，凸显文化氛围，提升鼓浪屿旅游的人文体验。

c.改善沿海公园绿化的面貌，凸显海岛风情

通过植物配置手法，如上层乔木多使用狐尾椰、假槟榔等亚热带乔木，并形成开合有致的景观序列，改善沿海绿化的面貌，凸显海上花园的特有风情。

③ 专类植物公园

a.保护优化生态资源

专类植物公园是鼓浪屿重要的自然生态资源，如引种园、苗圃等，应结合现有时代需求，重新定义区块功能定位，脱离单一的生产及科研功能，以生态资源为基础，保护优化，强调土地利用的高效复合、生态安全格局的有机构建，在保护生态的前提下丰富游赏游憩内容。

b.满足科普与可索性的需要

尊重绿化景观延伸出的各类文化，满足旅游者在自然环境中对历史人文、科学技术的接触，在趣味性和求知欲的驱使下，强化人与空间、人与植被、人与环境互相的理解。[4]

2. 遗产地社区绿地提升导引

鼓浪屿是厦门、乃至闽南文化中的特有个体，闽南传统文化、东南亚、海外各国文化特色结合，为鼓浪屿独有的文化。最直观的体现就是鼓浪屿的建筑，闽南传统民居大厝、祠堂宗庙等标志了闽台地区传统文化的传承，教堂、西式洋楼建筑以及咖啡、酒吧的经营则标志了西方文化。这些建筑风格迥异，是鼓浪屿历史变迁的缩影。而特色商业街区则是旅游者购物、游览的去处；住宅、办公等建筑则承载着本岛居民的工作和生活。

这些建筑与绿地共同构成了一个个有机生命体,共同形成了鼓浪屿的独特风貌和多元文化。这些建筑周边的绿地呈现出斑块小、数量多、破碎程度高的特点，在房前屋后可用空间有限的情况下，应实现集约化、精细化的规划设计，烘托文化遗产活化利用。

（1）总体导引

①注重类型设计，深化绿地空间管控

恢复强化景观绿化，还原历史建筑风貌；提升加强花化彩化，突出商业街区氛围；梳理整合绿化空间，增强住宅及办公用地绿化。规划设计应在强调景

观美化、人性共享的同时，深化绿地空间管控，传递出人与建筑、人与人、人与岛的温度。

②广植花木，实施“见缝插绿”

受制于场地空间与功能限制，充分利用现有空隙与边角地带，通过广植花木、立体绿化等手段，实现处处有景可观，凸显鼓浪屿海上花园的浪漫氛围。

③协调建筑与绿化，烘托人文氛围

绿地景观应呼应建筑主题，烘托人文氛围。通过不同的设计手法，如对景与借景、隔景与障景等，协调建筑与绿化之间的关系；注重植物与建筑之间“藏与露”的关系，在若隐若现之间给旅游者更多的期待，烘托人文氛围。

（2）分类导引

① 历史建筑绿地

鼓浪屿上的历史建筑基本分为旅游服务型利用及非旅游服务利用型两类[5]。旅游服务型利用型利用方式主要有两种：一是以餐饮、住宿和零售为主的经营性利用；二是以提供展览观光项目为主的展览性利用。非旅游服务利用型主要可分为3种形式：私人住宅、机构办公驻地及空置。[5]

a.保护历史建筑风貌，保留软性文化资产

在保护传统风貌的前提下，保持或恢复历史建筑的院落绿化，并对其他公共建筑场地内的院落绿化进行维护或提升。通过绿化景观提升演绎传统和历史，将新的时代价值观和活力注入其中，经过树木池水，遇到地标古树，各区域的历史建筑绿地就像卷轴画一般，层层展开讲述鼓浪屿的历史和故事。

b.梳理历史建筑庭院景观，彰显文化风貌

岛上历史建筑庭院的种类主要包括中式庭院和西式庭院两大类，庭院小品丰富，应恢复还原强化建筑庭院景观，彰显独特的文化风貌。同时，呼吁将一些闲置封闭的历史建筑庭院予以开放，与公共空间相互联通，在活化历史的同时，补充和完善岛上紧张的公共绿地资源，焕发新生。

c.丰富绿化景观层次，营造历史展示区

梳理建筑户外空间，丰富绿化空间和休憩设施，预留公共休憩场地和文化展示空间，举办文化展示活动，提升场地凝聚力和文化展示性。

② 商业建筑绿地

伴随中国经济的与旅游业的发展，鼓浪屿上迅速发展了诸多特色商业街、家庭旅馆等，这些商业建筑周边的绿地应具备交互活力、浪漫悠闲的氛围，并在引导游人行走路径、分散人流等方面具备作用。

a.注重商业氛围的打造，凸显街区气息

商业街区可用花卉局部点缀，在不影响行人通行的前提下，利用花箱、花钵提亮、美化街区；引导商家进行花卉种植，营造统一且丰富的街区气息。

b.适当注入音乐元素，凸显音乐之岛的氛围

在商业街区、家庭旅馆、特色餐厅等的景观上建议增加更多的音乐元素、符号和设施，可设置街头表演、音乐培训、乐器销售等音乐型业态，凸显音乐之岛的氛围。

c.庭院设计凸显功能主题，创造宜人氛围

经营性的商业建筑部分带有庭院，庭院景观设计应精致化、主题化，烘托建筑主题，令人身在其中可以尽情感受鼓浪屿的宜人与浪漫。

③ 生活建筑绿地

在满足岛民生活需求的基础上，应重视文化的传承与岛民良好的生活方式和习惯的延续，通过生活建筑绿地体现鼓浪屿的历史文化与地域特色。同时，从岛民的生活便利性出发，适当增加岛民生活服务设施及日常交往空间等，弥补旅游开发对岛民原有生活空间的侵蚀。

9-12.科普性与可索性空间营建
13.西北部滨海道路绿地景观提升后效果图

14

15

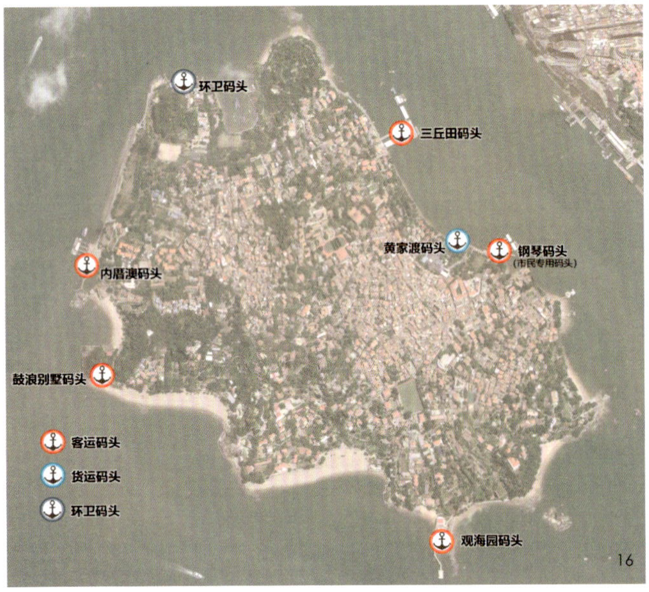

16

3. 道路绿地提升导引

道路景观是鼓浪屿的核心脉络，鼓浪屿这座小岛上拥有丰富的街道空间，呈现出静谧与自由的氛围，是步行者的天堂。由于鼓浪屿独特的地形、丰厚多元的历史文化、岛民特定的生活方式以及旅游者的游赏需求等，使得鼓浪屿的道路具备了特殊的形式和美学价值。它刻画了鼓浪屿的历史沧桑，记录了鼓浪屿的百年发展历程。岛内林林总总尺度宜人、深长幽静的小路，与外围新建的宽阔平整的环岛路，共同融汇于自然山海环境之中，展示不同时代的景观环境特点。[6]

（1）总体导引

①道路景观要与鼓浪屿区域整体规划相协调

道路系统作为全岛的脉络，应构成清晰可识别的景观形象，与鼓浪屿区域整体规划相协调。在保证安全性的前提下，具体体现在以下几个方面：

a.借景自然山海，突出独特的自然景观资源；

b.保护历史和地域文化，展现历史人文特色；

c.分时、分段地与周边区域相融合，路景相融。

②道路绿地应对旅游者具有引导性

鼓浪屿道路纵横交错的特征容易导致旅游者“迷失”现象，蜿蜒曲折的道路往往使人无法快速抵达目标景点；因此对不同的场所空间应加强必要的联系，如可以通过设置具有连续关系的道路绿化、墙面、构筑物等，通过多种设计手段对旅游者的行动路径加以引导。[3]

③打造文化旅游线路，增强文化遗产元素的氛围营造

合理规划并设计旅游线路，重点向旅游者推介“历史踪迹”“建筑艺术”“音乐艺术”“海岛文化”“爱国主义”等游览路线。装点旅游线路形象，同时合理布局旅游沿线的餐饮、游憩、购物等配套设施，为旅游者提供一个从视觉、听觉、甚至味觉都愉悦而难以望怀的游览体验。

（2）分类导引

① 道路绿地

采取连续、多点、小规模的提升方式，在街区内塑造浪漫舒适的线性公共空间，塑造真正的步行者的天堂。

a.首在符合道路功能需求

在道路绿化设计过程中，应充分考虑不同方式，不同速度的行进特点，以此保证游人视觉和心理上的舒适性。如在以电瓶车、自行车观光为主的环鼓路考虑采用简洁，色彩鲜明，大效果、连续性的绿化方式，以此强化道路的特征与导向性，但由于电瓶车的速度原因，不宜种植成行的乔木，以免遮挡视线，引发安全事故[6]。而步行为主的道路则可以更精致化地处理，满足行人的观赏需求。

b.保护景观视廊和街道对景的整体性

保护街区内景观视廊和街道对景的完整性，视线控制范围内严禁插建对景观视线有影响的构筑物。新建构筑物不得对景观视廊和街道对景的风貌完整性造成破坏。对景观视廊和街道对景造成破坏的绿化和既有构筑物，具备条件时应予以移栽和拆除。

c.塑造有条理的交通流线

道路绿化不影响行人通行，便于各类人群使用；塑造有条理的、便于通行的交通流线；绿化应有效疏解有客流压力的道路的通行情况。

d.对沿街建筑进行绿化美化

对沿街建筑采用悬挂花卉或用垂直绿化的方式进行美化，并保持同街道内风格统一。对有碍观瞻的部位，应用绿化进行遮挡。

② 街旁绿地

利用街道串联的街旁绿地，营造满足驻留、休憩、交往、拍照留念等日常使用功能的公

共空间。对现有使用频率较低或使用效果较差的街旁绿地，应通过适当的改造手段进行有效提升，充分利用。

③ 码头广场绿地

码头既是城市交通枢纽的载体，也是历史文脉的生发点；因此合理规划码头景观，保留鼓浪屿的历史记忆，将其打造成为门户景观和亮点，并融于鼓浪屿整体景观之中,是需重点关注的问题。

a.运用“微更新”重构策略，保障历史文脉的延续性

从保证历史文脉延续性和可持续发展的角度出发，摈弃大改大建的模式，通过绿化景观等“微更新”手段，增加各个码头的可识别性，强化特色历史元素。

b.通过空间重塑，塑造更具生机和生态的广场空间

为满足码头与周边建筑、绿化的融合，因地制宜地改造具备旅游者集散功能、连接岛内空间的轮渡广场。建议通过绿化空间划分公共通行区和休闲停留区，形成鲜明的广场交通流线。同时，通过交错的空间，为码头广场赋予更多的活动功能，让游人在滨水码头区域，享受悠闲时光。

c.塑造码头景观的门户性、交通引导性

码头区域乔木宜多采用线性种植，加强滨水空间的流动感与引导性。同时，通过植被营造出多条引导性交通的林荫道，有效缝合码头空间和岛上内部空间。同时通过增植乔灌木与地被植物，提升场地绿地覆盖率，同时提高码头景观的门户性。另外，通过丰富的灌木种植柔化码头底座，令整个空间更具生机与生态。

四、结语

本文通过对鼓浪屿的绿地进行分类并进行分类提升导引，演绎鼓浪屿的传统和历史，旨在满足空间功能需求，可持续地提升鼓浪屿的景观品质、彰显人文特色、突显地域生态特征；通过可持续景观提升，适度将新的现代价值观和活力注入其中，传递鼓浪屿的文化遗产价值和精神内涵，更好地可持续地保护世界遗产，使其不负“海上花园”的美誉。

注释

①由于鼓浪屿历史国际社区的属性，文章参考《城市绿地分类标准》（CJJ/T85-2017），将鼓浪屿上与建筑用地结合紧密，规模较小、形式多样的配建绿地定义为遗产地社区绿地。

②公园绿地指向公众开放，以游憩为主要功能，兼具生态、景观、文教和应急避险等功能，有一定游憩和服务设施的绿地。

参考文献

[1] Kulangsu: a Historic International Settlement．联合国教科文组织

[EB/OL]. http://whc.unesco.org/en/list/1541

[2]张松,陈志宏. 鼓浪屿历史风貌建筑的多元文化生态安全格局优化研究[J]. 城市建筑,2017(21):45-48.

[3]李渊,刘嘉伟,严泽幸,王德. 基于卫星定位导航数据的景区旅游者空间行为模式研究——以鼓浪屿为例[J]. 中国园林,2019,35(01):73-77.

[4]汤兴勇,王军英. 促进交往的社区小型专类植物公园空间环境设计研究[J]. 绿色科技,2018(09):33-35+38.

[5]张若曦,殷彪. 基于旅游供需理论的历史建筑再利用及影响研究——以鼓浪屿为例[J]. 城市建筑,2020,17(10):175-180.

[6]李海洲. 鼓浪屿道路景观解析与发展思考[D].福州大学,2011.

作者简介

傅玮芸，杭州园林设计院股份有限公司，工程师。

14.历史建筑绿地分布图
15.鼓浪屿街旁绿地分布图
16.鼓浪屿码头分布图

圣地环境营造的探索
——以黄帝陵国家文化公园规划设计为例

Exploration on the Creation of Holy Land Environment
—Taking the Yellow Emperor's Mausoleum National Cultural Park Design As an Example

黄 震 郑 耀
Huang Zhen Zheng Yao

[摘　要]　黄帝陵，是中华民族始祖轩辕黄帝的陵寝，是第一批全国重点文物保护单位，是第一批国家AAAAA级旅游景区，是国家重点风景名胜区，号称“天下第一陵”。古之祖陵圣地，今昔精神标识。黄帝陵国家文化公园规划设计工作历史使命重大，是一项触摸历史、与时代对话、饱含民族自豪感的特殊工作。本文通过黄帝陵与黄帝陵周边区域的关系入手，探索如何营造黄帝陵圣地环境。通过黄帝陵与坊州古城的关系入手，探索如何延续二者的共生关系。期望通过这两个关系的探索为类似项目提供一些思路。

[关键词]　黄帝陵；环境营造；古城更新；空间规划策略

[Abstract]　The Yellow Emperor's Mausoleum is the mausoleum of Xuanyuan Yellow Emperor who is the first ancestor of China. The Yellow Emperor's Mausoleum is one of the first National-level Protected Historical and Cultural Sites, is one of the first National 5A Tourist Scenic Areas. And it is a national key scenic area, which is known as the first mausoleum in the world. The planning of the Yellow Emperor's Mausoleum National Cultural Park has a major historical mission. It is a special job that touches history, talks with the times, and this job is full of national pride. This eassy starts with the relationship between the Yellow Emperor's Mausoleum and the surrounding area, and explores how to create the environment of the Yellow Emperor's Mausoleum Holy Land. The symbiotic relationship between the Yellow Emperor's Mausoleum and the ancient city, named Fangzhou, is explored and how to extend is discussed. This eassy is useful to similar projects expectedly.

[Keywords]　the Yellow Emperor's mausoleum; environment construction; ancient city renewal; spatial planning strategies

[文章编号]　2021-90-P-010

1.黄帝像及黄帝陵照片
2.黄帝陵祭典（材料来源：公祭轩辕黄帝网）
3.黄帝陵祭祀历史演变

一、规划背景

黄帝陵，位于陕西黄陵县桥山之巅，是中华民族人文始祖轩辕黄帝的陵寝，是海内外炎黄子孙祭祖和谒陵的场所，更是我国重要的历史文化遗产。在漫长的历史长河中，黄帝陵对于弘扬中华民族悠久的历史文化，振奋民族精神，增强民族凝聚力和民族大团结，发挥了深远且特殊的意义。

1956年，在毛泽东和周恩来的关怀下，黄帝陵得到专款，整修一新，并在当地成立黄帝陵文物管理所。为表达对于修缮的重视，毛泽东委托郭沫若为修缮立碑题字。1990年4月，李瑞环在陕西视察期间，专程对黄帝陵进行实地考察，对重新规划整修黄帝陵问题作了讲话。1993年审批的《整修黄帝陵规划大纲》中明确黄帝陵陵区应具有雄伟、肃穆、庄严、古朴的气氛和“圣地”感，并使之成为弘扬民族文化、增强民族凝聚力的场所。

1

2

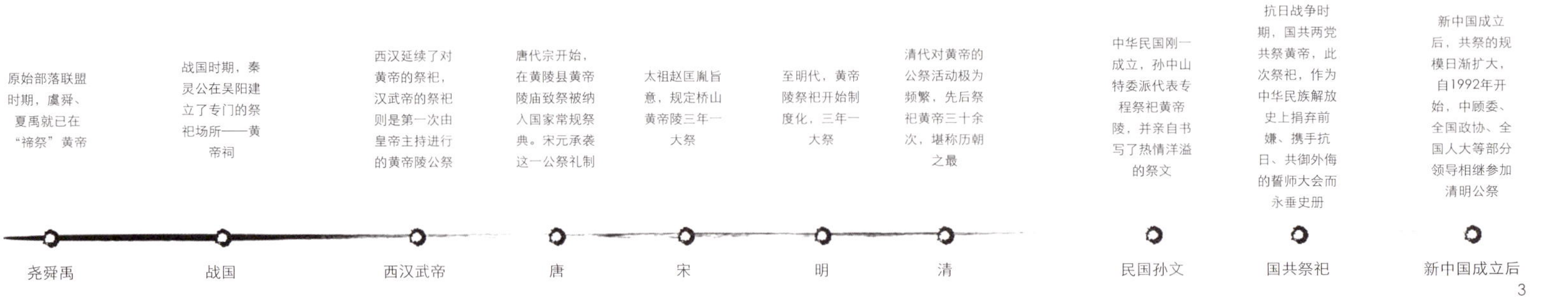

3

新时代、新征程。2015年2月，习近平总书记在陕西考察时指出，“黄帝陵是中华文明的精神标识”。2017年，中共中央办公厅、国务院办公厅印发的《国家“十三五”时期文化发展改革规划纲要》中明确提出大力强化全社会文物保护意识，加强世界文化遗产、文物保护单位、大遗址、国家考古遗址公园、重要工业遗址、历史文化名城名镇名村和非物质文化遗产等珍贵遗产资源保护，推动遗产资源合理利用。2017年，受黄陵县人民政府邀请，6家规划设计团队以“黄帝陵国家文化公园规划设计大师工作营”的模式，开启了黄帝陵国家文化公园规划设计工作。6家规划设计团队凝聚共识，合力达成指导性纲领，并在此基础上各有专长的独立展开设计研究工作。

二、黄帝陵圣地环境营造

1. 现状问题分析

因黄帝陵祭祀与守护的需求建设了坊州古城。民国以后，随着人口的聚集，坊州古城演变而来的黄陵县城的用地规模逐渐增长。至最近几十年，在城镇化浪潮的推动下，黄陵县城建设迅速向东、南、西三面扩展。人口规模和用地规模的爆炸式增长下，黄陵县城在空间规模上占据了主导地位，侵占了原有的山水空间，打破了原有的“山水陵邑和谐”的空间格局，并产生了以下两点对黄帝陵圣地环境的不利影响：

（1）城貌杂乱。城镇发展的主要特征之一是城市用地的扩张，土地扩张带来的耕地和山体林地被侵占，对黄帝陵生态环境造成破坏。沮河尺度失衡、水质污染，桥山山体残破。大量新建建筑与原来建筑的风格、形态、色彩、体量差异较大，使得整体空间风貌杂乱无序。

（2）意境残损。“黄帝陵应具有雄伟、肃穆、庄严、古朴的气氛和‘圣地’感。”黄帝陵与黄陵县城的失序、山水生态环境破坏使得黄帝陵圣地意境残损，导致陵与邑均不能充分传递这种圣地环境氛围和空间意境，也不能让进入这个空间中的人充分感受到这份民族自信心和民族自豪感。

2. 如何营造黄帝陵圣地环境

我们理解的圣地环境应当是“神之向往，感之神圣，心之追随。是陵、邑、境的有机融合。”“境”不仅仅是生态环境，还包括圣地的意境。黄帝陵的圣地环境应该是有点、有线、有面的完整空间系统。要遵从陵为主要，其他次之的整体统筹原则。实现环目极翠，虚实相对，陵邑境和谐共生的圣地意

4.中华文明精神标示图　5.黄帝陵圣地环境意境图　6.黄帝陵圣地环境营造策略图

7.坊州古城规划鸟瞰图

境。使人们进入这个空间范围，便能感受到强烈的圣地环境氛围和空间意境。

规划基于理性分析，通过划边界、立轴线、保格局、定序列、列项目、优管控六个策略来营造圣地环境。塑造“天地自然、纯粹疏简、秩序分明、神圣灵动”的圣地环境。

策略一：划边界。以传承五千年的黄帝陵风水典范格局来划定圣地风水格局边界；以黄帝陵寝980m高程点视线范围内山水陵邑一体来划定视线可达边界；以沮河汇水廊道保护来划定汇水廊道边界；以区域范围内历史遗址保护与利用来划定历史文化边界；为实现栖息廊道贯通，生物和谐相处划定生物维育边界。以三条重要拜谒路线为依托划定进入路径界面。多因子影响下确定的圣地环境范围。

策略二：立轴线。陵轴居中、左庙右邑、虚实相生。确立圣地空间主次轴线，为空间大格局确定基调。

策略三：保格局。保护山水陵邑一体的空间格局。以黄帝陵祭祀区为核心区；以贯穿整个圣地，绕黄帝陵而过的沮河及其两岸的生态空间为重要生态景观带；以印台山、西山、凤凰山、玉仙山为重要格局山体；将东湾门户区、西湾门户区、寻根区、古城文化区、综合配套区有机融入山水格局之中。

策略四：定序列。以情感序列落定空间序列，实现跌宕起伏、起承转合的心理感知。拜谒空间序列优化便是在流动的时空中感受最纯粹的中华文明之歌。进入圣地空间的三条路径，确定三种序列，梳理出三种不同的空间感受。

策略五：列项目。圣地环境的营造是基于存量空间的研究剖析，西向空间是进入圣地空间最为便捷的路径。将黄陵县城作为序列要素的载体，通过景观介质、交通分界及滨水分割形成主次有序的空间布局；以文化为空间表达，提升、改造、更新为实施抓手的项目导入，营造序列分明的圣地空间。规划重点建设轩辕大道城市段改造、博物馆街建设、沮河生态带建设、坊州古城更新、印池改造等项目。

策略六：优管控。百尺为形、千尺为势。圣地环境的“形与势”确定管控范围及标准。划定三区两带，并有针对性的制定相应管控要求。

三、坊州古城更新

坊州古城因陵而生、以陵而聚，现在的坊州古城基本保持着历史格局。坊州古城是世代黄帝陵“守陵人”的居住场所，在这里形成了较为完整且分工明确的陵邑规制。作为一种与历史并存的记忆空间载体，坊州古城记录着黄帝陵的历史变迁与古城历代“守陵人”的生命历程，是活着的黄帝陵史鉴“符号”，也是承载黄帝文化、承担当代人生活需求的重要场所。基于黄帝陵与坊州古城核心共生关系，提出针对坊州古城的规划策略。

（1）“以境化邑”策略

坊州古城选址营建,融入了自然山水要素，体现了中国人民的智慧。规划遵从山水格局，通过古城尺度修正、园林营造、视景修复的方式，将古城“藏”于桥山之中。以清坊州城古图为依据，确定坊州古城空间保护边界，复原龙门庙、关帝庙、书院等重要历史点位，复原祭祀路径等空间通道，延续历史空间格局。坊州古城轴线骨架的建立锚定黄帝陵冢。因此轩辕街不仅是城市发展的主要轴线，也是望陵、谒陵的辅轴。遵从圣地序列的起伏变化结合空间格局的规律，依山就势，营造古城空间序列。

（2）“以陵养邑”策略

所谓“以陵养邑”的核心在于，古城必须以陵为核心，其功能植入建立在黄帝陵旅游服务的基础上，古城功能业态需要注重三个匹配性。首先，注重功能业态与地域特征的匹配性。以黄陵县地域特征出发，植入具有地域特征的旅游服务功能，提高业态与地域的匹配度。其次，注重功能业态与古城空间特征的匹配性。以坊州古城内部空间特征出发，植入能与街巷院落空间相匹配的功能业态，提高业态与空间的匹配度。最后，注重功能业态与居民及游客需求的匹配

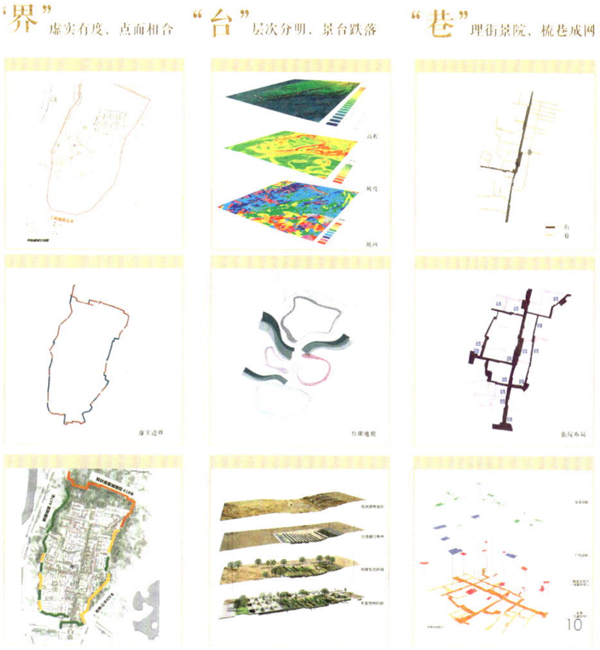

8.圣地环境营造重点项目分布图　9.“以境化邑”“以陵养邑”策略分析图　10.“以文塑邑”策略分析图

性。以居民与游客的功能需求出发，完善古城公共设施、旅游服务设施，提高业态与需求的匹配度。

（3）“以文塑邑”策略

空间“界”定，虚实有度，点面相合。《黄陵县志》载：“隆庆六年（公元1572年），知县卫汝霖奉檄筑城三百一十丈，增高七尺，宽厚一丈有余。外环砖墙，分布敌台，构五门，楼高三丈。”规划以城墙、陡坎、植被等载体重新界定坊州古城界面，恢复古城“边界”，承载古城记忆,界定古城空间。复原历史城门2处，新建山门1处，保留原有城墙618m，恢复提升边界447m，设置观景点3处。

“台”塬地貌，层次分明，景台跌落。坊州古城所处的黄陵县以黄土原、沟壑、丘陵的地貌特征为主，层次分明的现状地形是坊州古城特有的“背景”。规划通过绿带、台阶、坡道、堡坎等要素的系统化布局，提升空间层次。营造复合功能的台地空间，凸显黄陵特有的台塬地貌。

景院点缀，理街成脉，梳“巷”成网。现状路网以轩辕街为脊，呈现鱼骨状的街道系统。规划采用“链接”手法，梳理古城街巷体系，形成特色体验路径。同时，打造若干院落，形成点、线、面相合的网络系统。为保证沿街立面的整体协调，对可保留的历史建筑进行修缮并植入功能，对不可修复老旧建筑可拆除利用其原材料于新建建筑，对建筑风貌有较大差异的建筑可引导其更新改造。最终，梳理出5街、12巷、24个院落，形成有街有巷有院落的多元空间系统。塑造游客有认同感，居民有归属感的古城空间。

四、规划特色

1. 这是一场文化传承的提升规划

规划站位国家高度，塑造中华文明精神标识。多边界因子的导入解决了理性手段落实感性空间的问题。从复兴历史文化的高度看待黄帝陵的保护与周围地区的发展关系。在更大的空间里展现历史厚度，保护山水格局，纯化黄帝陵职能，突出圣地氛围，彰显黄帝陵核心价值。

圣地必是人“心之向往，感知神圣”的地域。因而规划通过情感序列落定空间序列。重新梳理进入圣地空间的三条路径，确定三种序列，梳理出三种不同的空间感受。遵从以陵为主，点面相合，实现虚实相对，强化“守中致和·虚中有节”的谒陵圣地感。

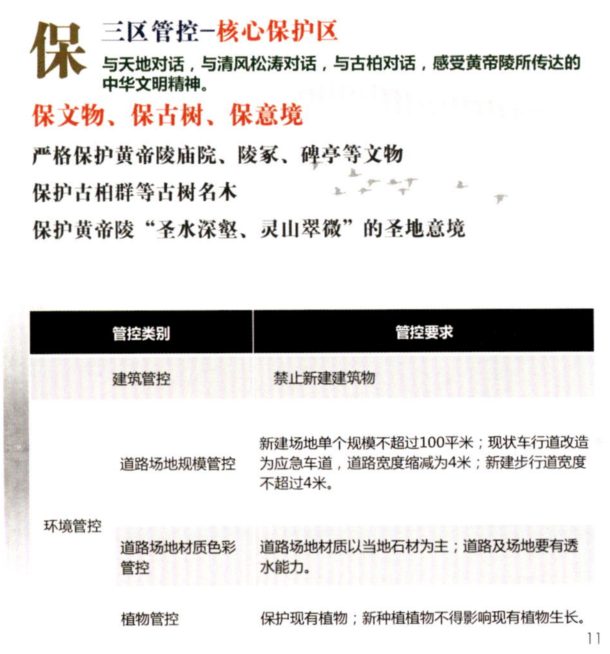

管控类别		管控要求
建筑管控		禁止新建建筑物
环境管控	道路场地规模管控	新建场地单个规模不超过100平米；现状车行道改造为应急车道，道路宽度缩减为4米；新建步行道宽度不超过4米。
	道路场地材质色彩管控	道路场地材质以当地石材为主；道路及场地要有透水能力。
	植物管控	保护现有植物；新种植植物不得影响现有植物生长。

11

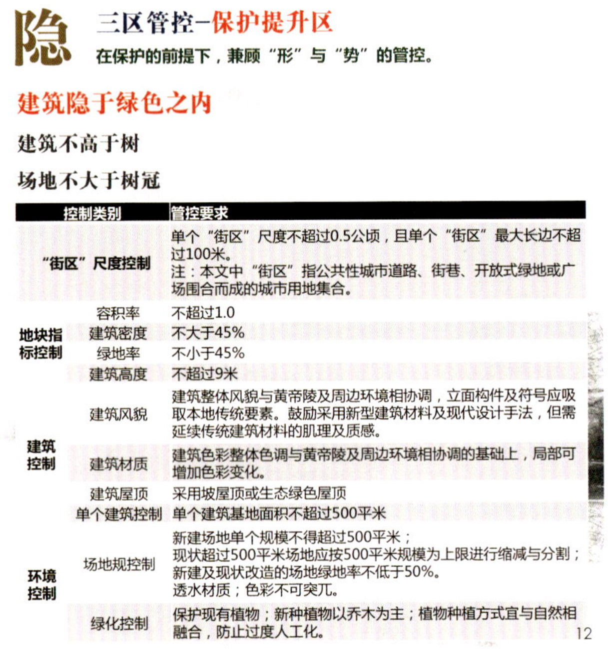

控制类别		管控要求
“街区”尺度控制		单个“街区”尺度不超过0.5公顷，且单个“街区”最大长边不超过100米。 注：本文中“街区”指公共性城市道路、街巷、开放式绿地或广场围合而成的城市用地集合。
地块指标控制	容积率	不超过1.0
	建筑密度	不大于45%
	绿地率	不小于45%
	建筑高度	不超过9米
建筑控制	建筑风貌	建筑整体风貌与黄帝陵及周边环境相协调，立面构件及符号应吸取本地传统要素。鼓励采用新型建筑材料及现代设计手法，但需延续传统建筑材料的肌理及质感。
	建筑材质	建筑色彩整体色调与黄帝陵及周边环境相协调的基础上，局部可增加色彩变化。
	建筑屋顶	采用坡屋顶或生态绿色屋顶
	单个建筑控制	单个建筑基地面积不超过500平米
环境控制	场地规控制	新建场地单个规模不得超过500平米； 现状超过500平米场地应按500平米规模为上限进行缩减与分割； 新建及现状改造的场地绿地率不低于50%。 透水材质；色彩不可突兀。
	绿化控制	保护现有植物；新种植物以乔木为主；植物种植方式宜与自然相融合，防止过度人工化。

12

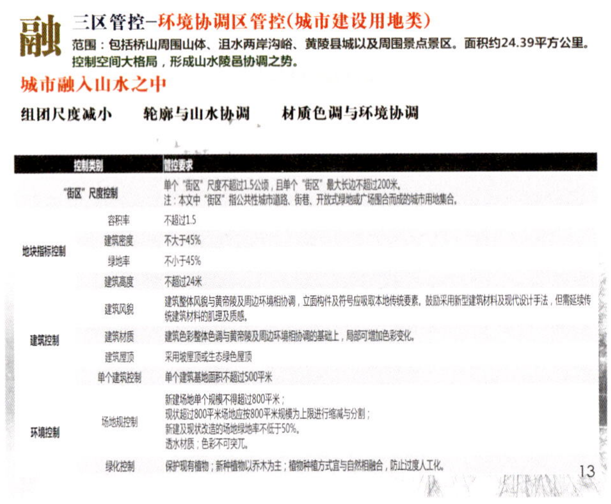

控制类别		管控要求
“街区”尺度控制		单个“街区”尺度不超过1.5公顷，且单个“街区”最大长边不超过200米。 注：本文中“街区”指公共性城市道路、街巷、开放式绿地或广场围合而成的城市用地集合。
地块指标控制	容积率	不超过1.5
	建筑密度	不大于45%
	绿地率	不小于45%
	建筑高度	不超过24米
建筑控制	建筑风貌	建筑整体风貌与黄帝陵及周边环境相协调，立面构件及符号应吸取本地传统要素。鼓励采用新型建筑材料及现代设计手法，但需延续传统建筑材料的肌理及质感。
	建筑材质	建筑色彩整体色调与黄帝陵及周边环境相协调的基础上，局部可增加色彩变化。
	建筑屋顶	采用坡屋顶或生态绿色屋顶
	单个建筑控制	单个建筑基地面积不超过500平米
环境控制	场地规控制	新建场地单个规模不得超过800平米； 现状超过800平米场地应按800平米规模为上限进行缩减与分割； 新建及现状改造的场地绿地率不低于50%。 透水材质；色彩不可突兀。
	绿化控制	保护现有植物；新种植物以乔木为主；植物种植方式宜与自然相融合，防止过度人工化。

13

黄帝文化的传承与发扬必定要与黄陵县居民实际的生产与生活相结合，才有持久的生命力。通过植入契合文化需求的地域性业态，当地居民将自发转变为黄帝文化的守护者与传承者。

2. 这是一场生态立本的控制规划

黄帝陵位于桥山主脊，四周被群山包围，沮河穿城而过，城市发展过程破坏了部分山体及水岸，规划从保护风水格局、视线感官、生物维育、汇水廊道等角度出发，划定黄帝陵圣地空间保护管控范围，修复被破坏的山体，修补性种植植被，提升山体景观风貌的完整性，丰富绿化环境，改善生态系统，形成环目极翠的圣地意境。

沮河沿线景观生态修复注重山水相融，自然简洁。通过恢复部分沮水河段，重整沮水河道两岸，恢复沮水自然状态，达到沮水灵动的圣地意境。

以六个策略为技术措施，划定三级保护分区，核心保护区内文物古迹众多，古柏8万余株，规划以“保”为主。提出严控要求，保护古树、文物、空间意境。保护提升区以“隐”为策，控制建筑高度不高于乔木林，场地规模不大于乔木冠幅，建筑及功能构筑物隐于一片绿色。协调区以“融”为径，对城市及周边村庄进行更新提质，结合地形地貌组团化发展，控制沿山面、沿水面、沿路面的建筑风貌及天际线轮廓，倡导乡土植物织补微空间生态。三区管控解决了不同分区不同的量化管控要求的问题，同时保、隐、融等形象化的关键字提炼也利于地方政府理解规划意图，便于具体的实施与管理。

3. 这是一场民生为先的保护规划

在中国与坊州古城类似，有悠久文化历史的古城还很多。选择拆除重建亦或更新发展，反映出我们对历史文脉的态度，也反映了我们对当地居民的态度。我们希望留下古城，保护好，利用好，让居民与古城相得益彰。

坊州古城，具有“前案后镇，格局庄正；鱼骨路网，依山抬升；城尽山现，风景入城”的空间特色。规划遵从圣地序列的起伏变化结合空间格局的规律，重新梳理坊州古城的空间秩序，使其融入黄帝陵整体格局，同时延续古城历史格局。以境化邑的规划手段解决了古城与圣地环境相适应的问题，保护了古城历史格局，保护了居民生活场所记忆。

以谒陵为主线，根据业态与空间的匹配性，业态与地域的匹配性，业态与居民和游客需求的匹配性，植入适应性业态，达到以陵养邑的目的。以陵养邑的规划思路解决了古城内生发展动力的问题，因此也完成了古城功能转型和居民身份转型。

黄帝陵国家文化公园不仅仅是一场文化自信的空间规划，更是关注民生为本，尊重生态发展的科学规划。

注：本文中未标注出处图片均为项目组自绘。

项目负责人：肖达

主要编制人员：周俭、肖达、黄震、郑耀、马思思、张庚梅等

参考文献

[1]余正东 修.何炳武，等 校注.民国三十三年黄陵县志校注[M].西安：陕西人民出版社，2009.

[2]黄陵县志编撰委员会.黄陵县志[M].西安：西安地图出版社，1995.

[3]陕西地方志编纂委员会.陕西省志—黄帝陵志[M].西安：陕西人民出版社，2005.

[4]周俭.城市遗产及其保护体系研究：关于上海历史文化名城保护规划若干问题的思辨[J].上海城市规划，2016(3)：73-80.

[5]刘淑虎，任云英.黄帝陵国家风景名胜区“城”“区”关系研究[J].华中建筑，2010(9)：119-121.

[6]张岂之.中华文明的会通精神[J].文明，2012(5)：8-9.

[7]杨保军 编.国家文化公园黄帝陵：传承·共识·未来[M].北京：中国建筑工业出版社，2019.

作者简介

黄　震，上海同济城市规划设计研究院有限公司成都分院，副院长，高级工程师，注册城乡规划师；

郑　耀，上海同济城市规划设计研究院有限公司，高级工程师，注册城乡规划师。

11-13.三区管控说明

市域国土空间规划中风景名胜区空间分布特征及发展方向研究
——以黔东南州为例

Research on Spatial Characteristics and Development Orientation of Scenic and Historic Area at the Regional Scale in Territorial Space Planning
—A Case Study of Qiandongnan Prefecture

张 湉 戴代新
Zhang Tian Dai Daixin

[摘　要]　风景名胜区是中国特有的一种保护地类型，具有独特的“生态文化”价值特征。在当前自然保护地体系与国土空间规划背景下对其内涵、定位与发展路径存在争论。以黔东南州为例，借助ArcGIS对风景名胜区的类型、规模、结构、功能、特色及其自然基础、人文历史及经济背景进行空间量化分析，总结空间分布特征、生态文化复合景观类型，结合其发展现状，建议黔东南州国土空间规划在自然保护地体系中保留风景名胜区，提出风景名胜区整合优化调整建议以及由“盲目开发”型过渡到“保护开发”型的可持续发展策略。研究结论为我国风景名胜区在国土空间规划中的可持续发展路径提供理论借鉴。

[关键词]　风景名胜区；国土空间规划；自然保护地体系；保护利用；定位

[Abstract]　Scenic and historic areas are a unique type of protected land in China, with "ecological culture" characteristics. In the context of the current nature reserve area system and territorial space planning, there are controversies about connotation, positioning and development path of scenic and historic areas. A case study of Qiandongnan Prefecture was taking with ArcGIS tools in order to quantitatively analyze of its type, scale, structure, function, characteristics and the characteristics of its natural foundation, the spatial distribution characteristics and the types of ecological and cultural combined landscapes were summarized. According to its development status, the scenic and historic area was recommended retain in territorial space planning of Qiandongnan Prefecture in the research. And the integration and optimization of the scenic spots and the development orientation strategy for sustainable development are proposed. The research conclusions provided a theoretical reference for the sustainable development path of Chinese scenic and historic areas. in the territorial space planning.

[Keywords]　scenic spots; territorial space planning; nature reserve area system; protection and utilization; positioning

[文章编号]　2022-90-P-093

一、引言

中国风景名胜区一词源于古代的名山大川、郊邑游憩地，自长期的理论与实践过程表明，一般是指具有观赏、文化或者科学价值，自然景观、人文景观比较集中，环境优美，可供人们游览或者进行科学、文化活动的区域[1]。具有独特的“生态文化”价值特征，其不仅保护了我国生态环境，延续了历史文化，同时也为人民群众提供了放松身心、陶冶情操的旅游资源[2-3]，在人民物质生活条件富足的今天，更加体现出其地位的重要性[4]。然而，面对快速城镇化和旅游过度开发带来的威胁，风景名胜区资源保护和利用成为当今风景名胜区研究的重要议题。

2019年6月，中共中央办公厅、国务院办公厅印发了《关于建立以国家公园为主体的自然保护地体系的指导意见》（以下简称“《指导意见》”），提出“按照保护区域的自然属性、生态价值和管理目标进行梳理调整和归类，逐步形成以国家公园为主体、自然保护区为基础、各类自然公园为补充的自然保护地分类系统”。自此，风景名胜区的定位等同于森林公园、湿地公园、海洋公园、地质公园等，基本确定纳入自然公园体系[5]。

基于《指导意见》对于风景名胜区的定位，有学者指出，作为中国历史最悠久，最具有中国特色，也是自然保护地体系中最综合类型的风景名胜区可能在归并优化中遭遇拆分，最终逐渐消失[6]。鉴于风景名胜区是自然与文化遗产的集成保护区域，在保护我国生态系统、生物多样性价值、维护生态安全的同时保护了我国重要的历史与文化意义。因此，部分业内人士建议应保留风景名胜区称号与类别，强调风景名胜区是最具中国特色的自然保护地，构建具有我国特色的自然保护地体系，“建立以国家公园为主体、自然保护区为基础、风景名胜区为特色，其他保护地为补充的中国自然保护地体系”[7]。

基于上述争论与疑虑，本文以贵州省黔东南苗族侗族自治州全域所设立的10处风景名胜区（3处国家级、7处省级）为研究对象，明确国土空间规划对风景名胜区提出的规划要求，分析与挖掘黔东南州风景名胜区的资源特征与可持续旅游发展模式，以期明确风景名胜区特色，对黔东南州风景名胜区进行分类整合与优化调整，辨析其与自然保护地之间的差异。同时，根据黔东南州当前风景名胜区的旅游发展现状，提出黔东南州风景名胜区可持续旅游不同发展模式，以实现风景资源的保护与可持续利用。

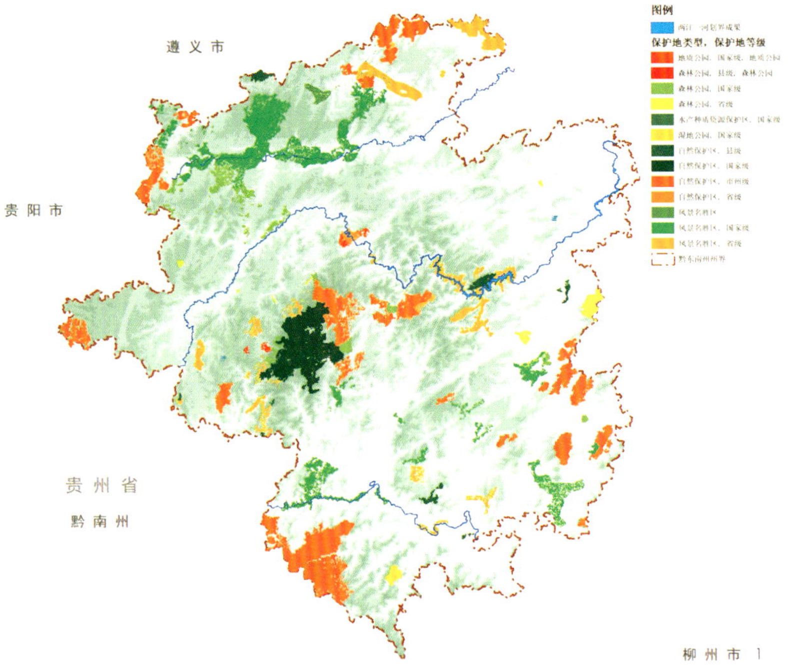

1.黔东南州自然保护地体系分布图　2.黔东南州自然保护地与各类要素分布图

二、风景名胜区规划面临的挑战与任务

自我国开展建立以国家公园为主体的自然保护地体系工作，提出国家公园及各类自然保护地总体布局和发展规划以来，其目的在于解决当前我国现有自然保护地体系之间所存在的矛盾与问题进而更好地保护我国当前各类自然保护地[8]。为此，需要对现有保护地类型进行统筹协调，系统构建自然保护地分类与管理体系，明确不同保护要求下的分目标任务，建立充分体现我国特色的中国自然保护地体系[9]。要达成上述目标，应明确判断不同自然保护地在国土空间规划中的地位以及各类保护地自身资源、功能与保护定位。

1. 明晰风景名胜区在自然保护地体系中规划定位

相较于其他保护地类型，风景名胜区包含了我国大量的国土自然资源、人文资源的精华[10]，但基于对《指导意见》的解析发现风景名胜区并未被提及称号是否保留、如何保留以及如何归并分类保护等问题，因此可能存在风景名胜区在整合交叉重叠边界时直接根据其级别被纳入国家公园或自然保护区与自然公园中[11]。若不解决风景名胜区的归类定位问题，风景名胜区或将消失。作为保护地体系中独特类型，在当前国土空间规划中都不应将风景名胜区进行降级与归并至其他保护地中，为此，应分析当前风景名胜区在自然保护地体系中的定位，明确其面临的挑战与任务。

2. 明晰风景名胜区自身定位，“摸清家底”整合优化保护

基于《指导意见》中提出将自然保护地统一至一个部门管理，明晰各类自然保护地分布、边界与管理框架相关要求[12]。风景名胜区也需要明晰自身的资源定位，“摸清家底”，突出资源禀赋，将符合其定位的资源集中划定进行管理与保护，帮助实现国土空间结构和布局的优化[13]。此外，为回应国土空间规划工作要求中提出改革各部门分头设置的各类保护地，对其功能进行重组并合理界定范围的要求，确定风景名胜区的功能定位，充分发挥其独特资源特征，展示我国自然文化之美的同时促进旅游职能，反哺周边居民、促进乡村振兴，对于保护与传承文化载体与山川之境，践行“绿水青山就是金山银山”等思想具有重要意义[14-15]。最后，在《指导意见》中提出的以生态保护为核心，按照自然生态保护强度等级优先原则的保护框架中，应考虑风景名胜区的保护及发展的核心落位点，相较于国家公园、自然保护地等以自然生态资源为保护目标，风景名胜区的保护发展定位不应被一概而论的纳入其中，更应强调人与自然相共生、保护利用相协调，基于资源文化价值、生态价值与重叠特征等因素确定风景名胜区的保护框架[16]。

风景名胜区是我国自然山水人文特色体现，厘清上述任务对于明确风景名胜区在自然保护地体系中的定位，稳定推进具有我国特色的自然保护地体系构建工作具有重要意义。

三、黔东南州风景名胜区总体规划与国土空间规划情况

黔东南苗族侗族自治州位于贵州省东南部，总面积330282.34km^2，境内居住着以苗、侗、汉、布依族等33个民族，属于多民族区域。全州域下辖16个县市，州府为凯里市[17]。对于原真性的物质文化遗产与非物质文化遗产保护与传承情况较好。除此之外，原始生态保存完好，境内有雷公山、云台山、佛顶山等原始森林、原始植被保护区与自然保护区等。自2012年起，国家设立了黔东南民族文化生态保护试验区[17]。

根据贵州省林业局提供的自然保护地数据（2020年7月6日版）分析所得，黔东南州各级各类自然保护地共51处，总面积为5 557.58km^2，占全州国土面积的18.35%。其中包含自然保护区19个，自然公园32个，风景名胜区包含在自然公园中。

全州域自然保护地分布与黔东南州三大山系两江一河的布局趋势相关性较高。与当前州域内所划定的生态保护红线范围进行叠加分析得出，除风景名胜区外的自然保护地与生态保护红线重叠面积为

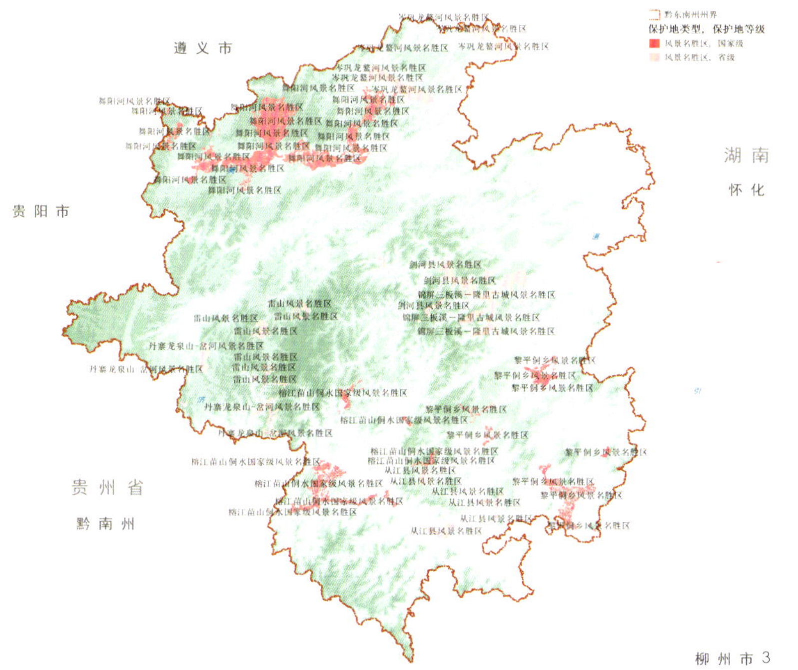

3

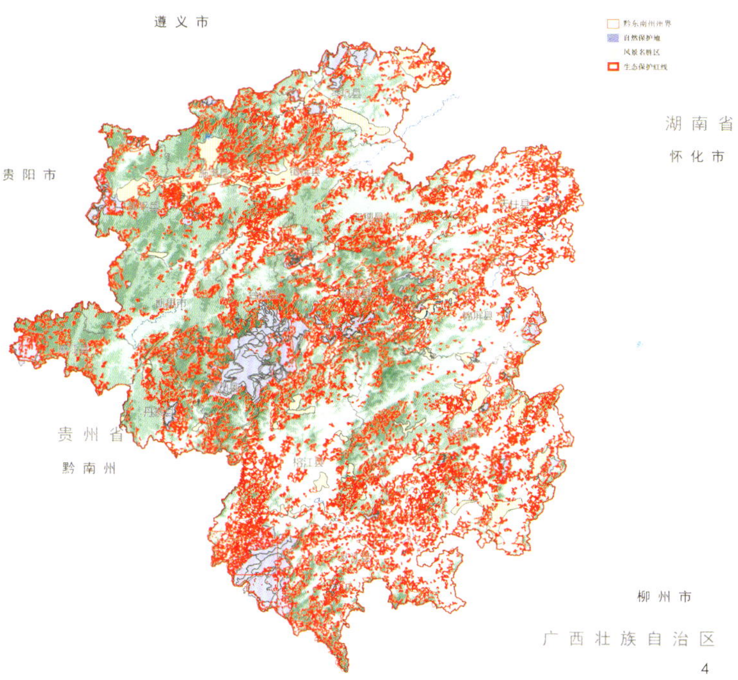

4

3.黔东南州风景名胜区分布图　4.生态保护红线与自然保护地重叠特征

3022.96km²，占生态保护红线划定范围总面积比例约32%，具有较为重要的生态保护功能。其中，主要重叠区域在西南地区的月亮山区域与中部雷公山区域以及部分㵲阳河风景名胜区，可以看出自然保护地对于生态价值较高的区域具有一定的保护作用。自然保护地与州域内人文资源分布特征显示，在雷公山自然保护区呈现出自然资源与传统村落高度复合的特征。

当前黔东南州风景名胜区规划定位被归并至自然公园分类中，全州共10处风景名胜区，包含国家级风景名胜区3处、省级风景名胜区7处，总面积1128.4km²，占州省国土面积的4%。全州域风景名胜区空间分布呈现大聚集小分散特征，在北部黄平、镇远、施秉、岑巩区域呈现带状集聚，在中部、南部风景名胜区呈现出片区分散分布的特征，主要涉及县域包括丹寨、雷山、剑河、锦屏、榕江、黎平、从江区域。

分析州域风景名胜区与生态保护红线范围，其重叠区域相较于其他自然保护地重叠范围较小，线面积比例约11%，但州域内10处国家级与省级风景名胜区均涉及生态保护红线内的重要生态建设与生态修复区。不仅如此，在与黔东南州的地形地貌特征分布上则表现出了与其他自然保护地较为显著的差异，如在施秉喀斯特世界自然遗产地并未出现地理空间重叠且可以保护利用的其他自然保护地，而㵲阳河风景名胜区则与其具有较高的重叠性，包含了施秉喀斯特世界自然遗产地景观并具有较好的保护利用性且充分发挥了其旅游观赏价值。分析黔东南州风景名胜区与全州域人文资源分布特征关系时可以看出，风景名胜区涵盖了大面积州域内传统村落与历史名城名镇名村名街道以及非物质文化遗产热点区域，同时还承载作为黔东南州的夜郎古国历史文化与红色文化载体的职能，拥有丰富的文化景观资源。不仅如此，其人文资源特征呈现民族原真性、文化多元性与物质文化遗产独特性的特征。

经过数据对比黔东南州风景名胜区与其他自然保护地用地分析发现，二者仍存在区域交叉空间重叠等问题，其重叠面积高达268.97km²。其中，黎平太平山州级自然保护区、黎平侗乡风景名胜区、贵州黎平国家森林公园类型不同，但空间范围基本重叠，其资源特征也存在一定的相似性，因此在后续的国土空间规划中应考虑如何厘清重叠区域边界划定问题。

整体来看，黔东南州风景名胜区具有一定的资源特征，即呈现出文化与生态高度复合状态且具有一定的游览观赏价值（表1）。但其不同于自然保护区、自然公园，也不同于完全的传统意义上的旅游区，尽管部分资源特征与其他自然保护地相似，但根据数据分析可以看出除风景名胜区外的自然保护地仍以保护自然资源为主。因此，基于黔东南州风景名胜的资源特征及其与其他自然保护地体系的差异，风景名胜区仍应是自然保护地体系的独立类型，在自然保护地大类中保留风景名胜区具有十分重要的历史和文化意义。

综上所述，建议坚持黔东南州在开展黔东南州国土空间规划时将风景名胜区与国家公园、自然保护区和其他自然公园的差异化、特色化定位；并考虑对风景名胜区归并优化与边界划定提出以下建议：

（1）建议将州域内符合国家公园与国家级自然保护区建设需求相符的风景名胜区，根据其资源特性，将需要保护且自然类资源为主的风景名胜区整合进入国家公园或国家级自然保护区。

（2）对现有省级自然保护区中与风景名胜区空间重叠的区域进行资源特征辨析，根据观赏游览价值比较，将具有显著自然文化相融合的资源特征且观赏游览价值价高的区域划入风景名胜区，如黎平太平山州级自然保护区可考虑归并为风景名胜区。

（3）空间上与自然公园相重叠的风景名胜区，因其观赏游览价值比较意义不高，故可根据资源特征定位，明确是否具有文化生态高复合的资源特征，考虑若符合此资源特征的区域则仍保留或归并为风景名胜区，如贵州黎平国家森林公园等。

四、黔东南州风景名胜区可持续旅游发展

根据上述资源分析可以看出黔东南州风景名胜区具有独特的旅游资源，北部以㵲阳河风景名胜区为主，彰显自然风光和历史人文；中部以雷山风景名

表1　　黔东南州风景名胜区简介及分类

名称	类别	资源特征简介	依据典型景观风景名胜区分类
㵲阳河风景名胜区	国家级风景名胜区	位于镇远、施秉、黄平三县境内，包括㵲阳河三峡、云台山、铁溪、历史文化名城镇远等景点，融自然山水，名胜古迹，民族风情为一体，面积400km^2	自然人文综合——偏自然类：自然资源占比较大，包含部分人文历史资源。自然资源包含从黄平旧州至镇远城东月亮湾长达95km的㵲阳河河段以及有8个著名峡谷，峡高潭深、林木蓊郁。人文历史资源镇远古城（中国历史文化名城），旧州古镇（国家3A级景区）
黎平侗乡风景名胜区	国家级风景名胜区	位于黎平县境内，自然风光和少数民族文化有机融合，鼓楼、花桥和侗族民居等人文景观美不胜收，侗族大歌、侗族琵琶歌和侗戏列为国家非物质文化遗产名录，是进行观光游览和文化教育活动的胜地	自然人文综合类——偏人文：人文资源占比较大，主要以民族文化为主，包含部分自然资源
榕江苗山侗水风景名胜区	国家级风景名胜区	位于都柳江上游，主要集中分布在两大片区，其一是乐里片区，包括侗族七十二寨侗族的侗族风情和龙塘奇观，资源分布相对集中，以古朴浓郁的苗族侗族风情和风格独具的侗族建筑、村寨、服饰为景源特点；其二是县城古州、车江乡、忠诚镇、栽麻乡片区，以古榕群和千户侗寨为景源特征，是风景名胜区的重点片区，具有邻近县城，交通方便等优势	人文类为主：人文资源占比较大，主要以苗族侗族文化为主。旅游资源相对集中，连线连片
岑巩龙鳌河风景名胜区	省级风景名胜区	位于岑巩县境内，分为龙鳌河，马家寨，思州古城，龙田将4个景区。范围包括龙鳌河、龙江河两大部分及中木召古庄园遗址和万佛长廊洞，具有独特的民族风情，依山傍水，田园风光，面积364km^2	自然人文综合类——自然人文均衡类：自然资源与人文历史资源分布较为均衡； 以风景绮丽、清新秀美的龙鳌河峡谷和龙江河河谷景观为依托，以悠久的思州古城历史文化遗存、陈圆圆归隐 马家寨的历史传奇为特色，是开展观光游览、文化体验和休闲度假等游赏活动
雷山风景名胜区	省级风景名胜区	雷山风景名胜区位于雷山县与丹寨县界。总面积为63km^2，核心景区面积为3.89km^2； 雷山风景名胜区划分为西江景区、郎德景区、大塘景区、银匠之乡景区等4个景区和掌坳铜鼓㵲、排卡芦笙世家、掌批苗寨3个独立景点	自然人文综合类——自然人文均衡类：自然资源与人文历史资源分布较为均衡。景区要建成以古朴自然、特征典型、保护良好的苗族村寨及山水环境为依托，以淳厚浓郁的苗族文化为特色，人与自然和谐相处、建筑与环境有机结合的典范，开展风情体验、文化活动、观光游览和休闲度假的省级风景名胜区
丹寨龙泉山—岔河风景名胜区	省级风景名胜区	以瑰丽的高原森林植被景观、独特的民族村落景观为载体，以多彩的苗族文化和非物质文化遗产为特征，具有自然山水观光、文化体验、休闲度假、宗教活动等功能的省级风景名胜区	自然人文综合类——偏人文：人文资源占比较大，主要以民族文化为主，包含部分自然资源
剑河风景名胜区	省级风景名胜区	剑河风景名胜区主要以具有疗养价值较高的氡硫温泉，百里原始阔叶森林为主体，集峡谷、陡岩、峭壁、激流、瀑布、长滩等自然景观为一体，有环境优美、民族特色的苗族吊脚楼民族村寨33个景物景观	自然人文综合——偏自然类：以森林与天然温泉等自然资源为主，伴以民族文化，具有珍稀动植物，其资源分布相对集中，具有一定规模，且保护情况和生态整体环境良好，具有较高的观赏、科研、疗养和旅游价值
锦屏三板溪—隆里古城风景名胜区	省级风景名胜区	位于锦屏县界内，拥有少数民族原生态旅游重点区域，保存完好的古军事屯堡是其主要特色	人文类为主：人文资源占比较大，主要以侗族文化以及古军事屯堡为主
从江风景名胜区	省级风景名胜区	位于从江县界内，以岜沙苗寨等苗族文化资源与加榜梯田自然资源为主要特色，环境优美，传统村落散落	自然人文均衡类：自然资源与人文历史资源分布较为均衡。保护良好的苗族村寨及山水环境为依托，人与自然和谐相处，具有较高观光游览价值的风景名胜区
镇远高过河风景名胜区	省级风景名胜区	位于镇远县城界内。由原始森林、峡谷、险滩、飞瀑构成。方圆34平方公里的景区内，植被丰富，古木参天，奇花异草，种类繁多	自然人文综合——偏自然类：以森林与特殊地貌构成的自然景观等自然资源为主，伴以汉文化聚集地，具有一定规模，旅游开发成熟

胜区和清水江为主，彰显传统村寨和苗族文化；南部以黎平侗乡风景名胜区为主，彰显侗族文化和农耕文化，是黔东南州未来文旅融合的重点区域。

虽然风景名胜区旅游资源丰富，但根据实地调研发现，当前旅游资源分布广，但各景点之间基础设施不完善，配套服务设施欠缺，交通联系较差，统一成片的发展难度大，并且开发强度及总体投入均有限，导致大量资源闲置无法有效实现“绿水青山就是金山银山”的经济效益转换。其次，当前黔东南州将风景名胜区全部归并至自然公园分类中，其保护定位仍停留在以保护生态环境为主的政策，忽略了对文化资源的保护，导致部分风景名胜区内的文物古迹遭致破坏且有“伪民俗”出现、文化多样性锐减，旅游资源同质化现象越来越严重，导致旅游开发与文化原真性传承产生了冲突，危害了风景名胜区旅游资源长期可持续利用。为了使黔东南州风景名胜区资源优势能有效转变为经济优势，且能保证自然与人文环境的有机保护达到风景名胜区可持续旅游发展的目的，应做到科学合理的开发保护与利用风景名胜区资源，使风景名胜区发展由“盲目开发”型过渡到“保护开发”型，最终做到开发与保护相互促相互协调的风景名胜区可持续旅游发展。

针对黔东南州风景名胜区的可持续旅游发展目标以及黔东南自身资源特征，本文建议对州域内风景名胜区进行分类分特征的保护发展模式，此模式以资源可持续利用为目的，平衡保护与发展的矛盾，使资源可以有效开发的同时得到高效的保护与管理。州域北部的㵲阳河风景名胜区、岑巩龙鳌山风景名胜区是生态价值与科研价值最高的区域，其自然资源具有独特性与代表性，因此具有较为突出的价值与影响力，同时包含了一定的人文资源，因此识别并严格保护其生态资源以及文化景观价值，注重人地关系，科学客观地开展旅游发展模式，以“存量开发”为核心理念，建立文化生态旅游的长效发展机制。重点保护云台山生态文化、㵲阳河百里山水文化相关资源，对于文化资源则考虑增加起观光旅游曝光度与价值，以“游名山、逛名城、观名水”为主的民俗风情/回归自然休闲度假+深度体验模式打造灵秀山水文化休闲区。

黔东南州中部区域与雷山风景名胜区以及丹寨龙泉山-岔河风景名胜区、剑河风景名胜区、锦屏三板溪-隆里古城风景名胜区具有丰厚的民族文化、木商文化、家祠文化等人文资源，并具有雷公山的自然生态优势，属于人文自然综合类型。因此，在未来发展中应重点考虑应用好苗族文化与清水江百里田园文化，主推以苗族文化为核心特色的世界苗族风情体验区，更新现有的以西江千户苗寨为主的观光式旅游模式，重点发展民俗文化深度体验旅游，同时政府部门应加入控制开发方案与进度，避免急功近利掠夺式开发，在短期发展上注重保护自然环境，尊重少数民族以及其自身文化的权利，以“外部控制，内生管理”的管理方式，将“自然+民族文化”保护发展协同模式作为发展途径，实现“生态好玩+文化好玩”的目标。

以州域南部区域月亮山和都柳江为主的榕江苗山侗水和黎平侗乡国家级风景名胜区坐拥黔东南州丰厚的侗族文化与红色文化资源，同时也拥有从江加榜梯田独特的自然资源优势，但当前交通设施配备较弱，且旅游模式较为单一，未来旅游发展首先应打通交通线路，同时注重旅游模式的转变，以“文化发展+生态保护”旅游模式为主，重点提升肇兴侗寨、小黄侗寨、大利侗寨等现有文化景点，保护加榜梯田这一独特的自然资源，对传统生活、生产活动和民俗文化进行保护和创新形式的呈现。

五、结论

风景名胜区资源是我国自然与文化的集中体现，是人与自然和谐相处的智慧结晶，代表了我国生态文化高度复合的资源特征最高品质，是我国不可多得的一笔财富。在当前国土空间规划工作开展中，风景名胜区应主动对接与融合，明晰自身资源定位、功能定位与保护定位，积极配合相关工作，在国家公园体制建设中积极争取保留风景名胜区名号，构建具有我国特色的自然保护地体系。

本研究以黔东南州为例，识别和区别风景名胜区与其他自然保护的资源自身价值与空间特征，并以此为指导调整当前黔东南州国土空间规划，为优化归并州域内存在的各类保护地重叠空间的划分提供依据，支撑保留风景名胜区体系的建议。同时，将风景名胜区的保护和利用的诉求充分反映到当前的国土空间规划当中，注重以资源为导向，落实风景保护与利用，提出风景名胜区分类分特征的发展保护模式，确保风景名胜区可持续发展。希望为我国风景名胜区在国土空间规划中的可持续发展路径提供理论借鉴。

参考文献

[1]王铮忾,杨永康,柴凡一.风景名胜区景点恢复新实践——以莫干山炮台山城堡项目选址为例[J].中国园林,2020(S2):30-32.DOI:10.19775/j.cla.2020.S2.0030.

[2]陈彬彬,杨永康,马仲坤,等.基于风景资源保护框架下风景区子系统间内在关联探析——以仙居风景名胜区总体规划为例[J].中国园林,2020(S2):13-18.DOI:10.19775/j.cla.2020.S2.0013.

[3]王铮忾,杨永康,柴凡一.风景名胜区景点恢复新实践——以莫干山炮台山城堡项目选址为例[J].中国园林,2020(S2):30-32.DOI:10.19775/j.cla.2020.S2.0030.

[4]严国泰,宋霖.国家公园体制下风景名胜区的价值与发展路径[J].中国园林,2021(3):112-117.DOI:10.19775/j.cla.2021.03.0112.

[5]疏良仁，黄利，訾丽娟. 论我国风景名胜区在自然保护地体系中的重要地位与基础作用[J]. 城乡规划，2020(1):119-124.

[6]潘尧，华乐，疏良仁. 国土空间规划指导约束下的风景名胜区规划编制探讨[J]. 规划师，2019(22):44-49.

[7]陈耀华，焦梦菲. 我国自然保护地分类研究综述与思考[J]. 规划师，2020(15):5-12.

[8]张亦楠，张征云，李怀明，等. 生态保护红线下的自然保护地体系建设问题探讨[J]. 环境生态学，2019(8):49-52.

[9]邓武功,贾建中,束晨阳,等.从历史中走来的风景名胜区——自然保护地体系构建下的风景名胜区定位研究[J].中国园林,2019(3):9-15.

[10]张若辰，李简西. 国土空间规划体系下风景名胜区总体规划编制工作相关问题探讨：以三清山风景名胜区为例[J]. 旅游纵览，2021(9):76-78.

[11]李鑫，宋松松，金赟涵. 新形势下浙江省风景名胜区定位与发展：基于自然保护地体系构建下的研究[J]. 城市规划，2020(S1):34-40+90.

[12]宁泽群，张铁来. 立法目的视阈下的国家公园制度研究[J]. 环境生态学，2021(5):92-97.

[13]唐琳，陈耀华，王利伟，等.风景名胜区空间演进的动力机制及调控对策：以庐山国家级风景名胜区为例[J]. 城市发展研究，2015(3):73-79.

[14]宋峰,周一慧,蒋丹凝,等.中国自然保护地规划的回顾与对比研究[J].中国园林,2020(11):6-13.DOI:10.19775/j.cla.2020.11.0006.

[15]杨文波. 民族地区人文旅游资源可持续利用研究[D]. 贵州：贵州大学. 2006.

[16]张同升，孙艳芝. 中国国家级风景名胜区的空间特征和价值功能[J]. 城市发展研究，2019(8):6-12.

[17]熊国平，郑璐琳. 民族文化生态保护区保护格局划定研究：以黔东南为例 [J]. 风景园林，2020(3):113-117.

作者简介

张　湉，同济大学建筑与城市规划学院，博士研究生；

戴代新，同济大学建筑与城市规划学院，副教授、博士生导师，教育部生态化城市设计国际合作联合实验室景观空间分实验中心，主任，中国风景园林学会文化景观专业委员会，副秘书长。

国土空间规划视角下基于公平性的风景名胜资源管控研究

Research on the Control of Scenic Resources Based on Fairness From the Perspective of Territorial Spatial Planning

金云峰 周晓霞
Jin Yunfeng Zhou Xiaoxia

[摘　要]　风景名胜资源是构成风景名胜区的基本要素，是风景名胜区产生环境效益、社会效益、经济效益的物质基础。国土空间规划新发展阶段，重新审视风景名胜资源的保护与发展利用要求，建立风景名胜资源普遍价值的共识体系，提出基于公平性的风景名胜资源管控要求，并进一步研究风景名胜资源的管控路径，为风景名胜区的可持续发展提供解决思路。

[关键词]　风景名胜资源管控；公平性；国土空间规划；专项规划；突出普遍价值OUV

[Abstract]　Scenic resources are the basic elements constituting the scenic area and the material basis for the environmental, social and economic benefits generated by scenic areas. In the new era of territorial spatial planning, it is important to re-examine the requirements for the protection and development and utilization of scenic resources, establish a consensus system for the universal value of scenic resources, put forward the requirements for the control of scenic resources based on fairness, and further study the control path of scenic resources to provide solutions for the sustainable development of scenic areas.

[Keywords]　scenic resource control; fairness; territorial spatial planning; specialty planning; outstanding universal value

[文章编号]　2022-90-P-098

风景名胜区是我国特有的保护地类型，早在1979年1月，风景名胜区就代表了中国参与国际文化交流，中美建交后邓小平访美签订的第一个中美科技合作协定和文化协定中就包含了风景名胜区与国家公园的对应交流内容[1]。在过去的近五十年里，全球各国联手合作，致力保护超越国界、具有全人类“突出普遍价值”（Outstanding Universal Value，OUV）的世界自然和文化遗产[2]，中国为世界自然和文化遗产保护作出了重要贡献，中国的风景名胜区在其中扮演了重要角色。2012年，世界遗产委员会通过了联合国教科文组织“世界遗产与可持续旅游”项目，在保护世界遗产突出普遍价值的同时，确保旅游业为当地社区的可持续发展做出贡献[2]。

风景名胜区是我国生态文明建设的重要载体。风景名胜区的可持续旅游，是对风景名胜资源破坏性开发和封存式保育两种极端形式的反思，追求资源保护与开发、人与自然、人与社会的良性循环，追求风景名胜区与各利益相关方的全面发展、持续繁荣。随着“可持续”的理念在我国得到广泛关注，风景名胜区各相关主体在对风景名胜资源保护与发展的基本理念是也初步达成一致，即以可持续发展为目标准则，但是在具体的保护发展路径、保护发展方式上差别很大，最终的实践效果也各不相同，风景名胜资源的破坏性保护现象仍然存在。归根到底还是各方对风景名胜资源的价值认知不一致，风景名胜资源的时代性衍生价值被忽略，对风景名胜资源的价值转换路径存在认知偏差，甚至出现掠夺式开发、间接胁迫式开发等问题，使得风景名胜资源保护利用低效，风景名胜区的可持续发展受到严重冲击。

基于社会公平正义的包容性发展已经获得各级政府和社会的广泛认同[3]。国土空间规划时代，更加注重人地协调发展，注重人本价值[4]，注重“人民”权益保障与实现。从公平性的角度，探索风景名胜资源管控路径，以推动风景名胜区的治理绩效，实现风景名胜区突出普遍价值下的可持续旅游。

一、风景名胜资源的价值认知

建立风景名胜区需要评估风景名胜资源的价值。在不同的时代背景下，风景名胜资源的价值实现存在着不同的内在逻辑，也存在不同的价值转换路径，各价值在规划实践中发挥的重要程度也各不相同。风景名胜资源的价值及其实现路径也并非固定不变的，从某种意义上说，风景名胜资源的价值具有一定的时代动态属性。

1. 风景名胜资源的基础价值

1985年，国务院颁布的第一个与风景名胜区相关的条例《风景名胜区管理暂行条例》中，明确提出“凡具有观赏、文化或科学价值，自然景物、人文景物比较集中，环境优美，具有一定规模和范围，可供人们游览、休息或进行科学、文化活动的地区，应当划为风景名胜区”。2006年，《风景名胜区管理暂行条例》废止，开始实施《风景名胜区条例》，新的条例中关于风景名胜区的定义与原条例基本类似，“是指具有观赏、文化或者科学价值，自然景观、人文景观比较集中，环境优美，可供人们游览或者进行科学、文化活动的区域”。

据《风景名胜区总体规划标准》（GB/T50298-2018）的术语解释，“风景名胜资源也称风景资源、景观资源、风景旅游资源，简称景源”“可作为风景游览对象和风景开发利用的事物与因素的总称”，这里的“事物”可以理解为以自然资源为主体的可被视觉感知的客观存在，“因素”则可以理解为赋予风景名胜区特殊性的文化内涵。因此，在我国，风景名胜区是以自然资源为基础载体，自然资源与文化资源相融合，两者相得益彰，风景名胜区也是中国传统文化“天人合一”的典型载体。

综合以上，风景名胜资源的基础价值即观赏价值、文化价值、科学价值和历史价值。

2. 风景名胜资源的时代衍生价值

（1）风景名胜资源的民族主义性价值

风景与国家、民族身份建构和认同以及与历史、政治的关系是风景研究的重要话题之一，美国国家公园的设立，不仅仅保护了自然风景，也使其风景成为塑造民族身份、强化地域文化、打造国家名誉的重要手段[5]。在我国，风景名胜区承载中国历朝历代人与自然共同演进的历史印迹，风景名胜资源的展示与传播，可以激发民众的爱乡爱国情怀，增强民族自豪感和身份认同感，也为风景名胜区与当地社区的共同可

1.西樵山风景名胜区翠岩（材料来源：西樵山风景名胜区管委会）

持续发展提供了文化纽带。

（2）风景名胜资源的时空性价值

与美国“荒野式”的国家公园不同，在我国，风景名胜区既是人类历史活动的承载者，也是当代人居活动的空间载体，并且在未来也将继续成为人类文明建设的践行空间。因此，风景名胜资源也具有先天的时空属性，是人与自然和谐演进的时空记录者，这也是风景名胜资源重要的价值构成。风景名胜资源的时空性也决定了风景名胜资源是动态发展变化的，并且其变化是自然进程和人类社会进程合力的结果。我国于1982年，国务院设立了风景名胜区制度，审定并公布了第一批国家重点风景名胜区44处，自此，风景名胜区开始作为特殊的自然与文化资源以政府的名义予以确定，风景名胜区内部开始实施特殊的管理政策，其发展演变也成为特殊政策下的时空演变。

（3）风景名胜资源的公共产品性价值

风景名胜资源作为国土资源的重要组成部分，也是属于全民所有的。风景名胜资源具有转换成最普惠、民生福祉型公共产品的价值属性。风景名胜区的设立，不是对风景名胜资源的圈地式封存，而是在保护与开发利用并存。风景名胜区的设立之初，就已经将为人们提供游览欣赏、休憩娱乐或进行科学文化活动这一使命融入风景名胜区的发展理念中。风景名胜在经济利益的驱动下，一些不当的开发行为，对风景名胜资源造成了开发性破坏，从而也直接影响了风景名胜资源公共产品性价值的发挥（表1）。

表1　风景名胜资源的价值体系

基础价值	观赏价值、文化价值、科学价值、历史价值
时代性衍生价值	民族主义性价值、时空性价值、公共产品性价值

二、风景名胜资源的管控现状问题

虽然风景名胜区的设立并不是以经济盈利为目标，但是风景名胜区旅游活动的开发确实可以为风景名胜区及周边区域带来直接或间接社会经济效益。持续增长的游客数、“过度旅游”也对风景名胜资源管控产生了巨大的压力。对风景名胜资源的认知偏差也影响了风景名胜资源价值的转换与实现。

1. 风景名胜资源价值与游赏需求的供给性错位

风景名胜资源是风景名胜区构成的基本物质基础，风景名胜资源价值最高的区域既是游客游赏需求最强烈的区域，也是风景名胜区规划管理中最需要严格保护的区域。基于风景名胜资源保护的需要，一些风景名胜资源价值最高的区域可能会被直接要求限制游客进入，导致风景名胜资源价值与游赏需求的供给性错位，具有旅游强吸引力和核心竞争力的风景名胜资源价值无法较好的转化为社会经济效益来为风景名胜区的可持续旅游提供支持。

2. 风景名胜资源的静态保护与动态发展的错位

在风景名胜区的保护开发实践中，同一块用地可能会有多种功能属性，如很多风景名胜区中的历史文化碑刻等，既是需要严格保护的文化资源，又是可供参观展示的旅游资源。从资源保护的角度，现行的风景名胜区管理中根据保护级别，以“严禁建设”“禁止安排”“严格限制”等条文做了比较基础的行为限制，集中体现在对风景名胜区内部的居民点扩建、机动交通工具以及旅游服务相关设施三个方面。这对风景名胜资源的保护起到了一定作用，但是这种限制式管理仅注意到了开发建设行为对风景名胜资源的破坏性影响，从资源保护的单一角度以相对粗放的管理方式对居民、游客未来的行为活动作出了严格限制，忽视了风景名胜区自身的复杂性、包容性特征，也忽视了风景名胜区自身的生长性需求以及风景名胜区内部乡民综合发展的公平性需求。

中国的风景名胜区自古以来就是在自然和人文的和谐共生中不断的成长变化的，以风景名胜区内部的人为活动为例，正是这些人类历史上在风景名胜区内的活动遗存，成为如今风景名胜区内的高价值的人文风景资源。合理的人为活动对风景名胜区的发展有正向促进作用。

3. 风景名胜资源的“景”“文”分异与保护发展的错位

现行的风景名胜资源的保护，通常以生态保护为主，通过生态分区及保护、保护培育规划等规划手段对风景名胜区内部的生态型风景资源提出了较为严格的保护管理要求，而文化型风景资源的保护显得相对薄弱。

风景名胜区的文化资源，是人与自然长期互动的历史印迹，是中国特色的文化精神传承载体，是风景名胜区区别于其他类型保护地的关键性信息，也是我国“文化自信”的重要内容。然而，在风景名胜区的开发建设中，文化资源更容易受到冲击、淡化，甚至造成文化割裂。一方面，“文化”本身就具有一定的抽象性，对于文化的理解和评价也需要有一定的文化基础，文化审美也具有很强的主观性，因此风景名胜区文化输出的实际效果与其原初设立的目标有一定的偏离，进而进一步影响了风景名胜区文化资源的保护与利用，具体表现为物质性文化资源的人为损坏、非物质性文化资源传承的断代及消亡、外来文化的强势

2.西樵山风景名胜区宝峰寺（材料来源：西樵山风景名胜区管委会）
3.西樵山风景名胜区白云洞（材料来源：西樵山风景名胜区管委会）

入侵以及文化资源的低俗化演绎利用。这些现象损坏了风景名胜区的品质，也不利于风景名胜区的永续利用及可持续旅游。

4. 风景名胜资源管理权限与土地权属的错位

1982年风景名胜区制度的建立，解决了风景名胜区管理的行政性问题。然而在风景名胜区的发展实践中，风景名胜资源的全民所有和风景名胜区土地多权属性之间的矛盾，是风景名胜区管理的一大难题。内部土地权属的复杂性也使得在管理实践中，一些禁止性、限制性的管制条文难以落实下去，一些正向开发项目也因土地权属复杂，难以顺利推进。这些问题极大的限制了风景名胜区的可持续发展。

5. 风景名胜资源与整体生态环境关系的断裂

随着人类社会进程的加快，特别是城市化进程的加快，带来了许多资源问题、环境问题和生态问题。外部人与自然、社会与自然的失衡也渗透到了风景名胜区内。生态环境的变化也不可避免的影响到风景名胜区内部的自然环境，如风景名胜区内瀑布的缺水、山体的滑坡、气候变化引起的风景名胜区内某些自然景源的消失、人文景源的损坏等。

三、风景名胜资源管控的公平性内涵

美国政治哲学家、伦理学家约翰·罗尔斯（John Rawls）在《正义论》中的观点，规划公平性议题本质是处理资源配置过程中不同群体的具体利益分配问题[6]。应对风景名胜资源各利益相关者的不同发展需求，引入公平性的视角，有利于促进风景名胜区的积极性保护与可持续旅游发展。

1. 发展机会的公平性

国土空间新时代，人的需求受到更多的重视。从公平性的视角，风景名胜资源各利益相关者都有平等的权益和发展机会。我国风景名胜区的管理过程中，一直存在着风景名胜区相关的原住民对风景名胜资源保护与开发持消极应对甚至抵触反对等负面情绪，归根到底可以概括为风景名胜区的设立及相关保护开发管理要求限制了当地居民的发展，特别是一些保护性要求对当地居民的各种开发建设活动造成了比较严格的限制。这也造成了风景名胜区与当地社区发展关系上的割裂。

我国风景名胜区的一大特殊性是风景名胜区范围内包含有村庄，这些村庄的分布区位、人口数量、经济现状等情况还存在很大的差异。然而在对这些村庄的处理上，大多是单方面的从风景名胜资源的角度出发，主要聚焦在这些村庄对风景名胜资源的保护是否存在不利、聚焦在这些村庄本身是否有历史价值是否可以成为风景名胜资源等，几乎比较少又从村庄的角度出发，考虑村庄本身的生产生活需求。我国长期以来一直推行比较严格的基本农田保护制度，位于风景名胜区内的基本农田得以保留，而原住民的外迁，留田不留人，使得“人”“田”之间出现生产空间割裂，进而演化成社会关系的割裂。即便有各种经济措施、安置方式对原住民进行补偿，也无法缝合社会关系的割裂。

风景名胜资源的公平性，并非否定现有的风景名胜资源保护与发展的基本逻辑，而是在传统的资源本位角度，增加人本角度，提倡以风景名胜资源各相关群体的能力与需求为前提，给与针对性的相应，以风景名胜区和社区共同的可持续发展为目标，形成风景名胜区与社区发展机会的相对公平。

2. 资源价值获得机会的公平性

风景名胜资源是一种具有多维价值的公共资源，风景名胜资源价值获得的公平性，不仅仅局限在风景名胜资源是否可供观光、研学，还体现在不同群体是否有平等的风景名胜资源价值获得途径。风景名胜区特殊的地形地貌，使得一些特殊群体无法参与到风景名胜区的活动行为中，而传统的风景名胜区开发建设中，风景名胜区游览路径的无障碍设计通常被忽视，风景名胜区平等参与的环境并没有得到重视，特殊群体的风景名胜资源获得感无法得到满足，风景名胜资源价值获得机会的公平性无法充分发挥。

风景名胜区的保护开发建设，需要把握居民、游客不同层次的需求[7]，不仅仅是需要考虑风景名胜区自身的生态承载力，还需要考虑特殊群体的风景名胜资源获得需求。在无法同时兼顾二者的时候，可以以生态承载力为优先因子，同时辅助其他的替代性补偿措施，尽力满足特殊群体的风景名胜资源获得需求。

四、国土空间规划与风景名胜资源管控

1. 推进国土空间规划体系下的风景名胜区规划法定化

国土空间规划是我国空间治理的政策工具[8]，风景名胜区作为是我国国土的重要组成部分，进入国土空间新时代，其管控也应当遵从国土空间的新管控要求。风景名胜区规划作为风景名胜区重要的治理手段，其基础视角应跳出风景名胜区自身的范围限制，明确其在国土空间总体规划体系中的地位和任务，接受同级国土空间总体规划的相关传导[9]，落实国土空间“一张图”管理要求。只有将风景名胜区中一切保护、开发和建设活动都落实到用地上，才能真正确保风景名胜区规划在实际中的有效实施[10]。推进风景名胜区规划作为国土空间规划体系中专项规划的法定地位，形成适宜风景名胜区规划的落实路径和具有法律效力的规划审批编制办法，推进风景名胜区规划的法定化。

2. 建立国土空间规划体系下的风景名胜区土地利用分区管制机制

分区管制模式是当今发达国家和地区进行土地开发利用控制的最主要方式[11]。在我国，国土空间规划其目标之一也是建立全域空间分区分类管控体系。风景名胜区的多元价值叠合和土地权属的多样性，也决定了传统的以景区分区为主的管理方式难以适应新时期风景名胜区精细化管理和可持续发展的实际需要。建立土地利用分区管制机制，明确各分区主导功能与非主导功能的差异化管控措施，明确各分区内部用途转换的正负面清单、准入转用条件及可转用比重，为风景名胜区内同一空间不同属性、多重功能叠加等问题提供解决方案，同时也为风景名胜资源的保护与利用提供基本依据。

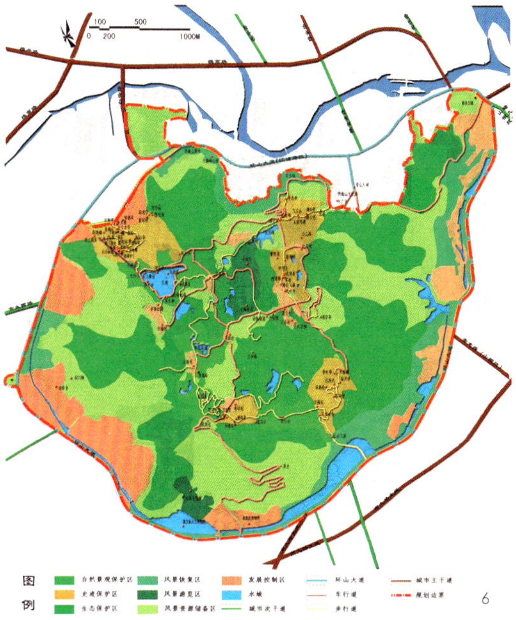

4.游览设施规划图（材料来源：西樵山风景名胜区总体规划（2012—2025））
5.功能分区图（材料来源：西樵山风景名胜区总体规划（2012—2025））
6.风景保护培育规划图（材料来源：西樵山风景名胜区总体规划（2012—2025））

3. 建立国土空间规划体系下的风景名胜资源规划许可制度

2018年，国家组建自然资源部，统一行使全民所有自然资源资产所有者职责，统一行使所有国土空间用途管制和生态保护修复职责。风景名胜资源作为全民所有自然资源资产的重要组成部分，也应当纳入国土空间用途管制的基本范畴。1998年修订的《中华人民共和国土地管理法》首次明确提出“国家实行土地用途管制制度”，二十多年来已经逐步建立了各类资源的许可制度[12]，包括各类城乡建设活动、耕地保护等。通过风景名胜资源规划许可制度的建立，制定相应空间的准入正负面清单及管控措施，建立相应的风景名胜资源规划许可审批及监管程序，明确风景名胜资源开发利用的具体空间范围、利用方式、使用条件以相应的生态保育修复附加条件，允许合理的有限度的开发利用风景名胜资源。一方面对开发建设行为进行更明确的约束和鼓励，另一方面可以将开发建设与生态保护关联起来，科学合理的保护与利用风景名胜资源。

4. 推进风景名胜区的现代化治理

空间治理作为国家战略的顶层设计[13]，从风景名胜区“管理”到风景名胜区“治理”的转型，是风景名胜区可持续发展的必要性改革。建立以政府为主导，政府、当地社区、资本主体、及其他利益相关者多元主体联合的治理体系。明确风景名胜区系统化的治理目标，形成生态文明治理、政府治理、社会治理等全面的治理体系，科学界定政府、市场、社会各方的职能作用和事权界限。推进风景名胜区管理的法制化建设，提高风景名胜区治理能力的现代化。

五、结语

国土空间规划强调“整体谋划”，注重高质量发展。风景名胜区的发展，也应该拓宽管控眼界，立足于社会经济发展、人民幸福生活、人与自然的可持续发展等切实需求[14]。作为风景名胜区存在基础的风景名胜资源，其管控思想要求、管控方式也应在新时代公平性的原则上，综合考虑多方需求，并积极纳入国土空间规划管理框架体系，推进风景名胜区治理的现代化。

参考文献

[1] 贾建中. 风景名胜区功能定位与国家保护地体系[J]. 中国园林.2020.36(11):前插1-前插2.
[2]韩锋等.世界遗产武陵源风景名胜区[M].上海：同济大学出版社，2020.
[3]唐子来.顾姝.再议上海市中心城区公共绿地分布的社会绩效评价:从社会公平到社会正义[J].城市规划学刊.2016(1):15-21.
[4]金云峰.万亿.周向频.等.“人民城市”理念的大都市社区生活圈公共绿地多维度精明规划[J].风景园林.2021(4):10-14.
[5]李莉.美国国家公园:风景民族主义符号[J].浙江外国语学院学报.2019(1):105-112.
[6]周聪惠.公园绿地规划的“公平性”内涵及衡量标准演进研究[J].中国园林.2020(12):52-56.
[7]金云峰.袁轶男.梁引馨.等.人民城市理念下休闲生活圈规划路径——基于城市社会学视角[J].园林.2021(5):7-12.
[8]金云峰.陶楠.国土空间规划体系下风景园林规划研究[J].风景园林.2020(1):19-24.
[9]金云峰.陶楠.国家公园为主体“自然保护地体系规划”编制研究——基于国土空间规划体系传导[J].园林.2020(10):75-81.
[10]金云峰.马唯为.周晓霞.风景名胜区总体规划编制——以西樵山为例基于土地利用协调专项规划研究[J].广东园林.2015(6):4-8.
[11]王向东.刘卫东.中美土地利用分区管制的比较分析及其启示[J].城市规划学刊.2014(5):97-103.
[12]毕云龙.徐小黎.李勇.等.国土空间规划许可制度建立面临的问题与对策[J].规划师.2021(2):45-49.
[13]金云峰.杜伊.周艳.等.公园城市视角下基于空间治理的区域绿地管控与上海郊野公园规划实践[J].城乡规划.2019(1):23-30.
[14]金云峰.王俊祺.崔钰晗.等.风景保护、修复与提升——欧盟风景园林规划综合实践途径研究[J].城乡规划.2021(Z1):100-107.

作者简介

金云峰，同济大学建筑与城市规划学院景观学系，教授、博士生导师，注册城乡规划师；

周晓霞，上海同济城市规划设计研究院有限公司，高级工程师，注册城乡规划师。

基于管理目标导向的武夷山风景名胜区保护分区研究

Research on Protection Zoning of Wuyishan Scenic Area Oriented by Management Goal

沈员萍　黄　萌　朱开汉　柯美红
Shen Yuanping　Huang Meng　Zhu Kaihan　Ke Meihong

[摘　要]　分区管控是国际通行且行之有效的保护地管理模式。武夷山风景名胜区在本轮规划中借鉴世界自然保护联盟(IUCN)保护区管理分类经验的基础上，遴选景点、动物、水系、林地、坡度、高程6类因子，采用层次分析法，构建适宜性评价模型，并对上轮规划中基于游赏价值的保护分区进行修订、调整，形成以管理目标为导向，资源价值和保护对象为基础的保护分区。同时确定资源与环境保护、游客管理、社区协作发展、组织效率4大管理目标，生成保护分区的人为活动和项目管控的具体内容，以利于管理部门长期的弹性管控。研究结果可为生态价值较高且人为活动频繁的山岳型风景名胜区的保护分区提供参考。

[关键词]　武夷山；保护分区；管理目标；管控内容

[Abstract]　Zoning regulation is an internationally accepted and effective management mode for protected areas. Based on the management and classification experience of the International Union for Conservation of Nature (IUCN), six factors were selected for the zoning of Wuyishan Scenic Spot, which include scenic spot, animal, water system, forest land, slope, and elevation. Suitability evaluation model was constructed by using the analytic hierarchy process. The protection zoning based on tourist value in the last round of planning was revised and adjusted to form new protection zones oriented by management objectives on the basis of resource value and protection objects. In addition, the four management objectives, including resource and environmental protection, tourist management, community collaborative development, and organizational efficiency, are identified to generate the specific content of human activities and project management and control in the protection area, which can facilitate the long-term flexible management and control for the management department. The results provide a reference for the protection zoning of mountain scenic spots with high ecological value and frequent human activities.

[Keywords]　Wuyi Mountain; protection zoning; management objectives; control content
[文章编号]　2022-90-P-102

一、引言

分区管控是国际通行且行之有效的保护地管理模式[1]。二十世纪七八十年代联合国教科文组织发起人与生物圈计划，提出“核心区、缓冲区、过渡区”的三分区模式[2]，该模式被我国保护地广泛采用，例如作为我国特有的一种保护地类型的风景名胜区[3-5]，将其保护分区分为“一级保护区、二级保护区和三级保护区”[6]。但是这种三分区方法也存在管理规定过于刚性，无法进行动态弹性调整等问题[7]。因此，风景名胜区除分级保护分区外，还同时采用景区分区、功能分区、分类保护分区等多种分区模式[6, 8]。虽然风景名胜区的分区模式具有更多层次，满足了多目标管理的要求，对自然、人文资源的保护与利用方式更为综合，但在实际操作中，多种分区模式的相互嵌套交叠，各类分区关系不紧密、缺乏呼应、无法完全叠合[9]，在同一空间中存在不同资源保护等级或资源利用类型要求的局面，给实际管理带来隐患[10]。因此，本文拟借鉴世界自然保护联盟（International Union for Conservation of Nature，IUCN）保护区管理分类的经验，以武夷山风景名胜区为例，依据管理目标为导向探讨风景名胜区的保护分区，实现风景名胜区的科学保护和有效管理。

二、武夷山风景名胜区的保护分区解读

1. 武夷山风景名胜区概况

奇秀甲东南的武夷山风景名胜区，是我国1982年第一批44处国家级风景名胜区之一，1999年又被联合国教科文组织列入世界文化与自然双重遗产名录。它是以丹霞地貌为特色，自然山水为主景，历史文化名山为内涵，可开展风景游览、科研科普、休闲度假等活动的国家级风景名胜区[11]。1980年启动《武夷山风景名胜区总体规划》的编制工作，该规划于1983年6月通过技术鉴定，

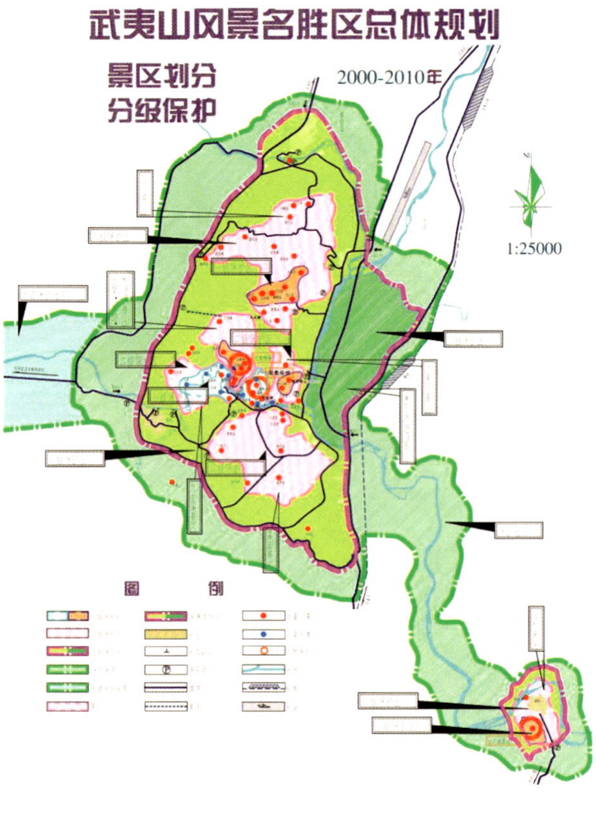

1.武夷山风景名胜区保护分区（2002版）

1986年经国务院同意，由城乡建设环境保护部批准实施[12]，该规划是我国最早的风景名胜区总体规划之一，规划确定了武夷山风景名胜区和主要景区范围，并以此为依据划定保护分区。2002年8月，《武夷山风景名胜区总体规划（2001—2010）修订》获国家建设部批准。

2. 武夷山风景名胜区保护分区（2002版）

《武夷山风景名胜区总体规划（2001—2010）修订》将武夷山风景名胜区分为2个片区、6个景区和1个旅游服务区，并划分一级、二级和三级保护区，以及风景名胜区范围外的一般外围保护地带和九曲溪上游水源保护地带。景区和保护分区的相互关系详见表1。

武夷山风景名胜区的保护分区形成典型的三圈层式结构[10]，最内圈的一级保护区由最精华的风景资源及其周围的空间组成，是游赏价值和管控要求最高的区域；一级保护区至景区范围之间的区域为二级保护区，风景资源的等级和集中度稍低，是游赏价值和管控要求次一等的区域；景区范围至风景名胜区范围之间的区域为三级保护区，风景资源的分布较为松散、等级较低，是游赏价值和管控要求一般的区域；溪东旅游服务区是国务院批准设立的国家旅游度假区，且位于风景名胜区范围内，也按三级保护区进行管控。同时，考虑需要加强九曲溪的上游水源保护，在武夷山风景名胜区范围外设置外围保护地带外，还将九曲溪上游区域也纳入外围保护地带进行保护，以保证九曲溪的永续利用。

3. 武夷山风景名胜区保护分区（2002版）存在问题

武夷山风景名胜区基于游赏价值的三圈层式保护分区，虽然能与景区范围较好地衔接，但是从保护要素角度，是无法涵盖区域内的所有保护要素，比如生物多样性、珍稀物种的保护，生态敏感性、重要性的体现等，极有可能出现保护空缺的问题。例如，通过对武夷山风景名胜区各个因子叠加分析，可以发现武夷山风景名胜区重要生态保护林地、溪流流域、山体等被不同级别保护分区切割，同一性质区域采取不同的管控措施的情况，带来了茶园管控困难等后续问题；而从管理目标来看，在管控要求、建设强度、土地开发模式等方面存在显著不同的林草地、茶园、武夷宫宋街、各个村庄建设区、星村镇镇区以及溪东服务区都统一列入武夷山风景名胜区三级保护区。由此可见，目前单一的管控模式显然是不适合武夷山风景名胜区的可持续发展。

三、基于管理目标导向的武夷山风景名胜区保护分区

1. 基于管理目标导向的保护分区

目前国际上保护分区已逐渐由圈层式结构反映的各区主要功能，转变为以管理服务目标为主的体现不同分区的管理政策，分区目标更加综合、管理政策更加细致[10]。世界自然保护联盟（IUCN）在《保护区管理分类应用指南》中提出保护区的9个管理目标“科学研究、荒野地保护、保存物种和遗传多样性、维持环境服务、保护特殊自然和文化特征、旅游娱乐、教育、持续利用自然生态系统内的资源、维持文化和传统特性”[13]，并依据保护管理等级由高到低将保护区归纳为“Ⅰa严格自然保护区（Ⅰb荒野保护区）、Ⅱ国家公园、Ⅲ自然遗迹或地貌、Ⅳ生境（物种管理保护区）、Ⅴ陆地景观（海洋景观保护区）和Ⅵ自然资源可持续利用保护区”六大管理分区[13-14]。

武夷山风景名胜区保护分 区在本轮规划中探讨借鉴世界自然保护联盟（IUCN）保护分区，依据管理目标为导向，按照保护等级由高到低分为特别保存区、重点保护区、一般保护区、有限利用区、服务集中区5种类型，并确定对应的管控措施（表2）。

表1　武夷山风景名胜区保护分区（2002版）

片区	景区/服务区	保护等级	保护分区
武夷山片区	溪南景区	二级	①一级保护区：即风景区内精华景区及景点用地范围，面积5.1km^2； ②二级保护区：即风景区六个景区扣除精华景区及景点的用地范围，面积22.2km^2； ③三级保护区：即扣除一、二级保护区用地的风景名胜区规划用地范围（溪东旅游服务区），面积51.7km^2
	武夷宫景区	二级	
	云窝、天游、桃源洞景区	一、二级	
	九曲溪景区	一、二级	
	山北景区	一、二级	
	旅游服务区	三级	
城村片区	城村景区	一、二级	
外围保护地带	九曲溪上游水源保护地带	未定级	从星村沿九曲溪上游至自然保护区的面溪两侧一重山，为九曲溪上游保护地带，面积约363km^2
	一般外围保护地带		向北跨过黄柏溪至黄金垄；向东南沿崇阳溪至城村，一般外围保护地带面积约70km^2

表2　基于管理目标导向的保护分区及管控要求一览表

保护分区	定义	保护等级	管控措施
特别保存区	是风景名胜区内生态价值最高、珍稀动植物集中分布的区域	高	除必要的科研、监测和安全防护项目外，禁止其他人为活动和建设项目
重点保护区	是风景名胜区内自然生态价值和风景资源价值突出，景观游赏价值最高的区域	较高	允许开展观光游和生态游，应合理控制游客数量，配套少量必要的游览设施和安全设施，严格限制机动交通，禁止建设与风景游览、科学考察、资源保护等无关的设施，不安排旅宿床位，有序疏解居民人口
一般保护区	是风景名胜区内自然生态环境和景观游赏价值较好的区域	中	在保护原生自然生态和景观资源的基础上，可以安排相关的游览服务设施，限制机动交通和社区居民点的建设，允许对景观环境无影响的生产、生活，可安排少量旅宿床位
有限利用区	是风景名胜区内社区居民点和小型配套服务设施的建设区	较低	根据自然环境和用地条件合理安排配套服务设施和社区居民点建设，可安排旅宿床位，应严格控制建设强度和规模，协调建筑高度和形式
服务集中区	是风景名胜区内旅游配套服务设施的集中建设区	低	根据用地条件，分区管控建设项目，确保整体景观风貌协调。禁止有污染的项目建设。可以安排大型的宾馆酒店和娱乐设施，可以依据城镇发展规模和主导功能合理配套各类设施

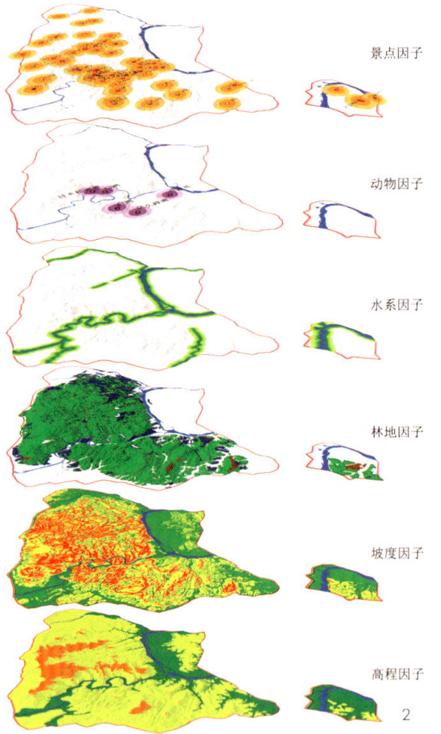

2

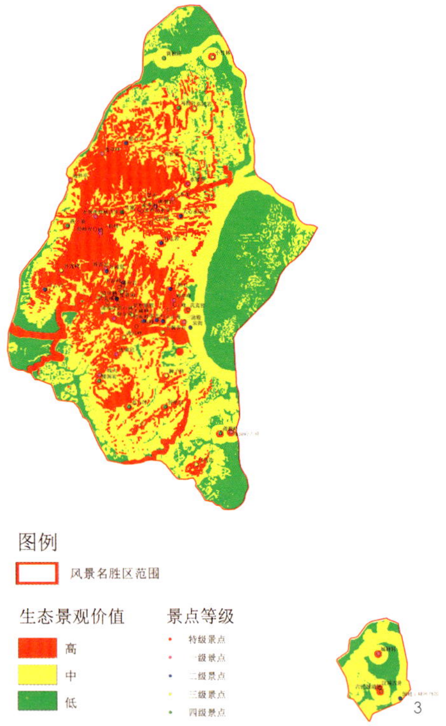

3

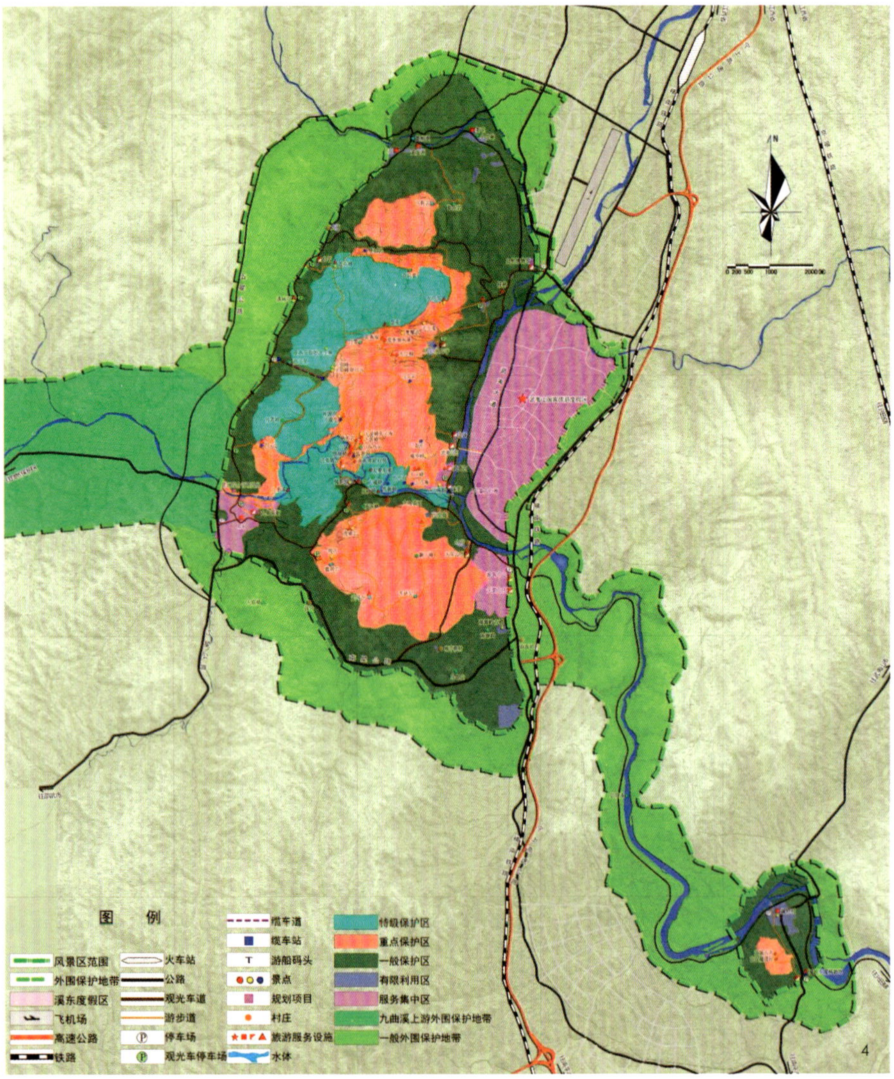

4

2. 武夷山风景名胜区保护分区及其管控内容

通过分析武夷山风景名胜区景点、动物、水系、林地、坡度、高程6类景观生态因子，采用层次分析法，构建适宜性评价模型，并对现行规划中基于游赏价值的保护分区进行修订、调整，形成以管理目标为导向，资源价值和保护对象为基础的保护分区，同时针对具体的分区情况，确定资源与环境保护、游客管理、社区协作发展、组织效率4大管理目标，生成保护分区人为活动和项目管控的具体内容，以利于管理部门长期有效的弹性管控（表3）。

3. 武夷山风景名胜区外围保护地带的分区管控

武夷山风景名胜区外围保护地带分为九曲溪上游外围保护地带和一般外围保护地带[11]。不过九曲溪上游外围保护地带应参照武夷山风景名胜区一般保护区进行保护，由风景名胜区管理部门对其内的人为活动进行管控，对建设项目实行前置核准，增强管控强度，实现对九曲溪上游水源涵养区域的有效保护；一般外围保护地带则是协调城市建设、连接城村景区、保护崇阳溪生态廊道、保护山体等的缓冲协调区（表4）。

四、结语

武夷山风景名胜区作为我国传统山岳型风景名胜区的典型代表，既要严格保护“双世遗”的突出普遍价值，又要向世人展示自然、人文之美；既要保护自然生态环境本底，又要适度发展乡村经济，体现岩茶文化的魅力；既要确保不留保护空缺，又不能一味地对风景名胜区进行“瘦身”，将传统村落、历史遗存和服务设施集中区等全部调出风景名胜区。本文以管理目标为导向，资源价值和保护对象为基础的武夷山风景名胜区保护分区的方式，能够较好地协调武夷山风景名胜区保护和利用的关系，而且以管理目标为导向的保护分区中细化的管控目标和措施也有利于日常管理和项目引导。未来还应结合生物多样性普查，进一步细化保护分区的管控内容，并进一步理顺保护分区和景区之间的关系。

参考文献

[1]王晓洁，宋霖，周宏俊．基于边界效应理论的风景名胜区分区管控探讨[J]．规划师 2020(2): 32-36.

[2]黄丽玲，朱强，陈田．国外自然保护地分区模式比较及启示[J]．旅游学刊，2007, 22(3): 18-25.

[3]严国泰，宋霖．风景名胜区发展40年再认识[J]．中国园林，2019(3): 31-35.

[4]严国泰，宋霖．国家公园体制下风景名胜区的价值与发展路径[J]．中国园林，2021(3): 112-117.

[5]中华人民共和国国务院.风景名胜区条例（2016修订）[S]. 2016.

[6]中华人民共和国住房和城乡建设部.风景名胜区总体规划标准(GB/T50298-2018)[S]. 2018.

[7]呼延佼奇，肖静，于博威，等．我国自然保护区功能分区研究进展［J］．生态学报

2014(22): 6391-6396.

[8]国家质量技术监督局,中华人民共和国建设部. 风景名胜区规划规范(GB50298-1999)[S]. 1999.

[9]陈宇昕, 颜剑英, 钟阳. 自然保护地分区管控探讨：以风景名胜区为例[J]. 规划师, 2019(22): 56-60.

[10]赵智聪, 彭琳. 国家公园分区规划演变及其发展趋势[J]. 风景园林, 2020(6): 73-80.

[11]沈员萍. 武夷山风景名胜区外围保护地带规划初探[J]. 福建农林大学学报, 2013(1): 64-67.

[12]世界自然文化遗产武夷山编辑文员会. 世界遗产公约自然·文化遗产：中国武夷山[M]. 合肥：安徽科学技术出版社, 1998.

[13]Nigel Dudley. Guidelines for Applying Protected Area Management Categories[M]Switzerland: IUCN, 2013.

[14]沈员萍, 黄萌, 罗毅, 等. 国家公园体制背景下的自然保护地体系管理分类研究[J]. 规划师, 2019(17): 11-16.

作者简介

沈员萍，福建工程学院建筑与城乡规划学院，副教授；

黄　萌，福建省城乡规划设计研究院园林所，所长，教授级高级工程师；

朱开汉，福建省城乡规划设计研究院，工程师；

柯美红，福建工程学院建筑与城乡规划学院，讲师。

表3　武夷山风景名胜区保护分区及其管控内容一览表

保护分区	保护内容描述	面积(km^2)	管控目标
特别保存区	①重要生态林地、地带性植被群落；②玉女峰、三仰峰等标志性山体；③九曲溪、水帘洞、大红袍等的水源涵养区	10.98	①资源与环境保护：保护生物多样性和地带性植被群落，提高生态系统的服务水平；逐步改善九曲溪水质，提高水位；水帘洞洞顶水源涵养林得到有效保护；常态化开展科研活动和生态环境监测；②游客管理：除批准的监测和科研活动外，禁止其他人为活动；③社区管控：搬迁零星居民点；20年以下茶园逐步退茶退耕还林；通过培训部分村民从事护林、监测等工作；④组织效率：勘界立标；健全保护制度；培养保护科研队伍
重点保护区	①游赏价值突出的自然、人文景源集中区；②重要的历史遗存和文化景观区	19.64	①资源与环境保护：自然、人文景源和重要历史遗存得到有效保护和展示；完善游览设施系统和解说系统；开展生态环境监测；保护重要历史遗存，凸显文化景观特色；②游客管理：完善安全、医疗、环卫、标识等设施，游客满意度达到90%以上；开展游客活动监控；年游客数量控制在年游人容量之内，高峰期游客数量控制在日游人容量1.3倍以内；③社区管控：搬迁零星村庄居民点；禁止新开垦茶园，对10年以上的茶园进行生态改造，防止水土流失；④组织效率：勘界立标；健全保护制度；建立应急管理机制和队伍
一般保护区	①一般的保护林地；②零星分布的自然、人文景源；③乡村社区的传统农业耕作区和茶园	35.71	①资源与环境保护：生态系统和动植物群落处于稳定状态。自然、人文景源得到有效保护。逐步发展山北、溪南、城村景区，配套游览设施和解说系统；②游客管理：通过建设索道、景区内部环保交通线路，分流主景区游客至冷门景区，丰富游客体验感；③社区管控：限制新建居民点，尽量保持原有土地利用性质不改变，鼓励社区居民生产特色农产品，禁止新开垦茶园，对现状茶园进行生态改造。允许少量民宿和野营床位；④组织效率：建立有效的法律保障和综合执法队伍
有限利用区	①保留的村庄；②小型配套服务设施	1.27	①资源与环境保护：保护村庄内的人文景观资源和历史遗存；保护传统村落和历史文化名村的自然景观环境；结合社区建设博物馆、民俗馆等展示空间；②游客管理：鼓励游客体验传统乡土文化；③社区管控：保护田园风光的空间格局，依法依规进行村庄建设；鼓励发展旅游业，以民宿为特色，完善生活配套设施；④组织效率：建立有效的法律保障和综合执法队伍；鼓励居民从事旅游业，定期对从业人员进行培训
服务集中区	①星村镇镇区；②旅游服务设施集中建设区	11.40	①资源与环境保护：严格保护规划保留的水体、绿地等自然生态空间和历史文物点。环境质量达到规划要求；②游客管理：形成满足不同层次的游客需求的服务体系，完善各种旅游服务配套设施；③社区管控：严格保护崇阳溪沿岸滨水空间景观界面；保留主景区至服务区的主要视线通廊，以大王峰为视线参照物，逐级限制建筑高度，形成良好的建筑景观风貌；鼓励发展旅游业，完善生活配套；④组织效率：建立有效的法律保障和综合执法队伍；完善多级联动的议事决策制度

表4　武夷山风景名胜区外围保护地带保护分区及管控要求一览表

保护分区	保护范围	保护等级	管控措施
九曲溪上游外围保护地带	九曲溪流域	参照风景名胜区一般保护区	沿岸30m范围内，加强水土保持，形成水源涵养林带，禁止农业种植（茶园）；严禁在流域和汇水区内养殖；生活垃圾应分类收集后集中处理；推广生态式污水处理系统，严禁生活污水直排；大力发展绿色农业，汇水区内的农业生产限制农药使用
	山体区域		加强一重山山体绿化，避免青山挂白和水土流失，凡坡度大于25度的山体不宜种植茶叶
一般外围保护地带	崇阳溪	低	两岸各控制30m，形成景观绿带。开辟从主景区通往城村的水上游线
	城村景区外围		应与周边村镇和城市规划相衔接
	风景名胜区东北部		应与市区的规划建设相协调，包括黄金垄、杜坝、高苏坂片区的协调，完善旅游配套设施
	山体区域		严格限制工矿类项目；环景公路两侧各控制15~30m的风景林带；坡度大于25度的山体禁止种植茶叶

2.武夷山风景名胜区景观生态因子分析
3.武夷山风景名胜区适宜性评价模型
4.武夷山风景名胜区保护分区

"城景一体 串珠成链"
——长白山北景区与二道白河镇区一体化规划探索

"City and Scenery in One, Beads into a Chain"
—Exploration on Integrative Planning of North Changbai Mountain Scenic Spot and Erdaobaihe Town

黄 勇 张丛林 许航建
Huang Yong Zhang Conglin Xu Hangjian

[摘　要] 近年来年长白山景区游客已逼近规划上限，在旺季呈现出饱和状态，但游客来得快走得快，综合消费低，游客空间分布不均衡，山下山上"冰火两重天"现象较为显著。山下旅游景点粗放开发运营低效，旅游服务和支撑体系建设、组织的滞后所导致得城景分离，严重影响了长白山旅游的游客体验、综合效益及生态环境保护。本文通过一体化理论的剖析，构建长白山城景一体化的三大战略：优化区域总体空间格局，引导旅游项目的合理分布，促进旅游设施均等布局和一站式的旅游网络，完善城镇旅游功能板块，塑造特色城镇风貌；串联沿线景点资源，打造长白山"最美观光公路"，引导景点差异化、错补位发展；打破行政壁垒，共筑旅游联盟和利益分享机制，促进山上山下旅游一体化。

[关键词] 城景一体化；长白山北景区；二道白河镇

[Abstract] In recent years, visitors to the Changbai Mountain Scenic spot have approached the upper limit of the plan, showing saturation during peak seasons. However, tourists come and leave fast, comprehensive consumption is low, and the spatial distribution of tourists is uneven, "Ice and Fire" phenomenon is more obvious while uphill and downhill. The extensive development and operation of tourist attractions at the foot of the mountain is inefficient, and the lag in the construction and organization of tourism services and supporting systems has led to the separation of city and scenery, which has seriously affected the tourist experience, comprehensive benefits and ecological environment protection of Changbai Mountain tourism. Through the analysis of integration theory, this treatise constructs three strategies for the integration of scenic spot and town around Changbai Mountain scenic spot : optimizing the overall spatial pattern of the region, guiding the rational distribution of tourism projects, promoting the equal layout of tourism facilities and one-stop tourism network, and improving the urban tourism function section, shaping the characteristics of towns and features; connecting scenic resources along the route, creating the "most beautiful sightseeing road" in Changbai Mountain, guiding the differentiation and misplacement of the scenic spot; breaking administrative barriers, building a tourism alliance and benefit-sharing mechanism, and promoting the integration of uphill and downhill tourism.

[Keywords] urban landscape integration; Changbai mountain north scenic spot; Erdaobaihe town.

[文章编号] 2022-90-P-106

近年来，我国旅游经济快速增长，产业格局日趋完善，市场规模品质同步提升，旅游业已成为国民经济的战略性支柱产业。但是，随着大众旅游时代到来，我国旅游有效供给不足、市场秩序不规范、体制机制不完善等问题日益凸显。2018年3月9日，国务院办公厅发布了《关于促进全域旅游发展的指导意见》，指出"将一定区域作为完整旅游目的地，以旅游业为优势产业，统一规划布局、优化公共服务、推进产业融合、加强综合管理、实施系统营销，有利于不断提升旅游业现代化、集约化、品质化、国际化水平，更好满足旅游消费需求"。如何破解旅游发展中广泛存在的城景分离，实现城景一体化是全域旅游中需要研究的重点问题之一，本文正是通过长白山北景区与二道白河镇区一体化案例，来探讨实现城景一体化的具体思路和方法。

一、长白山北坡旅游发展的特征和瓶颈

1. 现状特点

长白山是欧亚大陆东缘的最高山系，地处吉林省东南部，位邻中国与朝鲜边界，是松花江、鸭绿江、图们江三江之源。长白山景区位于长白山国家级自然保护区内，2007年获批首批国家5A级旅游景区，主要分为北、西、南三大景区。2015年全景区接待游客215万人，其中北景区游客量约150万人，占比约70%；西景区约65万人，占比约30%；南景区暂时无旅游人口，高峰期北坡日均接待游客量约为4.2万人，西坡的接待游客量约1.8万人。

二道白河镇地处长白山脚下，距长白山旅游机场60km，距离长白山北景区约30km，是进出长白山的门户，素有"长白山第一镇"的美誉。2005年成立吉林省长白山保护开发区管理委员会，管委会行政中心设在二道白河镇区，从此进入快速发展通道，镇区以二道白河为轴线，开发建设了池北32景、10大广场、5大综合体等项目，连续投入、不断提升，2019年，长白山二道白河名镇景区（范围为整个二道白河镇镇区）获批为4A级旅游景区。2020年，二道白河镇区现状建成区面积约为10.34km^2，人口约为4.9万人，是长白山区域的中心城镇和重要的旅游服务基地。

但从区域旅游总体发展来看，北景区和二道白河镇所处的北坡，旅游发展尚处于观光游阶段，游客中以观光休闲型，大众化旅游为主，高端旅游客群较少，且以一日游为主，限制了游客在当地的消费机会。景区外旅游配套或相关旅游产品匮乏，不具有游客吸引力，人均消费偏低，空间分布不均衡，"山上山下冰火两重天"，长白山北景区游客

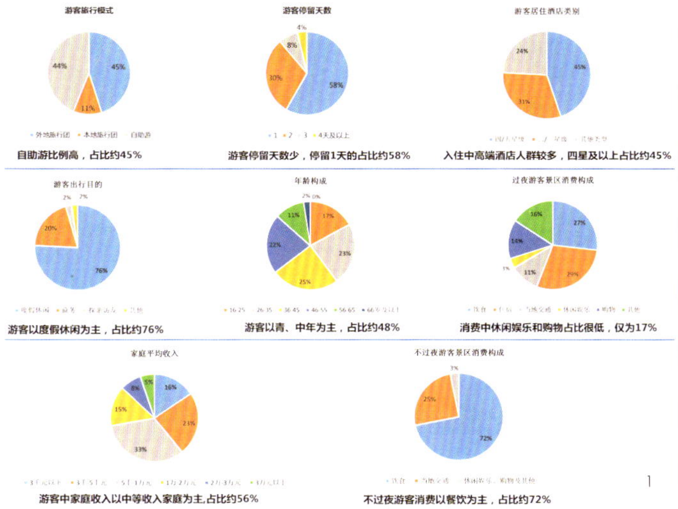

1

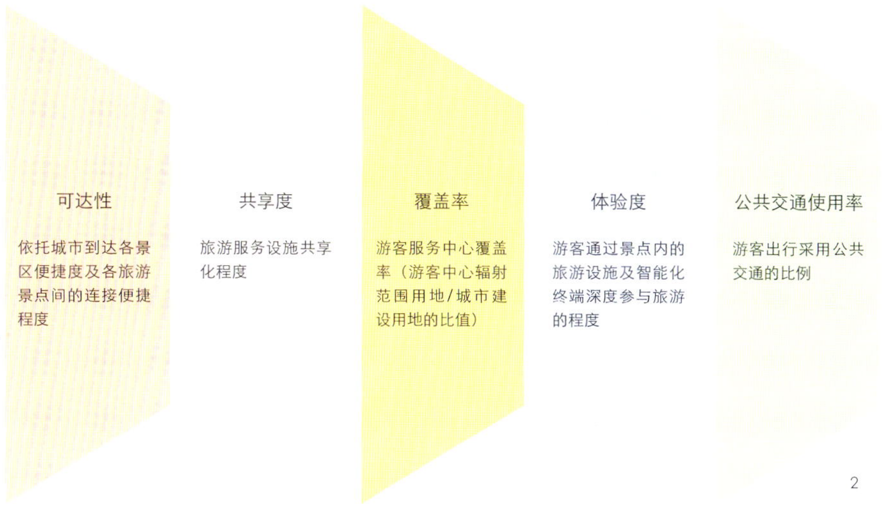

2

1.长白山游客旅游特征统计分析图
2.一体化评价标准体系框架图

量已经接近旅游规划的容量极限，对生态环境的威胁日趋严重，但山下和镇区旅游却停滞不前，全域旅游格局难以建立。

2. 问题症结

当前长白山旅游快速发展，但区域旅游发展还停留在的服务增容和城镇建设层面上，镇区只是天池旅游的门户和配套，并没有真正实现与北景区的同步发展。存在景区、镇区相对分离，旅游服务设施分布不均、水平不高，周边资源链接利用不足等现实问题。

（1）北景区游人容量已达极限，但镇区和山下旅游发展缓慢

长白山北景区游客容量已接近极限，以天池景点为核心的观光型旅游发展模式已不能满足未来的旅游发展需求。《长白山保护与开发总体规划（2006—2020）》对环境容量的要求为：长白山的旅游环境容量可达到300万人次/年，其中北坡130万人次，西坡160万人次，南坡10万人次。2015年数据显示，北坡年游客量（150万）已超出规划环境容量（130万）。现状镇区作为长白山北坡旅游的必经之地，目前仅仅承担了作为长白山旅游“中转地”的角色。近年二道白河城镇建设取得了长足的进步，小镇整体风貌格局正在逐步形成，但是作为旅游小镇的整体氛围仍有待加强。

（2）旅游公共服务体系的能级和层次有待提升

现状道路系统难以适应北坡旅游发展的需求，北景区至二道白河镇区约30km，目前仅靠S103省道联系，交通压力巨大。旅游交通组织不便捷，旅游风景道系统未落实，慢行旅游交通系统未形成环线，个性化旅游交通体验不足。旅游交通组织水平不高，公交体系建设滞后，镇区出入口、高铁站等重点地段游客服务中心建设缓慢，公共停车场建设不足，严重影响了旅游的体验和整体效益。虽然镇区的旅游接待设施经过多年发展有所进步，但设施布局仍相对缺乏，住宿设施多数仍然以经济型和家庭宾馆为主，旅游接待条件较差，与世界级旅游目的地要求相差甚远。

（3）山下旅游资源同质分散，缺乏连通和有效整合

在二道白河镇区和环山公路西侧，依托过去林业局场站和村屯，陆续发展出很多旅游景点，其中S103省道沿线有大戏台河、虎林园、和平滑雪场、奶头山风景区、魔界等景点，镇区有碱水河湿地公园、美人松公园、传奇文化产业园等。但由于开发主体各自为政，景点建设水平层次不齐，内容同质化现象突出，总体运营和经济效益不理想。各景区的发展亟需有效控制引导和串联组织，此外打破长白山管委会与林场、安图县的行政壁垒，建立长白山旅游的旅游联盟和利益分享机制也势在必行。

二、城景一体化的概念解析和框架

对于“城景一体化”尚无明确的学术释义，但关于其探讨近年来却多见于学术界和媒体，多为地方政府促进当地旅游发展与城市建设协调而提出。国内较早实践该战略的城市是杭州市，通过西湖与杭州市区的相互依存，共同构成了“三面云山一面城”的景城空间格局，将城市道路与景区游览道路一体化对接，城市休闲旅游与景区观光旅游互为补充，实现了城景一体化发展。其他城市的实践较为典型的还有华山景区，针对基础设施建设、配套服务水平和旅游业发展落后，山上山下“两张皮”的问题，华阴市也提出城景一体化战略。国外城景一体化发展较为典型的案例如卢塞恩，与琉森湖、皮拉图斯景区相依相存，在城市建设中综合考虑了市民和游客的需求，主客共享购物、休闲、娱乐、度假等服务设施，而且景区索道站建在城区，与城区生活服务设施融为一体。景区有缆车、小火车、小汽车、徒步四种上山方式，出入口均设置在城市中，围绕出入口建设旅游服务中心，景城在功能和空间上融为一体。

城景一体化发展的内涵包括三个要素，即“城”“景”“一体化发展”，城是城区，景是景区，一体化发展是空间、功能、交通、设施、项目等相互融合发展。综上所述，景城一体化发展是依托景区与城区相互依存的独特区位关系，将景区发展与城区建设相结合，推动景区和城区在功能上补充完善、在空间上联动发展、在交通上相互衔接、在风貌上相互协调以及在文化上相互衍生，充分发挥生态、美学、社会和经济价值，实现景区和城区的相互助力、共同发展。

综上分析，笔者认为一体化战略在长白山北坡区域具有很强的适用性，当前旅游设施缺乏、城景旅游组织不优、镇区板块功能不明、区域旅游资源碎片等一系列问题亟待通过山门一镇区一体化战略的实施加以破解，从而形成合理的山上山下关系，突破北坡旅游发展瓶颈。具体而言，将二道白河镇区建设成为北坡旅游综合服务基地，城镇、周边景

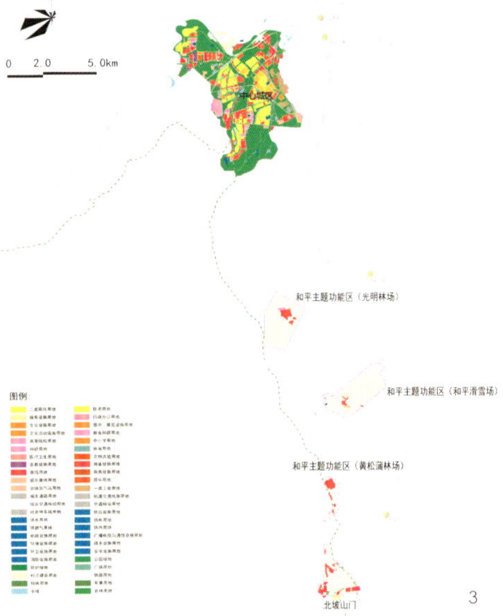

3

4

5

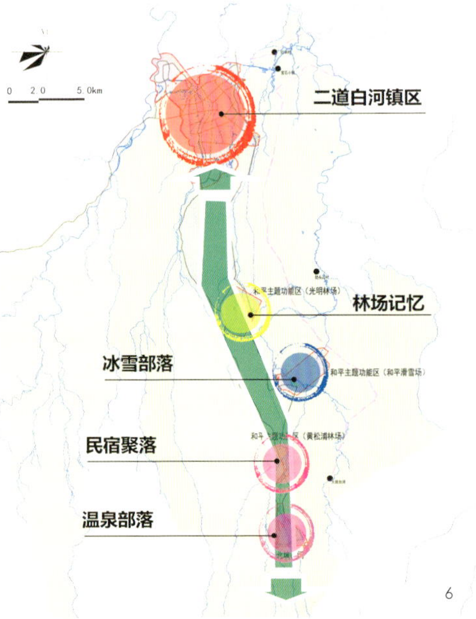

6

7

点与长白山北景区互补发展，重视旅游城镇化的动力作用，把旅游融于城市建设之中，发挥城市基础设施、文化、经济功能，将城区与景区有机结合。长白山一体化战略具体实施中还构建更为精细的五大技术指标，分别为可达性、共享度、覆盖率、体验度和公交使用率，以具体落实空间一体、功能互补、交通便捷、设施完善、项目精准，打造城景相容的全域旅游格局。

三、规划策略和路径

1. 格局优化，服务均等

优化区域总体空间格局，促进生产、生态、生活空间的三生和谐，引导旅游项目的合理分布，促进旅游设施均等布局和一站式的旅游网络，完善城镇旅游功能板块，丰富旅游项目业态，塑造特色城镇风貌，实现城镇景区化目标。

（1）“景区做减法，镇区做加法”，促进国土空间格局优化和旅游项目合理分布。

顺应国土空间规划体系的要求，建构更加合理的三生空间格局和镇、村体系，在景区和林区做减法，镇区做加法，减少景区和山门区域的无序开发对环境的破坏，强化二道白河镇区、主题功能板块的接待服务职能。山门功能下移到二道白河镇，纯化北坡山门区域，优化沿线功能区域。对山门区域现有资源和功能进行梳理，减少山门区域的用地规模，突出山门作为景区入口的形象标识和服务功能。优化沿线功能区域，整合沿线各旅游资源，结合民生，提升沿线各景点的服务水平和活动内容，提出管控措施。一方面，将旅游服务设施集中布置于镇区，防止景区自然生态环境过度开发和破坏、核心景区被服务设施侵占、重要的景观空间廊道被建筑物阻隔等问题；另一方面，通过镇区的旅游发展增加就业机会，解决景区、林区内居民产业转型和搬迁安置及劳动力就业等问题。

（2）均等布局旅游集散体系，倡导“一站式”旅游网络

建立山门—镇区协同的完善旅游集散组织体系，实现山上山下旅游服务均等化。建立两级旅游服务体系，其中游客集散中心结合高铁站等交通外枢纽及城市出入口设置，游客服务点则结合功能板块和主题功能区，按照合理的服务半径进行设置。

“一站式”游线网络的组织，将交通线路与游览线路、城区旅游与景区旅游相结合，即结合高速铁路、高速公路、国道等交通设施，通过组织旅游巴士游线和便捷高效的换乘方式，实现镇区与景区之间旅游一体化服务。

（3）完善城镇旅游功能板块，塑造丰富旅游项目业态

镇区旅游产业的发展应在强化城区与景区功能互补的基础上，结合风景资源保护，将单一的自然风景观光旅游转

变为以非物质遗产文化弘扬、健康休闲度假、自然山水风光展示为特色的综合性旅游，形成“观光游览”“养生度假”“休闲娱乐”“文化创意”四大类旅游项目，加强镇区与各景区之间的互动联系（表1）。

表1 二道白河镇区各功能板块规划旅游项目业态

序号	板块名称	旅游开发内容
1	宝马古城	开发以观光游览为主题的遗址公园项目
2	二道白河沿线	开发以河滨度假、观光、保健养生为主题的温泉酒店和养生庄园
3	美人松公园	打造以民俗文化观光、创作为主题的民俗风情街、文化产业园、文化创作基地项目，延续伐木、采参等非物质文化遗产
4	白河大街	开发以延边朝鲜族特色餐饮、购物公园项目；依托森工文化、宝马文化、森林文化等，开发文化节庆活动项目
5	高铁站片区	开发大型休闲游乐项目

（4）以林为芯，以水为脉，塑造特色城镇风貌。

镇区被森林环抱，区内美人松原始森林面积也达数百公顷，风貌特色明显。镇区塑造“美人松小镇、国际慢城”的城镇形象，重点突出森林生态文化特色，打造以美人松自然保护公园为生态绿心、二道白河和碱水河为生态绿脉的城镇空间，原则上二道白河镇区的建筑高度不超过美人松林及周边山脊线高度。将二道白河镇区建设成为宜游、宜居、显文化、现生态的森林小镇和具有长白山文化内涵的文旅慢城。

2. 串珠成链，互补发展

规划建设上下山旅游环线串联沿线景点资源，打造长白山“最美旅游环线”。加强区域发展引导管控，引导景点差异化、错补位发展。

（1）规划上下山环线，串联沿线景区和林区节点

在原有S103省道基础上，梳理增加一条平行的上山道路，建立旅游快速通道、区域旅游公交体系，形成上下山环线。以规划长白山高铁枢纽为中心，规划两横三纵的旅游快速通道，规划轻轨线路、强化慢行网络并构建区域旅游公交系统，串联镇区、主题功能区、山门和旅游节点，将景区游览、服务接待、登山观光合为一体。结合游线在镇区绿地、各景区绿地与道路绿地内设置专用慢行道，兼容游憩功能，并与旅游巴士站点、自行车存储点衔接，实现公共交通、自行车、步行的便捷转换，使游线成为联系城区与风景区的“景观道”。

（2）功能错位补位发展，打造主题鲜明的特色旅游功能板块和节点。

在景区外围，建构“一核一带四板块”的空间结构，其中一核为二道白河镇区，作为北坡旅游的综合服务基地，促使其成为旅游的集散地、食宿地、购物地和信息交汇地，一带为沿线旅游观光带，四板块则是充分利用已有的林业生产形成的林场生产居民点，通过存量优化，转型成为承载林场文化、冰雪文化、民宿集群和温泉部落的四大板块。

（3）塑造山门—镇区景观带，打造最美旅游环线

旅游风景道以二道白河镇为起点，以山门为终点，通过上下山环线串联和平滑雪场、光明林场、黄松蒲林场、北坡山门、红丰村、宝石小镇、大戏台河、虎林园、奶头村等景点，形成了一条完整的景观带，打造长白山最美旅游环线，全线将设置13处观景台、4处慢行驿站，形成快捷、舒适的旅游通道，构建“快进慢游”的综合旅游交通网络，加快形成“交通+旅游”融合发展新格局。

3. 旅游联盟，利益共享

打破行政壁垒，共筑旅游联盟和利益分享机制，以长白山旅游公司统筹镇区和林区景点运营管理，促进山上山下旅游一体化。

发挥长白山景区在全省东部旅游发展中的桥头堡作用，全盘谋划设计旅游资源开发，推动地区间旅游务实合作，充分利用各旅游资源，推进资源整合、市场整合、力量整合、功能整合、链条整合，统一发力，联动发展，把分散的旅游资源串成线、集成团、连成片，构建环长白山景区联盟。打破行政壁垒，破除行政区经济思维，遵循自然和文化地理单元，加强长白山景区与“山下”周边景区联动协作，既维护长白山完整生态格局，又拓展“山下”游览空间，统筹各景区景点运营管理，构建“一站式”游线网络，激活碎片化资源，共同打造大长白山生态观光游赏区。

四、结语

“城景分离”是当前长白山旅游发展升级的瓶颈，解决此问题的重点是要进一步明确城区与景区的职能，打造特色鲜明的城区旅游空间和旅游产业，组织城区与景区之间的旅游线路。镇区应发挥自身优势，选择适宜的发展方式实现向城镇景区的过渡，同时加强镇区、林区站场村屯的资源串联和规划引导，建立旅游联盟和利益分享机制，从而实现真正意义上的“城依景而生，城与景相融；城中有景，景中显城”的城景联动发展。

参考文献

[1]黄明华, 张祎然, 王阳. 华阴城区与华山景区城景一体化发展思考[J]. 规划师, 2013(7): 110-113.

[2]黄利. 景城一体化发展视角下的城市型风景名胜区转型发展探讨[J]. 城乡规划, 2020(3): 98-105.

[3]上海同济城市规划设计研究院有限公司. 长白山保护和开发总体规划（2016-2035年）[Z]. 2018.

作者简介

黄　勇，博士，上海同济城市规划设计研究院有限公司，注册城乡规划师；

张丛林，长白山保护开发区规划和自然资源局，副局长，城乡规划管理处，处长，工程师；

许航建，理想空间（上海）创意设计有限公司，规划师。

3.山上山下一体化用地布局规划规划图
4.山上山下一体化旅游交通体系规划图
5.上下山环线线路规划图
6.山上山下一体化区域空间结构图
7.最美旅游环线示意图

城市型风景名胜区规划探析
——以徐州市云龙湖风景名胜区总体规划为例

Exploring Measures of Planning of Urban Scenic Spots
—Taking the Master Plan of Yunlong Lake Scenic Spot in Xuzhou as an Example

万基财 刘小钊 刘 骥
Wan Jicai Liu Xiaozhao Liu Ji

[摘　要]　城市型风景名胜区是对保护与发展协调要求特别高、矛盾问题特别典型的风景名胜区。本文以徐州市云龙湖风景名胜区总体规划为实例，剖析生态转型背景下的城市与风景名胜区发展之间的问题，提出了这类城市型风景名胜区的规划方法，并从风景资源系统保护、空间格局优化、生态修复与文化景点建设等方面，引导城景协调互动发展。

[关键词]　城市型风景名胜区；规划方法；城景协调互动发展

[Abstract]　Urban scenic spots are scenic spots with high requirements for the coordination of protection and development and typical contradictions. Taking the overall planning of Yunlong Lake scenic spot in Xuzhou as an example, this paper analyzes the problems between the development of cities and scenic spots under the background of ecological transformation, puts forward the planning methods of such urban scenic spots, and guides the coordinated and interactive development of urban scenery from the aspects of scenic resource system protection, spatial pattern optimization, ecological restoration and cultural scenic spot construction.

[Keywords]　urban scenic spots; planning methods; coordinated and interactive development of city and urban scenic spots

[文章编号]　2022-90-P-110

一、引言

云龙湖风景名胜区位于徐州市区西南部，景区三面秀峰环绕，一面毗邻市区，形成了“三面青山一面城”的山水格局，与城市关系密切。在徐州快速城镇化和生态转型背景下，云龙湖风景名胜区在景区性质、空间形态、功能定位等方面上深受徐州城市的影响，承担了城市发展重要的生态、文化与旅游功能，是典型的城市型风景名胜区[1]。云龙湖风景名胜区多年来受城市发展影响，出现了山水割裂、用地蚕食、碎片化发展和空间利用失衡等问题。

目前，国内针对城市型风景名胜区的规划研究，主要从风景名胜区与城市之间的关系切入，提出相应的规划策略和方法，如周年兴等提出合理布局旅游接待设施、改善风景区内外交通联系、限制人口流动、妥善安置居民生产生活等规划对策[2]；王根生等提出要强调城市型风景名胜区与城市协调发展的基本认知，以提高问题的针对性、规划策略的有效性与空间布局的前瞻性[3]；刘滨谊等提出运用景观生态学方法，协调自然生态环境与人为活动的关系[4]；吴德雯等借鉴国内外相关建筑高度控制方法,结合眺望控制法，构建了城市型风景名胜区边界建筑高度控制模型，以保护风景名胜区内部视线[5]。梁尧钦等针对城市型风景名胜区的保护困境，提出城景共融、分区调控、经验管理三大策略，强调协调风景区与城市发展的关系是解决城市型风景名胜区问题的关键所在[6]。邓武功等提出城市型风景名胜区规划应遵循保护遗产、景城共荣的协调发展理念，通过明确景城职能分工、旅游融合发展、“多规合一”等规划方法，破解景城协调发展难题[7]。

我国城市型风景名胜区众多，各风景区资源条件不同、周边城市发展阶段不同、所处时代要求不同，规划方法和规划策略也存在较大差异。本文针对徐州市云龙湖风景名胜区进行案例实证研究，针对生态转型背景下的城市与风景名胜区协调互动发展，探索城景共荣共生的规划方法，为我国城市型风景名胜区发展提供借鉴。

二、云龙湖风景名胜区城景发展历程

1. 景区概况

云龙湖风景名胜区位于徐州市中心城区西南部，东靠云龙山，西依韩山，南偎珠山，北接城区，形成了“三面青山一面城”的景观格局和“自然-文化-城市”复合的景观系统，随着城市发展，已由城郊型景区发展成为城中型景区，是徐州最优秀的自然景观，也是徐州的标志性文化地标之一。

1-2.云龙湖风景名胜区城景关系演变图

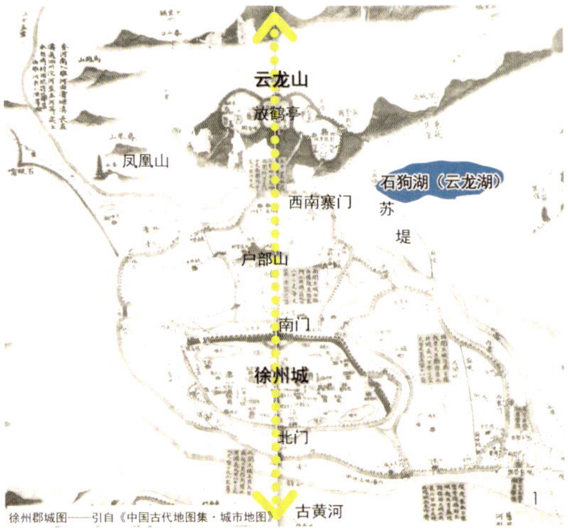

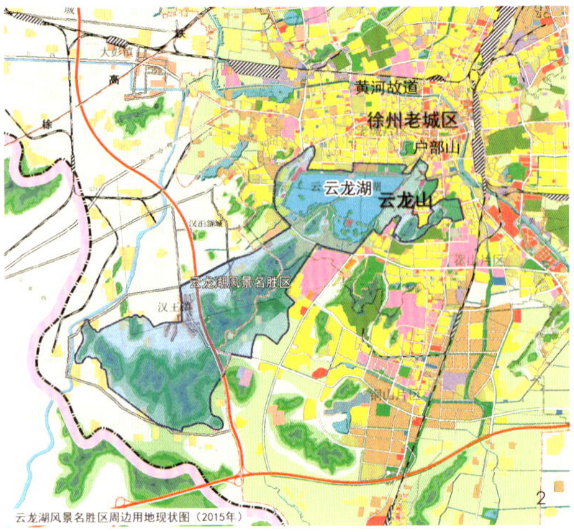

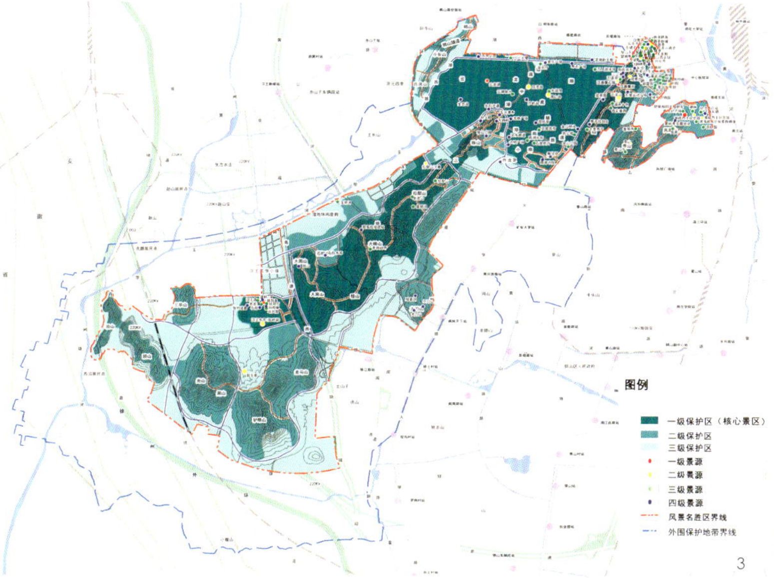

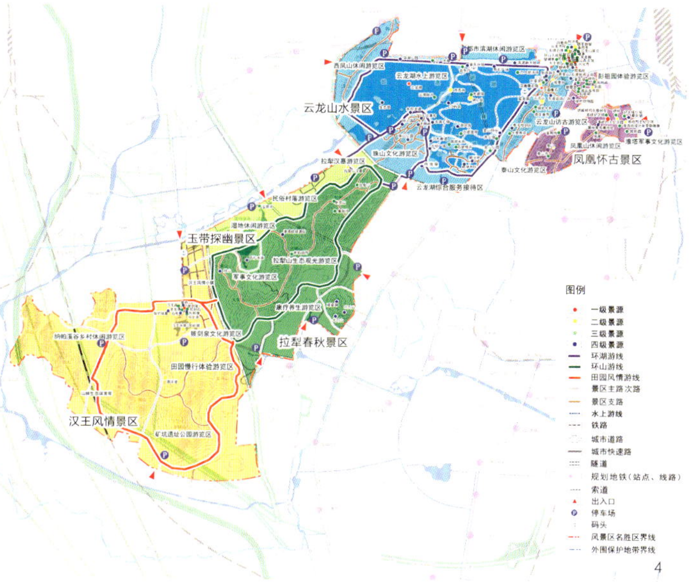

3.资源保护规划图　4.风景游赏规划图

2. 城景关系历史演变

云龙湖，又名石狗湖，可以追溯到宋代，石狗湖位于徐州古城西南、云龙山西麓，因为地势高、水量大，水患严重，1077年苏轼任徐州知州时，在石狗湖边筑苏堤以防洪。1959年，石狗湖更名为“云龙湖水库”，并建成云龙湖北岸的八一大堤，后经过多年景点建设，已有滨湖公园、水上音乐厅、艺术馆、珠山公园等。随着徐州城市向南发展，云龙湖与徐州城市的距离不断拉近，城湖关系也从“相隔”“相近”到“相融”，最后形成了“三面青山一面城”的山水格局，云龙湖风景名胜区也成为与徐州中心城区相融相拥的省级风景名胜区。

3. 当前城景矛盾

资源保护——山水景观核心价值受损。由于景区内部承担了大量城市交通，如湖东路、湖西路和三环南路等从景区内部穿越，城市交通割裂了云龙湖和云龙山之间的山水联系，对核心山水景观的连续性造成不利影响。

风景旅游——旅游发展空间南北失衡。景区北部集聚了云龙山、云龙湖等主要景点，与南部区域玉带河和拉犁山之间缺乏互动，整体的山水游线和环景区的慢行体系不完善。

外围管控——风景名胜区外围保护地带中的城市建设和开发，特别是对建设性质、建设规模、建筑形象和绿色空间管控严重不足，直接导致山与山、山与水、山与城、水与城的景观营造和对视廊的控制受到城市建设和拓展的影响，山水城林有机相融的景观风貌未能充分体现。

三、规划策略

坚持山水林田湖系统保护策略，结合生态系统评估，优化资源要素，构筑生态空间系统格局；结合风景资源保育、景区结构优化、配套设施完善等，构建适应资源保护与利用需要的游赏体系；弹性与刚性相结合，协调城市与景区关系，以惠民便民为导向，寻求云龙湖在新的时代背景下与城市、乡村的协同互动发展。

1. 系统保护核心生态资源

坚持资源保护优先策略，强化山、水、林、田、湖的系统保护，结合资源评价划分不同等级保护区，对核心自然山水景观特色进行全面而有效的保护。禁止任何形式的破坏性开发，维护景观完整性，充分发挥云龙湖风景名胜区的生态绿核功能。同时，逐步疏解城市交通的影响，降低城市建设的干扰，加强城市与风景名胜区的景观协调，保持云龙湖整体生态格局的延续性。

2. 兼顾生态修复与景点建设

拆除严重影响景区生态和景观的棚户区、民房和企业厂房等建筑，对其进行生态修复，将原来的建设空间转换为生态空间和文化空间，将宗教文化、民俗文化、名人文化等资源挖掘和人文景点建设相结合，使景区优美的自然山水和浓郁的文化传承融为一体、相得益彰。

3. 健全游赏体系

统筹风景区南部和北部旅游空间，结合功能导向和旅游服务设施布局，加强景区南部和北部的旅游联系，构筑“环湖（云龙湖）、环山（拉犁山）、环田园（汉王镇）”、山水田园有机串联的全域慢行游览体系。结合景点建设丰富生态旅游、康养旅游、田园度假、文化体验等业态，健全风景区全域游赏服务设施，满足人民日益增长的休闲需要和文化需求，让人们看得见山、望得见水，记得住乡愁。

4. 协调城景关系

结合建设适宜性评价，协调徐州市城市总体规划在风景区内的用地布局，科学合理确定景区用地布局和地块控制指标。针对景区外围保护地带，分区域分类型引导项目建设，在设施共享、视廊保护、建筑控高、风貌保持等方面加强控制引导，实现城景共荣共生。

四、生态转型背景下城景协调发展的规划方法

1. 凸显生态价值，探索适宜徐州的城湖协调保护发展模式

规划致力于解决风景区山水割裂、南北发展失衡等主要矛盾，加强了山水空间的整体性、连通性和延续性，指导云龙湖、云龙山持续开展生态修复

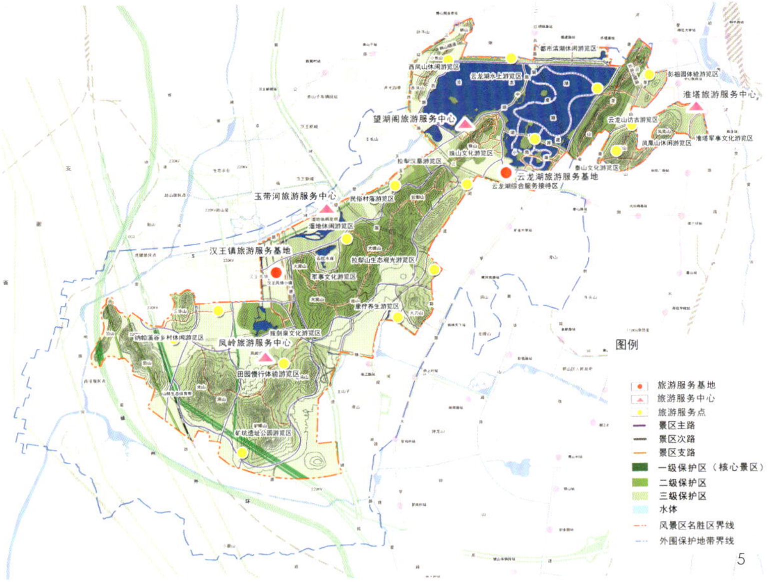

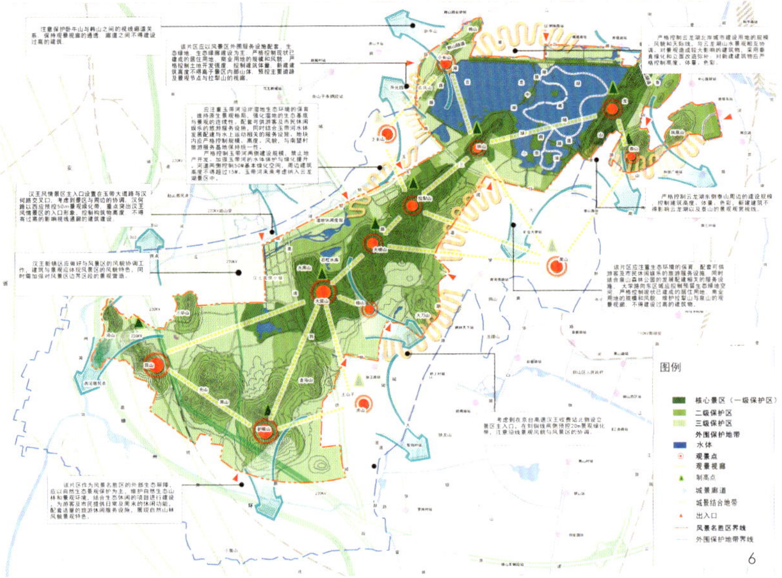

5.游览设施规划图　6.城景协调发展规划图

和环境治理，改善生态功效与景观品质，增强生态多样性与自调力，重点统筹城市与风景名胜区在景观、功能、配套等方面协调发展，探索城市型风景名胜区的城湖协调保护发展模式，将云龙湖风景名胜区塑造为新中国“绿山理水营湖”的生态文明典范。

2.彰显地域特色，建设传承地方文化内核的精神家园

云龙湖风景区既是徐州历史名人的文化栖居之地、又是近现代几代徐州人的记忆之乡，规划通过延续历史文脉，加强文化遗产保护，推动推动徐州多元文化历史胜迹与历史典故集中传承展示，将云龙湖的历史文化、山水文化、名人文化与徐州城乡发展、生态修复相融合，突出彭源汉韵地方特色，真正把云龙湖风景名胜区建成新老徐州人共享的精神文化家园。

3.助力城市更新，打造宜居宜游的环云龙湖高品质生活圈

规划以城市更新的理念，对风景区内工厂企业、废弃地、破旧景点等进行更新改造，建设了小南湖、东坡文苑、好人园、天师广场等30余处文化景点，完善了文化设施、基础设施和旅游服务设施配套，增强了风景区整体景观和游憩功能，提升了城市整体的生态与居住品质，形成了环云龙湖的高品质生活圈、游憩圈，满足新时代市民与世界各地游客对美好生活体验的需要。

4.助力乡村振兴，展现地域特色田园乡村风貌

规划深入挖掘风景区内村庄的历史古韵，提炼地方文化特质，引导实施汉王镇环境综合整治，建立汉王风情小镇作为风景区旅游服务基地，引导农业、文化、旅游、康养等产业多元发展，助力乡村振兴；同时，着重保护山水自然格局、乡村传统肌理、空间形态和传统建筑，展现当地特色田园乡村风貌。

五、展望

在规划的科学指导下，风景资源保护、生态环境治理、文化景点建设效果开始凸显，云龙湖风景名胜区实施了拆违还绿、退建还林、显山露水、提升景观等生态修复项目，建设了小南湖、天师广场、云龙书院、徐州艺术街区等一批文化景点，重塑“三面青山一面湖”的壮美景观，构筑了徐州城区南部最重要的生态绿色空间，形成“山水灵秀地，最美城中湖”的景观格局，云龙湖也成为了徐州最靓丽的城市名片，宛若淮海大地上的一颗璀璨明珠，持续焕发出城市绿肾的生态之美和千年彭城的人文之美。

项目负责人：刘小钊

项目主要参编人员：万基财、刘骥

参考文献

[1]贾建中，邓武功.城市风景区研究（一）：发展历程与特点[J].中国园林，2007(12):9-14.

[2]周年兴，俞孔坚.风景名胜区的城市化及其对策研究：以武陵源为例[J].城市规划汇刊，2004(1):57-61.

[3]王根生，罗仁朝，徐必胜.城市型风景名胜区规划策略探析：以江苏三山国家重点风景名胜区为例[J].城市规划，2005(2):79-82.

[4]刘滨谊，丁恬.邻城市型风景名胜区生态环境保护研究：以鼓浪屿—万石山国家重点风景名胜区生态环境规划为例[J].规划师，2003(19):27-31.

[5]吴德雯，胡一可，姜彦冰.城市型风景名胜区边界建筑高度控制研究——以长春市净月分团二期为例[J].中国园林，2015(4):114-118.

[6]梁尧钦，沈丹.城市型风景名胜区协调发展规划策略——以唐山南湖风景名胜区为例[C]//新常态：传承与变革——2015中国城市规划年会论文集（10风景环境规划）.贵阳：中国建筑工业出版社，2015.250-260.

[7]邓武功，宋梁，王笑时，等.城市型风景名胜区景城协调发展的规划方法——青城山—都江堰风景名胜区总体规划例证研究[J].小城镇建设，2019(6):35-40.

作者简介

万基财，江苏省城市规划设计院有限公司，城市规划师；

刘小钊，江苏省城市规划设计院有限公司风景园林与旅游规划设计院，总工程师，研究员级高级工程师；

刘　骥，江苏省城市规划设计院有限公司，工程师。

英国国家公园保护与游憩协调体系对我国风景名胜区可持续发展的启示

Enlightenment for Scenic and Historic Areas on Coordination System Between British National Parks Preservation and Public Recreation

屠颖星
Tu Yingxing

[摘　要]　我国风景名胜区的发展历程与世界各国的国家公园发展经历基本吻合，尤其是英国国家公园资源本底条件含自然风景与历史文化积淀、始建目标是为满足风景游憩需求而不仅是生态保护、强调人与自然共同演进，这些特殊性与我国风景名胜区的本质具有共通与相似之处，且其发展已成熟，因此对我国风景名胜区的可持续发展具有较大借鉴意义。我国风景名胜区可持续旅游发展至今，存在着较为严重的人地冲突、环境冲突和规划失灵等矛盾问题。本文以英国国家公园为案例，从英国国家公园风景特质评价、规划体系、经营与管理办法等方面提出对风景名胜区可持续发展的启示，实现环境保护导向与社会发展导向的融合。

[关键词]　英国国家公园；风景名胜区；保护与游憩

[Abstract]　The development process of scenic and historic areas in China is basically consistent with national parks in the world. In particular, British national parks are the most similar. For example, the background conditions of resources include natural scenery and historical and cultural accumulation. The construction goal is to meet the needs of landscape recreation, not just ecological protection, emphasizing the harmonious coexistence of human and nature. These particularities have similarities with the scenic and historic areas in China, but British National Parks' development is mature, so it has great significance for the sustainable development of scenic and historic areas in China. Up to now, the sustainable tourism development of scenic and historic areas in China has been faced with some serious problems, such as the conflict between people and land, the conflict between environment and planning failure. This paper takes British national parks as an example, and puts forward the enlightenment for the sustainable development of scenic spots from the aspects of landscape characteristics evaluation, planning system, operation and management methods, so as to realize the integration of environmental protection orientation and social development orientation.

[Keywords]　British national parks; scenic and historic areas; preservation and public recreation

[文章编号]　2022-90-P-113

一、概述

我国风景名胜区自1981年正式出台明确规定、1982年国务院正式审定和批复了44处国家重点风景名胜区，至今经历了40年的发展，已从源起时期、建设初期、建设管理时期，进入了理性发展时期。[1]中国的风景名胜区大多数人文与自然共存，人的文化生活场所与自然环境在其中交融。因此发展至今，存在着较为严重的人地冲突、环境冲突和规划失灵等矛盾问题。

与我国风景名胜区的概念、发展历程具有一定、可比性、参考性的为欧美的国家公园，但各国的国家公园在内涵与目标上略有差异，美国的国家公园以自然型为主，多以保护荒野和野生动物为主要目标；而根据世界自然保护联盟（International Union for Conservation of Nature and Natural Resources，IUCN）指南，英国国家公园则是第V类自然保护地，属于人与自然共生的景观[2]，这与我国风景名胜区本质上具有很大的相似性。并基于这一性质，针对国家公园内包含人类活动的文化景观、社区众多、土地权属复杂等固有特征，英国国家公园的保护与开发机制具有极为鲜明的特色，形成了一套兼顾自然环境保护与游憩开发相协调的制度设计和治理结构，对我国的风景名胜区具有较大的借鉴意义。

因此，本文重点对英国国家公园的环境保护与游憩开发协调体系进行探讨，研究其对我国风景名胜区可持续发展的启示。

二、英国国家公园发展历程

“国家公园”的概念是在1872年由美国首次提出，世界自然保护联盟将其定义为“通过法律或其他

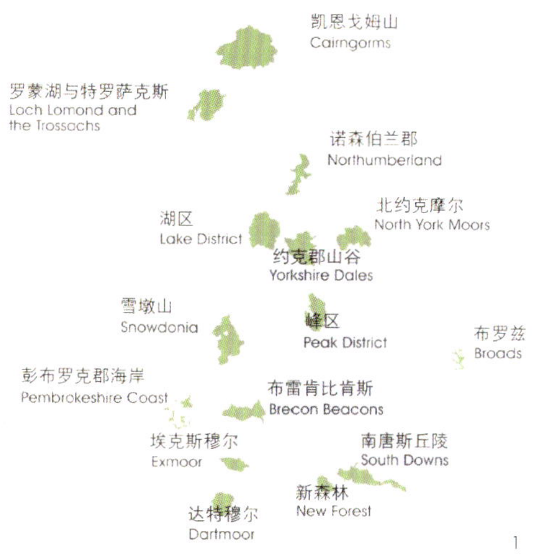

1.英国国家公园分布图

2.风景资源评价和风景特质评价的过程性格差异
3.英国国家公园规划层次关系
4.英国国家公园规划与城市规划体系的关系
5.埃克斯摩尔国家公园及峰区国家公园风景特质图

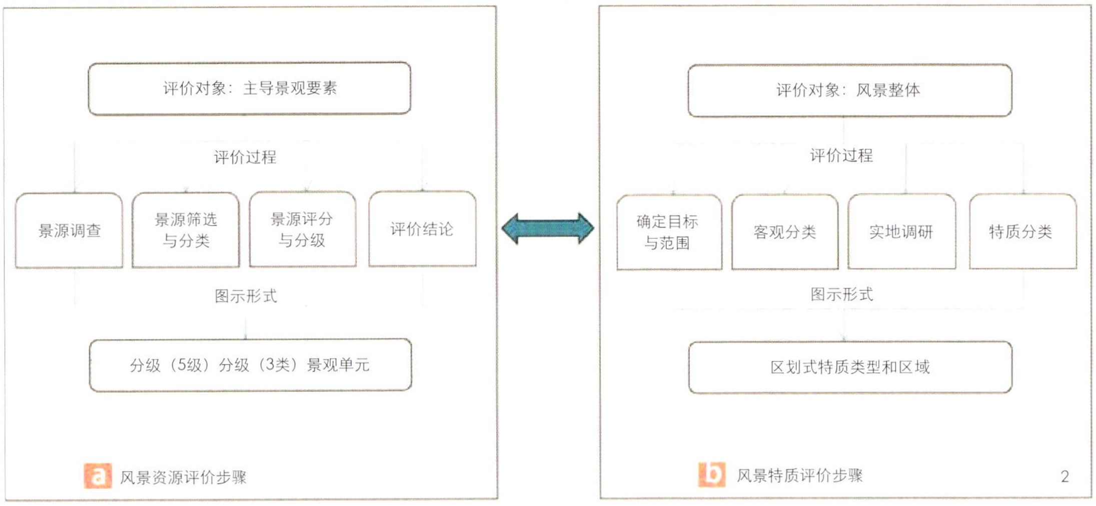

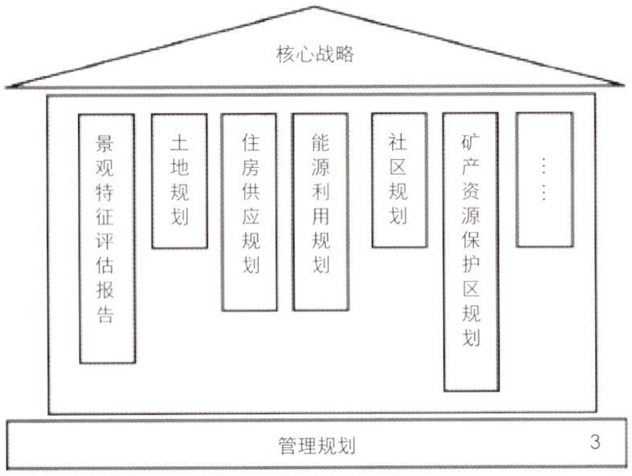

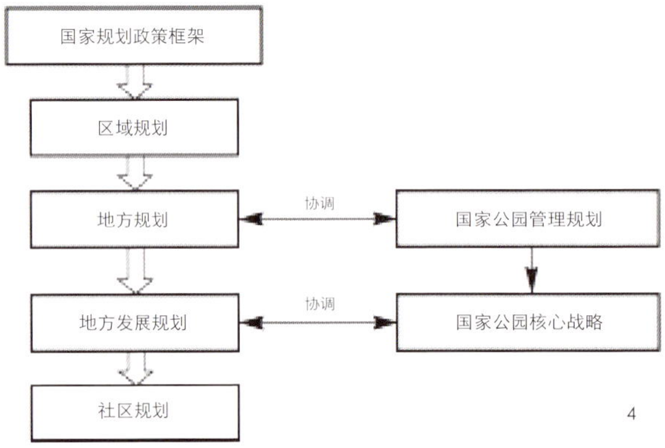

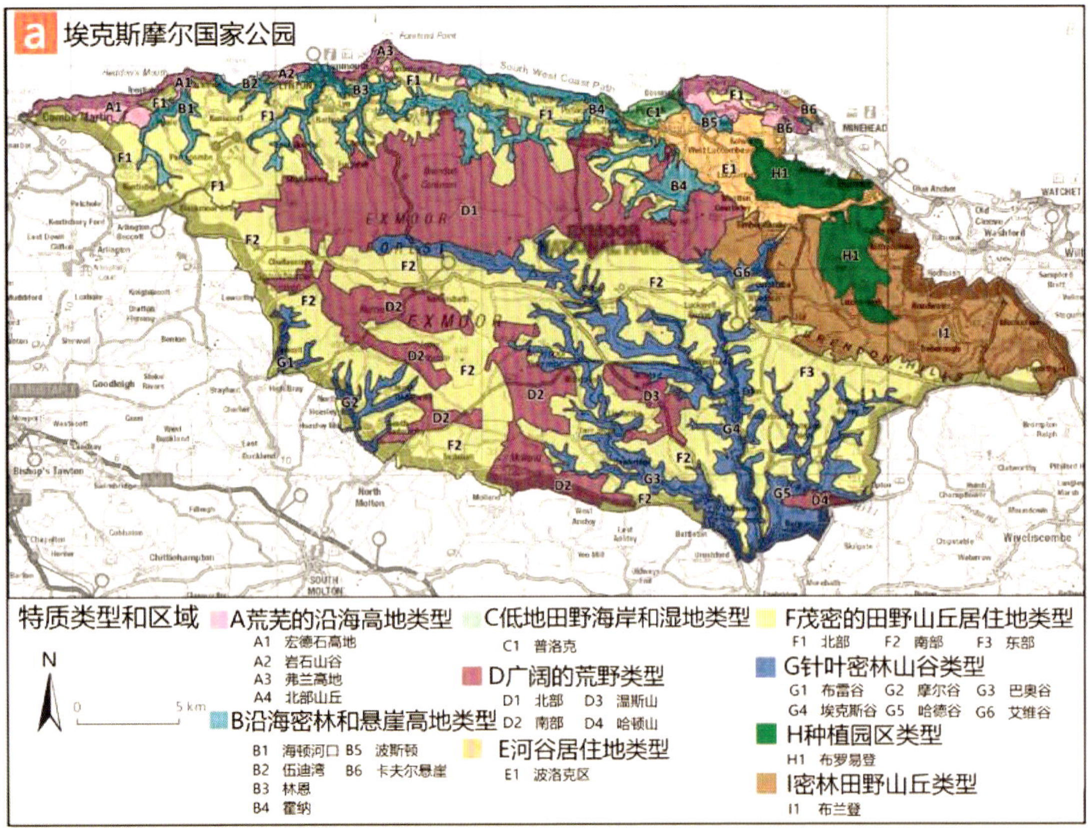

a. 埃克斯摩尔国家公园风景特质图（2017年）
b. 峰区国家公园风景特质图（2009年）

有效手段确立的公认的、专用的、有管理并且有明确界定的地理空间，达到对自然、生态系统和文化价值的长期保护”[3]，这之后各国均开始广泛应用“国家公园”的概念。

英国的国家公园起源同样以美国黄石公园为样本。早在欧洲战争期间（1919—1939年），英格兰和威尔士针对自然保护和户外休闲设置了特别保护地，促进了英国国家公园的设立，以缓解因城市化导致的土地不足和工人阶级在寻求休闲土地方面的冲突。[4]1949年，英国通过相关法案明确了国家公园的主要目的为保护和增强自然美景、并为公众提供娱乐机会。1951年，英国设立第一批国家公园，其内部已经有了以经济农业为主体的“生活、工作的乡村景观”。[5]如今英国共有15个国家公园，分布如图1所示，占国土资源的12.7%，其中大部分土地归当地农户所有，其他部分土地归国家信托、森林委员会和国家公园管理局之类的组织所有。[6]

三、英国国家公园发展特色与经验

1. 英国国家公园特点

英国国家公园与其它欧美国家相比有三大独有的特性：

第一，英国国家公园的资源构成包涵两部分内容——自然风景与历史文化景观[7]。英国国家公园内部存在大量的社区，称之为生活景观（living landscape），这使得英国的国家公园具有一定的生活性与生产性，也具有“多种所有权和管理利益”的特征[8]。

第二，英国国家公园建立之初的目标是为满足人对风景游憩的需求，而不是纯粹的生态环境保护。这就意味着英国国家公园的资源开放共享性较强，且资源的游憩价值开发尤为重要。

第三，英国国家公园被定义为世界自然保护联盟第五类，强调人与自然的动态演进。因为在国家公园内部人与自然不断的演进过程中，人的活动形成了丰富的物质和非物质文化遗产，这些文化遗产形成了更丰富的资源价值和风景游憩性。

2. 英国国家公园发展中的矛盾

而这些特征使得英国国家公园在发展和

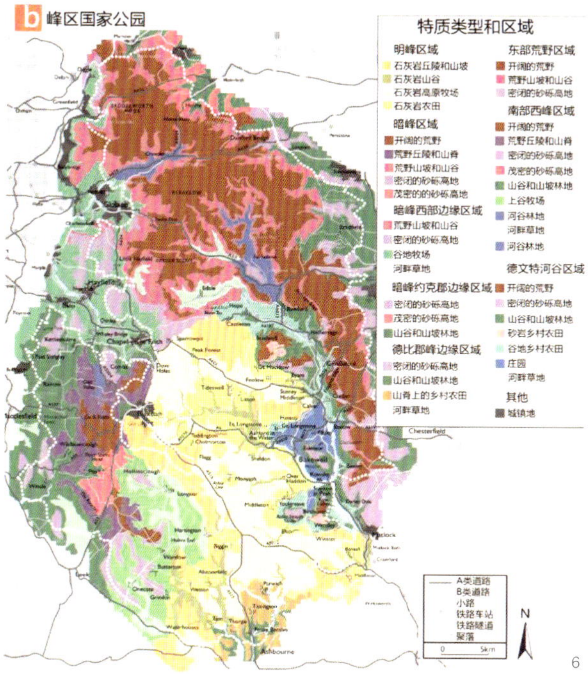

6

峰区的8个景观特征区	核心特征
白峰	广泛而统一的石灰岩地质，高度开放的高原，石墙、牧场和用当地石头建造的村庄。重要的文化遗产和历史景观包括：历史悠久的田野图案，工业遗产和矿产遗迹
黑峰	广阔的人烟稀少的荒野高地景观，有陡峭的石质斜坡，因泥炭荒原和裸露的粗砂岩呈现出的深色景观色调而得名，整体保持着一种明显的宁静和偏僻的特点，与周围形成鲜明对比
黑峰西边缘	倾斜和地势较低的地形，封闭的沼地景观，耕种程度高，大量的早期工厂定居点使工厂成为该地区的一个显著特征
黑峰约克郡边缘	田园景观的山坡和山谷，也拥有强大的工业遗产，包括当地的羊毛制造、煤炭开采和铁生产。文化遗产主要体现在土地、聚落形态和当地的传统建筑风格上
德比郡峰边缘	在高地和乡村低地之间的过渡性景观，有密集的居民点、分散的农田和被树篱、石墙围合的草地，与城市联系紧密
德文特河谷	分隔白峰的石灰岩、东部荒原和黑峰高沼地的毗邻河流的低洼景观，树木繁茂，农业特征鲜明
东部沼地	人烟稀少的砂石高地，与黑峰相比，地势较低，泥炭较浅，被历史上的交通路线穿插，与人类活动和城市联系紧密
西南峰	西南高地，从开阔的荒原和定居密集的高地到较低山谷中的河流走廊，具有悠久的人类历史，独特的分散的聚落格局

7

6.埃克斯摩尔国家公园及峰区国家公园风景特质图　7.峰区国家公园8个景观特征区核心特征描述表

管理中具有较多需要调和的矛盾：

首先，英国国家公园内的资源本底特性使得国家公园内的土地权属复杂。英国国家公园地土地多为私有属性，土地所有者包括当地农户、国家信托、军队、公园管理局等众多对象，[9]公众无法随意进入私人拥有的土地上。因此公园内土地的私有性与国家公园的公共性之间是存在一定矛盾的，公园内居民的生产生活活动与游客的游憩活动也存在一定冲突。这对国家公园的规划与管控也带来了较大的难度，如公园空间格局破碎、权属不明导致边界划定不清晰、公众难以达成决策统一等。

其次，基于英国国家公园设立的目标为满足人对风景游憩的需求，因此国家公园内资源和空间的开放性和可游性尤为重要，即产生了保护与开发的矛盾。这就对英国国家公园内资源的保护价值与游憩开发价值的评估识别提出了较高的要求，既要充分尊重本土风景资源的特质、保护自然和文化整体的价值，同时也要合理开发、使风景具有较高的游憩价值。

其三，英国的国家公园为人与自然持续动态演进的空间，这种“持续性”对英国国家公园的规划政策和管理机制提出了较高的挑战，必须具有灵活、动态的特征。

3. 英国国家公园的规划管控策略与经验

为调和这些逐渐激化的矛盾，英国国家公园在长期的探索实践中形成了一套规划和管理国家公园的成熟的方法体系。

（1）风景特质评价体系（LCA）

英国风景特质评价（LCA）由国土/区域（national/regional）—地方（local authority）—地区/基址（local site）3个层次构成，是对风景资源分层分类管理和规划的基础工具。[10]在不断实践基础上进行完善，如今LCA体系已成为国际认可的识别景观特征与管理景观变化的重要工具，它展现了“区划式”整体评估、价值中立原则、动态演进式的保护。[11]

①“区划式”整体评估，有别于传统的“散点式”优质资源导向型分级分类评价，其定义的是异质而唯一的景观特征“区域”，强调整体性。如埃克斯摩尔国家公园与峰区国家公园风景特质图。

②价值中立式的评估，即更关注“该区域与相邻区域有何不同”，无关景观价值的优劣。传统的景观资源评价，更注重评判其开发价值或保护价值，以分级分类的方式评价出更具有开发或者保护性质的景观，这一定程度上会造成资源评判受主观要素影响，造成认识景观资源多样性的不足。风景特质评价体系注重对景观特征进行公正客观的识别描述，确保景观的多样性发展，也一定程度上将景观资源从保护与开发的对立面关系中脱离，如峰区国家公园8个景观特征区核心特征描述表（表1）。

③动态演进式的保护：基于英国公家公园人与自然的动态持续性演进的特征，风景特质评价体系一大管理要点就是针对动态景观变化，用以维持人与自然之间的长期平衡。即在进行景观特质评价时，充分考虑该景观环境在受到人类活动的动态影响后，未来可能的发展，达到可持续发展的目的。

（2）英国国家公园规划体系

①国家公园规划层次

英国国家公园规划层次分为管理规划（或称伙伴合作计划）、核心战略及其他专门规划。[12]其三者的关系为，管理规划为顶层规划，类似于战略规划，非法定，用于明确公园发展方向、目标及政策框架。核心战略与其他专门规划则需服从和落实管理规划，其中核心战略在管理规划的基础上更具有实施性和操作性，可类比与我国的近期发展规划，需要与地方上其他发展规划相协调；其他专门规划又称补充规划，根据实际需要进行编制。

为保障各方土地所有者的认同，在规划编制过程中，尤其注重全过程的公众参与。

②国家公园规划与地方规划的关系

值得借鉴的是，英国国家公园和其城市规划两个规划体系之间极其注重相互协调。尽管在编制规划时，国家公园范围内属于各县的地区仍自行编制地方规划和地方发展规划，国家公园独立编制管理规划和核心战略，但两个规划要依据法律和前述的管理侧重点相互协调，不得出现相互矛盾的情况；当两个规划不同步时，国家公园管理局对公园内的开发建设项目具有决定权。而在管理方面，国家公园所在地区的行政事务仍由各县政府管理，居民、交通、市政、垃圾处理等社会公共管理仍属于各县政府，但国家公园管理局对资源的保护与利用、建设项目具有规划管辖权。

可见，国家公园和地方政府在进行规划的编制和管理上各有侧重点，当发生矛盾或不一致时，国家公园具有较高决定权，这一定程度上避免了规划冲突与多头管理的问题。

（3）英国国家公园管理体系

为解决英国国家公园的多重矛盾，其管理体系也具有一定的特殊性。

①“合作伙伴”管理模式

“公众参与”是英国国家公园管理体系中相当重要的环节，并且已发展为利益共享和风险共担的“合作伙伴”模式。

英国国家公园的“合作伙伴”是一个对象和内容都较为多元化、负责的模式。对象包括地方当局、代表社区的地方行动小组、慈善机构、私营企业等，内容覆盖国家公园管理的3大优先事项8个主题[13]。这些合作伙伴之间明确责权利，并通过法律与制度进行保障。如凯恩戈姆斯国家公园，由凯恩戈姆斯国家公园管理局（Cairngoms National Park Authority，CNPA）行使主要管理职责，“土地管理小组”是凯恩戈姆斯国家公园管理局与土地所有人共同建立的土地管理合作伙伴，“凯恩戈姆斯自然”是自然保护相关的合作伙伴组织等。这些合作伙伴分别对土地管理、社区发展、自然保护、商业发展等提出相关管理制度。

值得一提的是，在合作伙伴关系中，必须明确国家公园管理机构在其中的主导性，结合合作伙伴们的专业性，灵活合作的共同管理好国家公园。

②“社区可持续发展”政策

由于英国国家公园的特殊性是公园内存在众多的社区，那么公园管理的重要工作之一就是维持和推动社区可持续发展。为此，在国家公园内，鼓励适当发展现代化的农业、沿线性格局发展旅游服务小镇、严格管控可支付性住房问题控制房价、倡导低碳旅行方式等，保持社区的活力健康可持续发展。

③“公共进入权”政策

正是由于土地私有制导致的土地所有者众多，如何保证土地所有者的公平利益成为了国家公园管理局的一大难题。由此国家公园实践出了许多政策措施，如通过法律赋权、审批申请和奖励机制，使得私人土地开放。同时，地方当局和其它机构，也可以通过购买或土地捐赠，使私有土地转化为公共属性。

但为缓解发展和保护之间的矛盾，对开放区域依然会有一定的限制和管控，如游客可进入的区域以社区小镇为主，可进入的道路也有明确的规定，这些可进入区域的具体分布在地方当局有官方地图详细表述和标示，并在实际有地物标识。[14]

四、经验启示

我国风景名胜区和英国国家公园存在一定的差异，比如土地所有制度、法规体系、游客规模等。但英国国家公园的资源本底、管理体系等对我国的风景名胜区可持续发展仍有较大借鉴意义：

在资源评估方面，区划式评价更为整体全面且灵活多样，其目标明确为进行可持续风景管理而不过分强调优质资源的利用，同时注重识别风景的自然和文化整体价值，并动态的分析演变和动因、对未来走向进行预判，有助于规划的前瞻性。

在规划体系方面，英国国家公园与城市规划体系的良好衔接，使得地方与国家公园权责明晰，共同科学的划定公园及公园内游憩范围，有助于解决规划互相矛盾的问题，同时也对用地边界权属不明、城市建设和风景保护的矛盾起到一定的协调作用。

在管理体系方面，应重视公众参与、完善风景区管理中的利益相关者参与机制，明确核心责权利的主导体。

参考文献

[1]严国泰，宋霖.风景名胜区发展40年再认识[J].中国园林,2019,35(03):31-35.

[2]布莱恩・泰勒,张引. 布莱恩・泰勒:英国峰区国家公园的社区规划与合作[J]. 北京规划建设,2020(04):191-195.

[3]Guidelines for applying protected area management categories[M]. Iucn, 2008.

[4]Herlin I S. Exploring the national contexts and cultural ideas that preceded the Landscape Character Assessment method in England[J]. Landscape Research, 2016, 41(2): 1-11.

[5]Butler R, Boyd S. Tourism and National Parks : Issues and Implications[M].Chichester: Wiley, 2000.

[6]董禹,陈晓超,董慰.英国国家公园保护与游憩协调机制和对策[J].规划师,2019,35(17):29-35+43.

[7]赵烨,高翅.英国国家公园风景特质评价体系及其启示[J].中国园林,2018,34(07):29-35.

[8]陈晓超. 英国国家公园可持续游憩规划研究[D].哈尔滨工业大学,2020.

[9]张立.英国国家公园法律制度及对三江源国家公园试点的启示[J].青海社会科学,2016(02):61-66.

[10]赵烨,高翅.英国国家公园风景特质评价体系及其启示[J].中国园林,2018,34(07):29-35.

[11]蒋定哲,鲍梓婷. LCA作为英国国家公园保护与管理的核心工具[C]. 中国城市规划学会、重庆市人民政府.活力城乡 美好人居——2019中国城市规划年会论文集（13风景环境规划）.中国城市规划学会、重庆市人民政府:中国城市规划学会,2019:332-341.

[12]邓武功,丁戎,杨芊芊,李泽,赵书艺. 英国国家公园规划及其启示[J]. 北京林业大学学报(社会科学版),2019,18(02):32-36.

[13]张书杰,庄优波. 英国国家公园合作伙伴管理模式研究——以苏格兰凯恩戈姆斯国家公园为例[J]. 风景园林,2019,26(04):28-32.

[14]王应临,杨锐,埃卡特.兰格. 英国国家公园管理体系评述[J]. 中国园林,2013,29(09):11-19.

作者简介

屠颖星，上海同济城市规划设计研究院有限公司，规划师。

乡村类世界遗产地可持续旅游经验借鉴
——以日本岐阜县白川村为例

Experience of Sustainable Tourism in Rural World Heritage Sites
—Taking Shirakawa Village, Gifu County, Japan As an Example

徐婷婷
Xu Tingting

[摘　要]　乡村类世界遗产地因其独特的旅游资源构成而备受关注，旅游的蓬勃发展给遗产地村落带来巨大的发展也带来更多问题。如何对待保护和利用的关系，促进遗产传承和可持续发展成为重要议题。本文以1995年被列为世界遗产的“白川乡与五箇山的合掌造聚落”为例，通过梳理白川村20世纪50—70年代、80—90年代及90年代以后三个阶段的发展与保护历程，分析其不同时期循序渐进的保护措施和发展手段，总结出白川村通过构建层级分明的保护体系、实施科学全面的防护措施、采取与时俱进的保护方案、建设不断完善的配套设施以及挖掘亮点打造品牌等策略成为世界著名的乡村旅游景点并在传承保护和可持续旅游方面取得了巨大成功。为新时期发展背景下，国内乡村类世界遗产地及乡村旅游的可持续发展提供经验借鉴。

[关键词]　白川村；世界遗产地；可持续旅游

[Abstract]　Rural world heritage sites have attracted much attention because of their unique composition of tourism resources. The vigorous development of tourism has not only brought great development to the heritage villages, but also brought more problems. How to treat the relationship between protection and utilization and promote Heritage Inheritance and sustainable development has become an important issue. Taking the "settlement of Baichuan Township and five mountains" listed as a world heritage in 1995 as an example, this paper combs the development and protection process of Baichuan village in the 1950s-1970s, 1980s-1990s and after the 1990s, analyzes its progressive protection measures and development means in different periods, and summarizes that Baichuan village through the construction of a hierarchical protection system It has become a world-famous rural tourist attraction by implementing scientific and comprehensive protection measures, adopting protection schemes that keep pace with the times, building continuously improved supporting facilities, excavating highlights and building brands, and has achieved great success in inheritance, protection and sustainable tourism. It provides experience and reference for the sustainable development of domestic rural world heritage sites and rural tourism under the development background of the new era.

[Keywords]　Shirakawa-go; world heritage sites; sustainable tourism
[文章编号]　2022-90-P-117

一、引言

乡村类世界遗产地是指凝结了具有世界性突出的普遍价值的民居建筑、乡村聚落、村落布局、土地永续使用方式、产业活动、民间习俗、手工技艺、文化节事等要素的地域综合体[1]。从遗产研究的角度来看，旅游只是遗产保护和活化利用的一种方式，考虑到乡村类世界遗产地具备居住、生产、自然观光、遗产体验等多重功能特征，如何平衡遗产保护、价值传承和旅游利用之间的互动关系，又要满足生态资源的完整性和可持续发展是这一类村落需要研究的关键问题。根据旅游的生命周期理论，我国的乡村旅游正处于发展阶段，而遗产地村落的发展更是出现了诸如管理方式低效、法律保障体系不完善、过度商业化等问题，为了能够健康良性地推动遗产地村落的旅游发展，实现“最优化利用环境资源”“尊重社区文化原真性”和“长期可行的经济运作模式”三项联合国旅游组织提出的可持续旅游发展目标，必须研究学习国内外先进经验。

日本早在二战后就开始发展和研究乡村旅游，其中“白川乡与五箇山的合掌造聚落”作为典型案例，经过数十年的研究与各方共同努力，不仅成功申报世界遗产，还成为领先世界的乡村旅游景点，被称为“日本传统风味十足的美丽乡村”[2]。本文即通过介绍白川村的成功经验，为我国乡村类世界遗产地及一般村落的旅游发展相关提供参考。

二、白川村发展与经验

1. 白川村的发展与保护历程

（1）白川村概述

白川村坐落于日本本岛中部岐阜县西北部白山山麓，北边为富山县，西边经灵峰白山与石川县接壤，是四面环山、水田纵横、河川流经的安静山村，村落内居住人口约2000人。

白川村最为特别之处就是保存完好的传统农舍“合掌造”。合掌造（合掌造り がっしょうづくり）是日本一种特殊的民宅形式，特色是以茅草覆盖的木屋顶，呈人字型的屋顶如同双手合十，故称“合掌”[3]。这种建筑的缺点是每隔一段时间就需要更换老朽的屋顶茅草，因此每户人家的屋顶翻修，都需要全村人的同心协力才能完成，这种合作方式被当地居民称为“结”。除此之外，白川村丰富的自然资源和独特的田园风光也颇具美誉，与合掌造融合为一体，形成一道独特的自然人文风景。

（2）白川村发展历程

①1950—1970年代自发保护

二战后日本经济发展快速，政府为了复兴农村经济、提高农民收入、改善农民生活质量，推行了一系列发展乡村旅游、保护乡村环境的政策。20世纪50年代，白川河流沿岸开始修建发电站和水库，带来了新旧建筑的交替，合掌造的数量显著下降，但因为白川村地处偏远相对落后的经济条件恰恰保护了白川村传统的村落布局和建筑形制。这一时期，村民们对合掌造特色建筑形式的价值认知开始逐渐觉醒。20世纪60年代，白川村开始有意识发展生态观光旅游，一些致力于乡土文化保护的青年组成了“合掌保存组

1.白川村检查水枪情况
2.白川村商业街
3.博物馆

合”，为后来的“白川村荻町部落自然环境保护会”打下了基础。

20世纪70年代，在世界高度关注文化保护和自然保护的背景下，白川村也开始探索自身价值和保护措施。1971年白川乡150户居民自发成立了“白川乡荻町部落自然环境保护会”，颁布了《白川乡荻町部落自然环境保护居民宪章》。宪章声明了白川乡荻町资源“不卖、不借、不毁坏”的保护原则，并制定了一些具体措施。1975年白川民居被指定为“重要的有形民俗文化财”。1976年，为了更好的发展本地经济，白川村主动申报“重要传统建造物群保存地区”。获批后，村民们考虑到传统合掌屋多采用茅草屋顶，冬季严寒多用火炉取暖，夜间也保持火种燃烧，易有火灾，因此将全部政府补助用于于防火设施布置。随后一年，白川村的旅游人数倍增，知名度也不断上升。

②1980—1990年代政府支持

为了进一步重塑乡村活力，日本第四次《全国综合开发规划》（全国総合開発計画，1987）将乡村作为重点开发区域，提出大规模开发旅游休闲区的策略方针，并逐步提出绿色旅游政策。

20世纪80年代，一张获奖摄影作品向世界展示了白川村检查水枪使用情况的独特景象，成为白川村旅游发展的重要转折点。巨大的宣传效应引领白川村的旅游人数不断增长，旅游发展步入正轨。1995年12月，白川村与五箇山一起以“白川乡与五箇山的合掌造聚落”之名被列入世界文化遗产，吸引了大批游客。

③21世纪以后多方参与

21世纪以来，经济社会的发展提高了城市居民对旅游的需求。一方面，城市居民需要自然的、精致的、种类丰富的旅游产品；一方面，乡村居民希望通过旅游与农业生产相结合，带来经济的提升和文化的传承。日本政府也为此制定了《绿色采购法》（国等による環境物品等の調達の推進等に関する法律(グリーン購入法)，2000）、《观光立国法》（観光立国推進基本法，2007）等法律政策，为乡村旅游健康良性发展提供了保障。

新时期的白川村没有止步，不断地继承和发展新的策略推动其村落旅游的可持续性。在建筑保护方面，根据政府指导和学者研究，改造传统建筑为“具备展示价值和参观性质的场所”，并通过改变室内空间设计提升地区旅游接待能力。建立合掌民家园博物馆，展示“合掌造”结构、材料等以及其所处的村落布局和美丽景观；在产业发展方面，白川村居民坚持旅游开发与农业发展并重，专门制定了有关农业发展方向和政策的5年计划。将旅游观光、体验、学习与农业生产结合发展；在其他方面，白川村十分重视旅游配套设施的建设，如具有文化和自然特色的商业街、具有观赏和历史意义的民宿，等等。同时也积极与国内外企业、组织合作宣传，打造白川村独特的身份名片。

2. 白川村保护与发展特征

（1）层级分明的保护体系

政府层面通过设置专门保护机构实现上位指导与管控。白川村政府设置“教育委员会事务局”，其文化财产部门负责保护世界遗产白川乡。财政资助方面，1981年之后，政府对于白川乡合掌造房屋的翻新、修缮补助已经高达90%；社会层面一方面通过成立“世界遗产白川乡合掌造保存财团”这一募资财团，解决政府补助之外的资金问题，其工作内容包括募集资金，展开修理、修景、振兴区域、调查普及等；另一方面依靠文学作品和电视传播；居民层面自发参与成立专门保护组织。尤其是1971年白川乡村民成立的“白川乡町村落自然环境保护会”在白川村的保护与发展历程中一直发挥着至关重要的作用。即便到今天，每月必开一次委员会、每年必开一次总会的“保护会”依旧是协调、解决白川乡合掌造房屋及景观环境等相关事务的主要力量。

白川村由村民-社会-政府共同构成的层层分明、分工明确的保护体系，不仅使各层级的保护措施得以有效的落实和及时的开展，同时也能更大程度的调动全社会的保护意识和当地居民的积极性，这也是白川村能够成功保护自然环境与文化的同时提高居民生活水平的重要保障。

（2）科学全面的防护措施

合掌造的核心特点就是木材和茅草构成，没有一颗钉子。这一特征决定了防火防灾应该被放在保护的首要位置。其主要措施为配备全面的防火设施、组建专门消防队伍等。1977—1988年间，白川村借助政府补助，充分利用农业生产的水路资源在村落内布局了59个喷水枪和62个消防栓，保证救灾水源充足。同时村民自发组织建立了一支民间消防队伍，负责防火设施的日常维护管理和防灾知识科普学习，不仅能够有效维护也提高了居民的防灾意识。但考虑到专业化和精细化保护，2000年，白川村成立了专业的“高山消防署白川办事处”，制定了规范的管理政策，并定期举行火灾预防活动与演习。

白川村通过居民与专业人员合作的方式，科学全面的部署防火防灾设施，将预防措施做到极致，保障了白川村数十年来免收灾害侵袭，更稳定的发展。

（3）与时俱进的保护方案

白川村的保护发展历程经历了几十年的变化，经济社会发展的不断变化对白川村的发展也会有不同的影响，新的问题也不断涌现。最为显著的问题就是游客人数的不断翻番冲击着不同阶段的白川村。1995年被列入世界遗产后涌入的游客给白川村居民带来了巨大的影响，为了解决这一问题，居民与保护会共同商议提出：游览车辆早九晚四，其

4-7.白川村实景图照片

余时间不能进入。同时搭建桥梁隔离村落与对外停车场。另一方面，在保护发展的不同阶段，仅靠居民自主难以深入探索问题，因此政府会根据学者研究，与当地居民交流新的经验和措施，给与指导和资助，适时调整，不断优化。

白川村在政府专业指导和居民落实两个层面相互合作、积极配合的良好机制下，牢牢掌握村落发展方向，保障其可持续发展。

（4）不断完善的配套设施

为了提高旅游发展品质和可持续性，白川村不断探索更好的游客体验。通过完善旅游服务设施提升游客体验感，用实际行动向国内外游客传递白川村的魅力。一方面延续了白川村一贯的方式制定景观条例，通过制定不同的景观塑造方案，将传统建筑保护与特色景观融入建设的每一步；另一方面提供多语言的宣传与服务。

白川村在政府和居民层面积极提升旅游服务品质，各司其职又相互配合，使白川村不断吸引国内外游客成为可能。

（5）挖掘亮点打造品牌

合掌造是白川村最大的特色，但是仅仅依靠这一特色难以持续发展。因此白川村结合传统文化挖掘新的亮点。一是将白川村用以祈求神来保护村庄、道路安全为题材的浊酒节打造为活动品牌，组织富有当地特色的传统节目表演；二是将传统劳作间唱歌作为观光项目，游客也可以亲身参与体验；三是将当地居民常吃的火锅打造了知名美食品牌，并融入本地故事性，让国内外游客在体验美食的同时体会当地居民的日常生活。

三、经验启示

随着我国乡村发展的探索深入，乡村类世界遗产地保护和乡村可持续旅游都在寻求更绿色、经济的发展道路，日本岐阜县白川村给我们提供了很好的经验借鉴。

1. 构建自上而下与自下而上相结合的保护体系

地方政府、社会与居民的共同参与是白川村经验的最显著特点，其中居民的参与度甚至超过了政府的指导参与。一方面需要政府自上而下的提供政策引导与资金支持。地方政府的政策应该细致且层级丰富、引导方针调整及时，因地制宜的提出建议，再由受保护村落选择落实方式，在执行中政府给予相关规定制定和资金支持两方面的帮助；另一方面，居民积极投身家园建设才是最根本的动力。将村落发展与村民紧密联系在一起，有意识的引导当地居民进行需求与策略的讨论。建立“政府引导，居民主导”的保护模式，使乡村类世界遗产地旅游更协调、健康、持续的发展。

2. 挖掘旅游资源多重价值，塑造本土品牌形象

调动特色资源及其周边资源，挖掘本土文化特色进行优化整合，多方面创造商机。乡村类世界遗产地的每一个要素都有可能激发旅游动机，因此对区域内未得最优配置的各类资源进行挖掘、合并、转移、重组，形成综合统筹管理能够更好的提高资源旅游率；在保护山水田园生态格局的基础上深入挖掘文化，通过策划、规划、设计、运营创造出独有的品牌，健全法制体系，制定保护发展计划；在打造旅游品牌的同时，注意旅游品牌的宣传与推广，注意营销方式，以吸引更多的游客，从而促进乡村地区经济发展，提高原住民的参与度和收益度。

3. 创新发展旅游产品，量身定制配套服务

我国乡村类世界遗产地种类比日本更加丰富，如福建土楼、皖南古村落、红河哈尼梯田文化景观等。同时我国的乡村旅游需求也更多，可以探索的方向也是多样的，因此加强各地对旅游产品的开发种类与手段的创新，塑造各具辨识度的地区特色标识，提升服务人员整体接待水平，根据不同旅游地和服务对象量身定制服务内容，通过现代化手段了解服务对象的需求与偏好，突出差异化与个性化，更大限度地吸引游客。

参考文献

[1]周睿，钟林生，刘家明. 乡村类世界遗产地的内涵及旅游利用[J]. 地理研究, 2015(5): 991-1000.

[2]李巧莎. 日本乡村旅游模式探索及案例分析[J]. 现代日本经济, 2020(2): 72-80.

[3]张姗. 世界文化遗产日本白川乡合掌造聚落的保存发展之道[J]. 云南民族大学学报(哲学社会科学版), 2012(1): 29-35.

[4]李皓. 日本白川乡传统村落保护路径与模式思考[J]. 民艺, 2020(1): 99-103.

[5]Takamitsu Jimura. The impact of world heritage site designation on local communities â A case study of Ogimachi, Shirakawa-mura, Japan[J]. Tourism Management,2011(2): 288-296.

[6]麻生美希. リビングヘリテージとしての生活景の保全に関する研究 [J].同志社女子大学生活科学, 2018(52): 1-11.

作者简介

徐婷婷，上海同济城市规划设计研究院有限公司，规划师。

主题沙龙

Theme Salon

专家五人谈：风景名胜区规划与可持续旅游的常与变，内涵与实现路径

Five Experts Talk: the Constant and Change, Connotation and Realization Path of Scenic and Historic Area Planning and Sustainable Tourism

前言

中国的风景名胜区凝结了大自然亿万年的神奇造化，承载着华夏文明五千年的丰厚积淀，是中国优秀传统文化的重要载体。2018年文化和旅游部成立以来，在生态文明和文旅融合背景下，众多学者就不同类型的风景名胜区应如何处理好保护与可持续旅游发展的关系，展开深入探讨与案例实践。风景名胜区担负起资源的保护与利用双重任务，因此中国风景名胜资源的保护与发展已成为世界国家公园制度中的典范。

然而在具体的工作实践中，不论是规划编制单位还是管理主体，都还普遍存在诸多疑点和难点，尤其在当前自然保护地体系构建、国土空间规划编制体系改革的背景下，风景名胜区如何展示优秀传统文化、推动可持续旅游、实现高水平治理，仍然需要探索创新。

在《理想空间》编辑部支持下，邀请同济大学建筑与城市规划学院严国泰教授、同济大学建筑与城市规划学院韩锋教授、中山大学张朝枝教授、上海同异城市设计有限公司疏良仁先生、上海同济城市规划设计研究院刘晓所长，共同就世界遗产和风景名胜区的关系、新时代风景名胜区规划编制要求、自然保护地体系改革对风景名胜区的影响、风景名胜区及遗产地可持续旅游的实现路径等相关问题各抒己见，根据访谈内容整理，形成本刊主题沙龙，旨在分享科研成果与实践经验。

“风景名胜区规划的终极目标是维护自然与文化景观资源的大地肌理安全与健康发展；无论是风景名胜区规划还是设计都应顺应自然。”

严国泰，同济大学建筑与城市规划学院景观学系教授、博士生导师。曾任中国风景名胜区协会专家理事、中国地质学会旅游地学与地质公园专业委员会委员、上海市旅游协会常务理事、旅游教育分会副会长、住房和城乡建设部风景园林专家委员会成员。研究方向包括风景名胜区规划理论与实践、旅游规划理论与方法、历史城镇遗产保护与旅游开发等。出版著作《宝鸡天台山风景区总体规划》《江西龟峰风景区总体规划》《城市旅游发展规划案例研究》《历史城镇旅游规划理论与实务》《旅游规划理论与方法》等。

首先要正确认识风景名胜区（或保护地）发展规划，主要涵盖以下两个方面：

（1）风景名胜区规划的终极目标：维护自然与文化景观资源的大地肌理安全与健康发展

维护大地肌理的自然规律，即维系大地机体连续性和完整性或者说维护大地肌理的生态环境安全。确保人类生存与万物生长空间的基本结构不被改变和生存环境安全；维护自然界的山体基本特征即维护自然界山岳景观原初生态环境的不被干扰；维护水系和水域生态环境不受到破坏，这两条原则同理于森林、草原和荒漠；在保持山水肌理结构不改变的基础上，相地找寻出可供人类聚集发展的可持续利用之地。因此风景名胜资源保护不仅仅只保护资源本身，重要的是保护承载资源的大地机理的真实性及其生态环境的完整性。如黄鹤楼，除了保护黄鹤楼建筑本身外，关键是保护长江南岸蛇山的山水肌理及其生态环境的完整性；又如乐山大佛，一座山，雕刻了一座佛，佛像镶嵌于山岩中，因此乐山大佛的保护，实质是保护佛像所依托的山地肌理及其自然生态环境，如若佛像所依托的山地肌理被破坏了，那么佛像也就被破坏殆尽了。

（2）风景名胜区规划、设计顺应自然

风景名胜资源是地球表层自然演变与人类社会发展不断累积的结果，是人与自然和谐共生的中国智慧。因此风景名胜区规划与设计要顺应自然，居民社区建设相地原则及景区发展空间布局与确定各地块用地性质，要客观地分析研究用地性质的特点；明确按用地性质的轻重缓急推进人类驻地的有序建设；因此居民社区建设应尽可能地避开自然灾害点，如山洪冲击点、泥石流滑坡点，村落及服务接待场所的建设应选择“近山不靠山、临水不亲水”的健康安全之地，按照用地时序、用地性质、用地规模客观科学地开展规划与设计，这样才能保证建设过程的不出错，才能确保风景名胜资源永续利用及生存、发展的安全。

接下来从规划、保护、开发、管理多角度谈谈风景名胜区（或遗产地）实现可持续旅游的路径。

（1）科学规划，控制发展节奏；规划留足后备发展空间与区域，严禁超容量的建设发展包括基础设施建设、服务接待设施的建设及旅游环境容量的盲目或无限制的扩大。

（2）保护，风景名胜资源注重保护与养育相结合；对生态敏感区实行保护措施，严禁任何破坏行为的出现；对生态脆弱区实行养育措施，维护生态环境修复与培育生物多样性地带性分布规律。

（3）开发，实行限制性、控制性、留有余地的发展理念。对于核心景区实行保护性的限制性开发；对于可持续发展观赏、游憩区域实行控制性开发，特别是要控制前期发展的节奏，为后期可持续发展建设留有后备发展用地与空间。

（4）管理，实行预警式管理制度。对于特别需要呵护的风景名胜资源建立红线预警管理制度，一旦触碰到预警线，就会亮红灯；建立生物物种濒危管理制度，一旦进入濒危状态，系统立刻升级为濒危修复状态，严禁外来者闯入，实行封闭式保护；风景名胜区各景区可实行轮休式开放制度，如黄山风景名胜区的天都峰与莲花峰就实行的是轮休式开放制度，莲花峰开放，天都峰轮休，天都峰开放，莲花峰轮休，保护、养育与发展和谐相宜。

“中国风景名胜区是中国自然和文化遗产的突出代表，其突出的人与自然相互交织的文化景观价值，是东方自然宇宙观的实践典范。”

韩锋，博士，同济大学建筑与城市规划学院景观学系前任系主任、博士生导师。2006年出任ICOMOS-IFLA国际文化景观科学委员会中国代表，现任委员会副主席。国际自然保护联盟IUCN世界保护地委员会（WCPA）专家。国家自然资源部林业与草原局世界遗产专家委员会委员。中国风景园林学会文化景观专业委员会创始主任委员。上海市杨浦区第十五、十六届人大代表。其主持的课程《遗产保护与发展》为教育部“来华留学英文授课品牌课程”，成为中国文化对外传播和交流的窗口。

在国际自然和文化遗产的保护中，有一朵东方奇葩，那便是中国的风景名胜区。在中国现有的56处世界遗产中，有35处为风景名胜区，41处与风景名胜区相关联，中国的风景名胜区成为世界自然与文化保护的重要组成部分。以“天人合一”为哲学基础中国风景名胜区展现了人与自然和谐共处、诗意栖息的理想栖居典范和智慧，为“人与自然分离”的西方国际遗产保护哲学提供了东方的视野，自上世纪80年代末以来的，为填补国际自然遗产和文化遗产保护之间的裂痕，做出了卓越的贡献。

1992年设立的世界遗产文化景观是“人与自然的共同作品”，自然与文化深度交织、相互作用，形成有机的整体。文化景观类别的出现，架构了自然遗产保护和文化遗产保护之间的桥梁。以自然为基底的中国风景名胜区，往往同时涵盖世界遗产文化景观的三个子类，即设计的景观、持续有机演进的景观以及与自然密切相关的非物质性关联景观，具有突出的人文和自然双重特征。中国的风景名胜区反映了中国文化与自然之间长期而深刻的双向建构关系，具有深厚的文化底蕴，是中国“天人合一”人文主义哲学观的完美实践典范，是中华民族生活、生存智慧的杰出范例，展示了中华民族对自然从物质性智慧利用到非物质性精神认知和建构的升华，具有与自然关联的高度宗教性、伦理性、政治性、艺术性、生活性及活态性。中国的风景名胜区属于IUCN国际保护地体系中的第V类——陆地/海洋景观保护区，具有高度美学、生态和文化价值，是体现人类利用自然、体现土地利用智慧、保持生物文化多样性的典范。

由此可见，中国风景名胜区是中国自然和文化遗产的突出代表，其突出的人与自然相互交织的文化景观价值，是东方自然宇宙观的实践典范。在世界遗产和IUCN保护地体系中是最有代表性的中国保护地类别。

然而，对此类文化景观价值的认知尚未在国内形成共识。在中国目前的自然保护地体系和国家文化公园建设中，由于未认识到风景名胜区自然和文化特质兼具的文化景观价值及其国家代表性，风景名胜区系统被弱化。文化景观遗产既不是单纯自然遗产，也不是纯粹的文化遗产，而是一种既区别于自然遗产也区别于文化遗产的一个独立的类别。因此在国家遗产保护战略的顶层设计中，应当在自然遗产、文化遗产保护体系之外，设置独立的国家文化景观保护体系，展示中华文明独特之遗产，确立国家文化景观品牌，彰显中国文化自信，走出中国的遗产保护之路。

国家文化景观保护体系应当以中国风景名胜区为主体，他们包括了最重要的中国国家地理坐标、名山大川，记录了中华民族与自然共生存的文明发展历史和自然宇宙观。景观保护还应该包括乡村景观遗产。乡村景观记录了中华农业文明成就，是中国文化之根，是土地可持续利用的典范和中国田园文化的家园。景观保护还应该包括大型线性具有国家代表性的文化景观，如大运河、长征、长城，建立不同类别的点、线、面的文化景观保护系统。

文化景观保护致力于弥合曾由西方主导的自然和文化遗产保护之间的裂痕，近30年来一直是国际遗产保护前沿，其倡导的“自然文化联合之旅”，也应当是中国东方文明的文化复兴之旅，中国应该成为世界“自然文化联合之旅”的引领者。

“中国的风景名胜区规划在一定程度上促进了旅游可持续发展；未来的遗产地旅游将会成为有效地阐释与传播遗产价值的重要方式。”

张朝枝，中山大学旅游学院教授、博士生导师。可持续旅游智能评测技术文化和旅游部重点实验室副主任，联合国教科文组织名录遗产地可持续旅游教席主持人，世界经济论坛可持续旅游理事会理事。长期从事遗产旅游目的地可持续发展、管理与规划的相关研究与咨询工作，发表学术论文120余篇，主持国家基金6项。担任多个国际组织如国际古迹遗址保护理事会文化旅游科学委员会、世界自然保护联盟保护地专业委员会、联合国世界旅游组织可持续旅游监测中心及国家部委的专家委员。

中国的风景名胜区是在借鉴西方的国家公园模式基础之上，结合中国自然审美文化传统而建立一种保护地体系，这个体系建立之初就充分考虑了遗产保护与旅游发展的关系，如第一版《风景名胜区规划规范》（GB50298-1999）就明确了“游赏体系规划”相关内容与要求，并在功能区划中也预留了一定的旅游活动空间，严格控制了旅游接待设施的规模与容量。在中国风景名胜区发展的近四十年历程中，风景名胜区管理部门和编制单位在遗产保护与旅游发展之间不断平衡与协调，已经形成了一整套应对方法，从这个角度讲，中国的风景名胜区规划在一定程度上促进了旅游可持续发展。

近年来，以国家公园为主体的自然保护地体系建设不断加快，原有风景名胜区的保护地体系面临全面调整的压力，如何通过调整风景名胜区规划来适应这种变化是相关部门面临的挑战。从技术上来讲，这种挑战包括两个方面，一是如何重新定位风景名胜区的保护对象的问题，在以往的风景名胜区规划的基本理念中，“风景”是包括自然生态系统和人文景观系统的综合体，而目前的自然保护地体系中，国家公园、自然保护区、自然公园的三个保护层级并没有考虑自然与人文的融合部分，也没有充分考虑人与自然的过渡关系部分，即在绝对保护和完全开放利用之间的过渡类型并不明确。在这样的背景下，如何得新定义风景名胜区的保护对象，是风景名胜区规划与管理者们必须认真思考的问题。二是如何定位风景名胜区的利用强度与功能区划问题，改革中的自然保护地体系采用了保护与利用的二分法则进行功能分区，在保护工作日益精细化的背景下，如何合理地将旅游等利用方式与风景遗产保护进行合理的功能分区是一个极其复杂的问题。

在自然保护地体系改革不断深入的背景下，风景名胜区规划编制者们如果能够根据几十年的规划编制与管理实践经验来应对新时代生态文明建设的要求，创造性地处理好与新型保护地体系兼容的保护与利用关系，并能在保护强度、保护对象及其相应的功能区划上落实，将对未来的风景名胜区规划建设具有划时代的意义。

实现遗产地的可持续旅游至少需要从以下三个方面来推进：一是保证遗产的本体受到有效保护，即遗产地包括旅游在内的任何利用活动必须在遗产可接受改变的极限之内进行，遗产并未受到不可逆的负面影响；二是遗产地旅游发展必须充分尊重遗产保护涉及的社区的利益，并让他们在遗产旅游发展中获得公平的收益机会，使这些社区居民成为遗产保护的共同体；三是为遗产地提供旅游服务和产品的各类企业本身能够实现经营的可持续性，能够为当地提供稳定的就业机会和税收贡献。

总体来讲，社会公众的遗产保护意识在不断加强，游客对遗产的价值欣赏与理解程度也越来越高，未来的遗产地旅游将会成为有效地阐释与传播遗产价值的重要方式，促进当地社区生计可持续的重要力量，提升居民生活幸福感的有效形式。

“建议尽快出台《关于做好风景名胜区整合优化有关工作的实施办法》，重新启动风景名胜区整合优化工作。”

疏良仁，上海同异城市设计有限公司总设计师，中国风景名胜区协会顾问总规划师，《规划师》杂志编委。以“大爱做规划，真情做设计”为执业理念，以探寻中国城市空间设计密码为执业宗旨，长期从事城乡规划、城市设计、旅游规划及风景区规划工作。主持完成各类规划设计800余项，获得省部级奖项目20余个，主持参加国际、国内大型竞赛中标项目30余个，在国内外学术期刊发表论文30余篇。

2020年9月1日，自然资源部办公厅、国家林业和草原局办公室印发《关于自然保护地整合优化有关事项的通知》（自然资办发〔2020〕42号）（以下简称“42号文”）。文件提出，“本次自然保护地整合优化预案，暂不涉及风景名胜区自身范围调整，风景名胜区体系予以保留。针对当前风景名胜区内存在的城镇建成区、建制乡镇建成区、永久基本农田等大量人为活动，以及与其他各类自然保护地交叉重叠等问题，将另行研究解决”。

“通知”针对风景名胜区一方面明确保留风景名胜区体系，这对于传承我国优秀传统文化，构建“中国特色”的自然保护地体系具有重大意义，完全正确；另一方面暂停整合优化，这将影响整个自然保护地整合优化成果的完整性和全面性，尤其是风景名胜区自身存在的各类问题难以解决，急需制定后续工作方案。

“通知”发布后风景名胜区相关工作暂停，历史遗留问题不能得到有效解决，这将造成一大困惑。边界范围本身划定不合理，风景名胜区范围内生态、生产、生活三生空间发展矛盾较突出。过去很多风景名胜区是在“抢救性划建”的思路下建立的，强调集中连片、不留空白来划定范围，造成许多建制城镇、社区居民点、农牧业生产区等也被划入了风景名胜区边界范围内。暂停整合优化工作将使此类问题继续存在，严重影响风景名胜区的资源利用、城镇建设、乡村振兴、旅游发展等。

风景名胜区是最具中国特色的一种保护地，具有生态保护、文化传承、审美启智、科学研究、旅游休闲、区域促进等综合功能及生态、科学、文化、美学等综合价值。为此，建议尽快出台《关于做好风景名胜区整合优化有关工作的实施办法》，重新启动风景名胜区整合优化工作。首先针对风景名胜区的复杂性和特殊性，应进一步明确风景名胜区的地位和作用，制定实事求是、科学合理的整合优化原则。其次针对风景名胜区整合优化的迫切性和艰巨性，应进一步明确风景名胜区整合优化工作思路、时间节点和程序安排，争取一并纳入风景名胜区所在区域县、市国土空间规划中。第三，建议由自然资源部、国家林草局成立风景名胜区整合优化专家组，专题研究和全面梳理风景名胜区的归并问题，自上而下制定风景名胜区保留预案（如三山五岳、文化名山等），指导各省市风景名胜区归并整合工作。最后，针对重叠情况复杂和城市型风景名胜区，应尽快开展单个景区整合优化试点工作（如广西花山、广东罗浮山等）。

“中国的风景名胜区完善和丰富了世界遗产类型，世界遗产的申报也促进了中国风景资源研究和国家文化安全战略的建立。”

刘晓，同济大学城市规划学士，中欧国际工商学院EMBA，注册城乡规划师，高级工程师，上海同济城市规划设计研究院有限公司城市开发规划研究院启明规划设计所所长。从业20年，主持完成180余项规划设计项目，获得国家优秀城乡规划设计奖2项，发表论文10余篇，长期从事城市总体规划、风景旅游规划、控制性详细规划、城市设计，乡村规划的研究与规划实践。2018年获得上海市十佳青年规划师称号。曾主编《理想空间——新农村与城乡统筹发展》。

1. 世界遗产和风景名胜区的关系

1972年11月16日，以联合国教育、科学及文化组织大会通过的《保护世界文化和自然遗产公约》（Convention Concerning the Protection of the World Cultural and Natural Heritage）为标志，开启了对“有突出意义和普遍价值的文物古迹及自然景观”世界遗产的研究、申报、维护等一系列工作。限于时代局限性和文化背景，该公约将有形的世界遗产大体分为两类——文化遗产和自然遗产，后来引入了既符合原有文化遗产标准也符合自然遗产标准的“混合遗产”的概念。这种分类方式有着深刻的西方二元分析法的哲学思维，其试图将人和自然的分离、自然和文化分开。随着公约缔约国的增多和申报的多样性，作为一种普适性的标准与分类方式，很难概括所有遗产各自的独特性，更难以表达人与自然的互动、文化实体与自然的关联性、自然本身具有的文化价值。随着1992年文化景观遗产概念的确立，标志着世界遗产的重要转向，是文化的转向，也是价值观的转向。为重新审视文化和自然的关系及其多样性打开了大门。近30年来，世界遗产文化景观整体动态的视野，改变了世界遗产对资源价值的认知，加强了对文化多元的认同，也为遗产保护和发展提供了全新的方法论，影响深远。此后世界遗产对线形遗产、系列遗产、跨界遗产以及当代遗产的关注，都与此相关。

中国的风景名胜区是在历史演变过程中，随着人与自然相互作用，文化及审美的不断沉淀，形成了具有独特中国文化内涵的游憩活动区。自然是本底，而人文活动则赋予这些自然景观新的意义，使得自然与文化紧密联系。1982年11月8日，国务院批准44处第一批国家级重点风景名胜区，1985年6月7日，国务院批准发布了《风景名胜区暂行管理条例》，1985年我国加入了联合国教科文组织《保护世界文化和自然遗产公约》，1987年，我国向联合国教科文组织申报的第一批6处世界遗产申报成功，其中泰山、长城和秦始皇陵兵马俑为国家重点风景名胜区，开启了中国风景名胜区制度与世界遗产保护制度的接轨。截至2021年7月，中国申报的56处世界遗产中有35处与风景名胜区有关，其中国家级风景名胜区44处，省级风景名胜区13处。尤其是4处双遗产全部是风景名胜区，5处文化景观中有4处是风景名胜区（表1）。由此可见，我国风景名胜区代表了中国自然文化遗产价值，为丰富世界遗产类型作出了重大贡献。

在我国世界遗产申报过程中，既是一个输入国际上对于世界遗产价值标准、判断及保护的过程，也是我国文化输出及保护文化安全的过程。《保护世界文化和自然遗产公约》相关的保护理论、方法等对中国风景名胜区的工作具有重要的借鉴意义。其中，《实施世界遗产公约的操作指南》明确规定真实性和完整性是衡量遗产价值的标尺，也是保护遗产的关键。我国大量的风景名胜区不能用简单的文化或者自然遗产来划分，也不是混合遗产能完全表达其重要的价值，而是千百年来根植于农耕文明，劳动人民与自然共同创造的文化景观。风景名胜区经过几十年的管理实践，众多专家学者对风景名胜区的资源价值分析有了系统性的梳理，建立了具有中国文化特征的风景资源评价、保护、利用体系，风景名胜资源是具有国家代表性和典型性的自然文化遗产资源，这种对资源价值的理解也影响了世界遗产的分类细化，在多元文化层面扩展突出普遍价值的内涵，从而更好的向世界传播了中国的文化价值观。今后随着这类自然和文化交融型的文化景观在世界遗产中数量的扩大，风景名胜区是深刻体现美丽中国、文化自信的“活态”载体，必将成为世界遗产的重要类型，其突出普遍的价值将会产生更加广泛的影响，为实现人与自然和谐共生提供了中国智慧和中国方案，而其背后所承载的国家文化输出，具有更深远意义。

2. 自然保护地体系改革对风景名胜区的影响

2019年6月26日，中共中央办公厅、国务院办公厅印发《关于建立以国家公园为主体的自然保护地体系的指导意见》，提出了建立以国家公园为主体的自然保护地体系的整体设计。自然保护地体系的核心在于按照生态系统的重要性和完整性建立相应的保护机制，依指导意见风景名胜区纳入到自然公园的序列，然而由于风景名胜区的两级管理体系以及类型的丰富必然使其与其他的保护地相互交织，不利于风景名胜区的保护与利用，发挥其应有的多元化价值，因此有学者也呼吁在建立以国家公园为主体的自然保护地体系中，将风景名胜区作为一类特别保护利用区独立于自然公园之外，建立起以国家公园为主体、自然保护区为基础、风景名胜区为特色、各类自然公园为补充的自然保护地体系。我认为这是一个很好的建议，此种体系的构建，进一步优化了生态保护利用的目标体系，也突出了中国自然保护地的独特性。

表1　我国世界遗产和风景名胜区统计表

世界遗产		与风景名胜区有关的世界遗产数量	含风景名胜区数量（处）	
类型	数量		国家级	省级
文化遗产	33	16	14	2
自然遗产	14	11	22	11
自然与文化双遗产	4	4	4	—
文化景观	5	4	4	—
合计	56	35	57	

3. 风景名胜区及遗产地可持续旅游的实现路径

随着中国世界遗产地数量增多，尤其是风景名胜区型的遗产地，可以说是最具有中国自然特色，最能代表中国文化内涵，也最具有旅游价值的一类自然保护地。然而，随着申遗成功，旅游休闲时代的来临，很多风景名胜区游客量暴增，远远超出应有的游客容量，导致生态退化、环境恶化、景观俗化、旅游体验越来越差，风景区本身的文化传播、陶冶性情、休闲放松的作用大大减弱，很多景区以疏解游客之名扩展景区，盲目建设低水平同质化景点和游乐设施，造成了大量浪费和债务，旅游发展鲜有起色，甚至进入要被摘牌除名的境地。究其原因，在于没有把握好遗产地价值认知基础上的保护与利用，缺少有创新性的旅游产品，尤其缺少有本地特色、可以深度文化体验、自然体验的旅游产品。因此，风景名胜区的保护利用要建立在其本源价值研究的基础之上，充分展示体验其最具独特性的价值，在保护其原真性的前提下，通过创新性的游览方式、文创产品，独特的感知系统等形成系统性的旅游产品，运用智慧管理方式，组织好旅游活动，延伸旅游服务产品线，提高旅游品质。联合国教科文组织专门针对世界遗产地的可持续旅游提出了工作指导手册，这对非遗产地的风景名胜区也有重要的借鉴意义。

上海同济城市规划设计研究院有限公司（TJUPDI）新闻简讯

我院与同济大学出版社举办学术出版交流座谈会

2022年2月28日，同济大学出版社党委书记、董事长段存广、总经理金英伟、副总编高晓辉、总编办主任胡毅、融合出版中心主任吕炜等来我院走访座谈。我院规划院党委书记童学锋、院长周俭、副院长张尚武、院长助理江浩波、《理想空间》编委会副主任俞静等参加会议。

同济大学出版社领导介绍了出版社的发展历程、近年来的重要成果、“十四五”发展规划等情况。党委书记段存广及总经理金英伟均表示，建筑、城市规划、景观等学科是同济大学的优势学科，上海同济城市规划设计研究院有限公司又是国内最有影响力的规划设计机构之一，对于国家建设做出了巨大贡献，同济大学出版社希望未来与我院加强更进一步合作，形成“学—产”合作框架，探索策划出版的新模式，谋划出版包括《国土空间规划系列丛书》在内的一系列有分量、有价值、有影响的图书，提升同济规划的品牌影响力。规划院领导则表示，规划院是具有产学研融合特色的创新型企业，希望未来在学术成果、案例研究、科研创新、科普、城乡规划知识数据库等方面能够与同济出版社紧密合作、协同创新。

“基于新发展理念的城市更新方法和路径”城市设计研究院双月培训活动第五期成功举行

2022年2月28日下午，上海同济城市规划设计研究院有限公司城市设计研究院双月培训活动第五期在同济规划大厦举办。

本期培训活动主题为“基于新发展理念的城市更新方法和路径”，由城市设计研究院总工办、城市设计研究院城新所、城研所及规划院第七、第九支部主办。本期培训活动由城市设计研究院总工刘文波主持，常务副院长匡晓明致辞，城新所张运新、朱婷及城研所陆天赞、秦添结合项目实践展开分享交流。随后，本期活动特邀嘉宾田宝江副教授、葛岩副主任、城市设计研究院院长唐子来、常务副院长匡晓明、副院长付磊就四个报告进行了精彩点评。

同心战疫，共盼春来——同济规划院党委召开打赢疫情防控大仗硬仗专题组织生活会

面对疫情，为坚定信心，凝心聚力，打赢疫情防控阻击战，4月5日上午，同济规划院党委召开了打赢疫情防控大仗硬仗线上专题组织生活会。会上，童学锋书记传达了习近平总书记关于疫情防控重要指示精神和孙春兰副总理关于上海疫情防控工作的要求，介绍了目前上海市和学校的疫情防控形势；周俭院长介绍了规划院防疫情况和相关规定；会议还提出了各支部召开会议等要求。规划院党政班子成员、各党支部书记、疾控管理工作组成员参加了此次会议。

习近平强调，坚持就是胜利。各地区各部门各方面要深刻认识当前国内外疫情防控的复杂性、艰巨性、反复性，进一步动员起来，统一思想，坚定信心，坚持不懈，抓细抓实各项防疫工作。要始终坚持人民至上、生命至上，坚持科学精准、动态清零，尽快遏制疫情扩散蔓延势头。要提高科学精准防控水平，不断优化疫情防控举措，加强疫苗、快速检测试剂和药物研发等科技攻关，使防控工作更有针对性。要保持战略定力，坚持稳中求进，统筹好疫情防控和经济社会发展，采取更加有效措施，努力用最小的代价实现最大的防控效果，最大限度减少疫情对经济社会发展的影响。

会议强调，学校要求各支部要按时召开支部大会，且会议精神须传达至每一位职工，以统一思想、坚定信心、凝聚同心战疫的强大合力。会议还要求各支部可根据实际情况，于疫情期间召开会议，组织大家沟通交流。

空间规划云沙龙——“三区三线划定”应对策略及如何完善后续国土空间规划成果

为了督促各国土空间规划团队积极响应国家和部委的相关政策要求，同时激励大家在工作中互相取长补短，2022年5月5日下午，由我院质控部主办的“空间规划云沙龙——‘三区三线’划定应对策略及如何完善后续国土空间规划成果”以腾讯会议的形式在线上召开，参会人员有院领导、院总师、院总工、同济大学建筑与城市规划学院教授和全院各个国土空间规划项目参与团队，共有500多人参加了本次活动。

云沙龙由我院副总工程师倪春主持。倪春首先介绍了4月27日中共中央政治局常委、国务院副总理韩正出席“三区三线”划定工作电视电话会议并讲话的有关情况。我院非常重视会议所传达的精神，通过组织云沙龙来一起学习自然资函〔2022〕47号文《自然资源部关于在全国开展“三区三线”划定工作的函》和《全国“三区三线”划定规则》这两份文件，以此统一全院各国土空间规划项目工作团队的思想，帮助大家更好的理解和认识这次三区三线划定的具体规则和它的重要性，并进一步思考如何完善后续国土空间规划成果。

张尚武副院长的主旨发言以国土空间规划编制技术层面与自然资源行政管理之间“三个关系”入手，要求在国土空间规划成果编制中处理好“编和管”“上和下”以及“近和远”的关系。

张尚武副院长给全院国土空间规划项目团队提出两条建议：一是必须加强沟通，包括跟地方的沟通，包括院内各团队之间的沟通，共同思考三区三线划定的技术方案和完善好用实用管用的规划成果。二是希望多思考国土空间规划改革背景下整个技术体系改革的要求是什么？要带着思考在编制过程中不断加深对这些问题的认识。

之后，院内参与广东、浙江、山东、四川、江西五个试点省“三区三线”划示和划定工作的项目组代表分享了近一年来工作中的难点和问题并提供了各具特色的解决方案。在试点省项目组代表交流后，各研究院和教师工作室的代表也分别围绕“三区三线”划定规则依次发言。发言代表们认为本次划定规则很大程度的延续了原来第三轮试划的规则，比如生态红线基本稳定下来了，稳定耕地和永农的划定还是要基于现状和实事求是，集中建设区要基于所给的新增城镇建设用地规模来划定，要做好指标分配、市区县联动和上下衔接的工作；同时我们要迅速的把对新划定规则的理解传递给地方上的各级政府和部门，我们要给地方及时的讲、反复的讲、不厌其烦的讲，需要做好各种沟通和解释工作。

在各位发言代表分享了他们的经验和建议后，倪春建议全院国土空间规划项目组会后继续研究和学习，把好的经验吸收到各自项目中去。“三区三线”划定中有些问题不一定马上就会有明确的答案，需要部里和地方各级政府共同商定操作细则，也不一定只有一种解决方式，只有从实践中得到答案。

受院里委托，由倪春和宗立代表全院的技术审定团队谈了对全院国土空间规划项目成果审查工作的一些要求。按自然资函〔2022〕47号文中要求的6月15日和8月这两个时间节点和操作惯例，今年年底全国各级国土空间规划都会走上报批的程序。一个是时间非常紧，另一个是各地各级报批审查要点不完全一致，这就对我院国土空间规划项目审核审定管理提出很高的要求。院总工办要提前做好跟进各个项目组三

区三线划定和成果审查。五个试点省的国土空间总体规划项目成果要先行先试，主动和地方管理审批部门对接成果要求；同时其他非试点省项目组紧紧跟上，尽早和地方自然资源局及省厅主动对接，了解最新要求和方向，多掌握信息，要主动作为。院图数一致核查技术小组组长宗立谈了当前三区三线划定“数、线、图”一致的应对技术手段以及如何配合院总工办推进贯穿全流程的图数一致审查。

最后，王新哲副院长对本次云沙龙做了总结，并对全院下步国土空间规划工作开展提出四个要求：一是要“提高认识”，全院国土空间规划团队的思想认识要提高到贯彻国家大政方针的高度上来，我院作为规划行业的排头兵要有使命感，要勇于担当；二是要“提升能力”，设计单位终身负责制的压力是把双刃剑，对全院所有人来说都要重头开始学习，理解规则背后的逻辑，提升自身的技术能力；三是要“提振信心”，国土空间总体规划从2019年启动至今没有停歇，我们的工作责任重大，使命光荣，全院要提振信心，按照全国三区三线划定工作电视电话会议精神和韩正副总理重要讲话精神，全力以赴，稳妥有序地完成好这项基础性全局性的重要工作；四是要“提前安排”，各项目团队要提前思考项目中的创新性，找出创新点，完善“好用实用管用”的国土空间总体规划成果，成果要体现出上海同济城市规划设计研究院有限公司的水平和能力。

青年是中国规划事业发展的中坚力量：第十届金经昌中国青年规划师创新论坛成功举办

2022年5月21日，正值同济大学115周年校庆和建筑与城市规划学院70年院庆之际，第十届金经昌中国青年规划师创新论坛作为同济规划百年系列学术活动之一，通过线上方式成功举办。

本届论坛主题为“百年探索与面向未来”。从1922年开设“城市工程学”课程起，同济大学规划教育已经走过了整整一百年。论坛以同济规划教育百年为背景，回望历史，展望未来，聚焦青年规划师在中国规划事业发展过程中的担当和奉献，激励青年肩负起新的时代使命和历史责任。

论坛开幕式由同济大学建筑与城市规划学院副院长、上海同济城市规划设计研究院有限公司副院长张尚武教授主持，介绍了论坛举办的背景和本届论坛的主题，并邀请五位嘉宾致辞。

中国工程院院士、《城市规划学刊》主编、中国城市规划学会学会监事长、同济大学建筑与城市规划学院名誉院长吴志强教授作为本届论坛主题的倡导者，强调论坛自创办以来，聚焦青年是论坛的特色与核心，已成为推举青年人才、创新学科发展的重要平台，第十届论坛主题“百年探索与面向未来”更具有时代意义，“我们无法预估未来的发展，但一个国家、民族、城市、学校或学科，只要有青年人不断的探索，就是有希望的”。

同济大学党委副书记、学会常务理事彭震伟教授代表同济大学致辞，回顾了论坛创办历程，强调大学在国家发展中的责任和使命。特别提到习近平总书记担任上海市委书记时，曾在同济百年校庆时发表讲话，指出“同济的一百年，是与中华民族命运休戚与共的一百年；同济的一百年，是与祖国科教事业心手相牵的一百年；同济的一百年，是与上海城市发展相濡以沫的一百年”，希望论坛激励新一代规划师勇担重任，不断创新。

上海同济城市规划设计研究院有限公司院长、学会常务理事周俭教授认为青年规划师是未来规划事业发展的主力军，创新论坛要为青年规划师提供相互探讨、交流的机会。同济规划走过百年，前辈做出很多贡献，在规划转型和行业变革的特殊时期，希望青年规划师以国家发展为己任，不忘规划为人民服务，为规划事业和国家建设做出更多贡献。

同济大学建筑与城市规划学院院长李翔宁教授结合当前学科发展背景和现实挑战，认为规划议题呈现出快速更迭的态势，涌现出韧性城市、健康城市等新议题，后疫情时代的城市发展，规划设计要更多地思考如何能够更好的适应于人民的需求，期望未来更多的青年规划师能够担当使命，勇于创新。

中国城市规划学会常务副理事长兼秘书长石楠教授代表中国城市规划学会对同济大学115周年校庆、建筑与城市规划学院70周年院庆表示祝贺。认为青年规划师创新论坛已经成为中国城市规划学会的重要学术品牌活动，青年工作也是学会工作的重点内容，规划事业发展需要代代传承，既有老一代规划科技工作者的贡献，也需要青年规划师的不断创新。

开幕式最后，针对本次大会主题“百年探索与面向未来”，主持人宣布“同济大学学科发展历程和教育成果展”正式上线，同步启动教育部首批虚拟教研室：城乡规划专业（智能城市与智能规划方向）虚拟教研室。

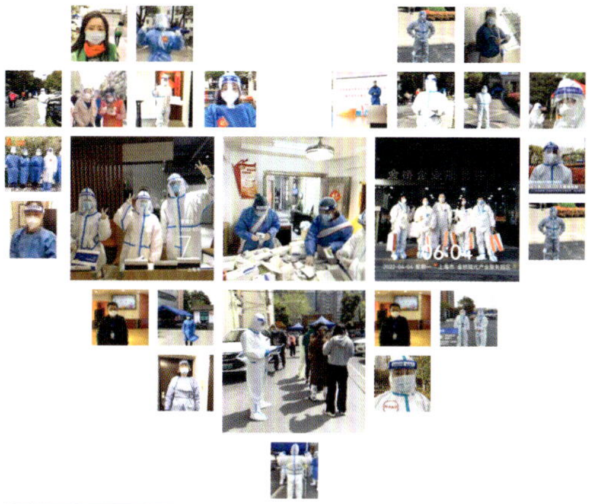

上海同济城市规划设计研究院有限公司（TJUPDI）新闻简讯

同济规划院第一届第一次工会代表大会成功召开

2022年7月13日，上海同济城市规划设计研究院有限公司第一届第一次工会代表大会在同济规划大厦408会议室以线上、线下相结合的方式召开。本次会议由同济规划院王新哲副院长主持，同济大学工会副主席赵晓燕、同济规划院党委书记童学锋、同济规划院院长助理江浩波出席会议。

同济规划院工会的成立，是我院发展史上的重要事件，它代表着企业对于员工权益的高度重视。从2022年1月起，整个筹备工作经历了多次酝酿、研究，历时6个月，迎来了大会的顺利召开。本次会议的主要任务是，听取和审议《工会筹备工作报告》《工会会员代表资格审查报告》，选举产生第一届工会委员会委员15名、工会经费委员会委员5名、工会女职工委员会委员5名。

地域文化 双城视角：京沪城市文化比较研究影像展成功开展

2022年8月8日，由中国城市规划学会城市影像学术委员会和中国城市规划协会规划展示专业委员会主办，上海城市规划展示馆、上海城市规划设计研究院、上海同济城市规划设计研究院有限公司、上海现代城市更新研究院、北京城市规划设计研究院及北京清华同衡规划设计研究院有限公司协办，丝路视觉科技股份有限公司和利亚德集团蓝硕文化科技（上海）有限公司支持，上海“建筑可阅读”联盟特别支持的《城影相间系列：地域文化 双城视角——京沪城市文化比较研究影像展》在上海城市规划展示馆开幕。

历经三十多年的快速城市化，我国城市建设取得了巨大成就。但也正如社会所反映的那样，近些年城镇风貌趋同、城市特色缺失的问题突出。为此，加强城市风貌特色的塑造、加强城市设计工作、提升城市品质，践行人民城市为人民的理念成为城市建设的重中之重。

此次展览呈现的是以影像为手段，城市文化比较研究的阶段性成果。在城市影像领域，京沪相关作品不可胜数，而金经昌先生系列作品堪称典范。展览以“向金经昌先生致敬”，来呈现他跨越上世纪三十年代至九十年代的影像作品，成为京沪文化比较研究重要的视觉表达。

本次展览在记录文献的同时，也把更多的视角转向市井生活的人文观察，分别以胡同里弄、工人新村、中央商务区、工业遗产、传统村落、传统园林等专题，展现北京与上海两座城市独特的景致与市民精神。

同舟共济 雪中送炭：同济规划院支援日喀则抗疫进行时

8月初，新冠肺炎疫情在西藏多地散发，这对西藏来说是一次重大挑战。这轮疫情也牵动着同济规划人的心。我院是“对口支援政策”的亲历者，同济规划人以实际行动践行党的初心使命，在长期对口支援日喀则的过程中，结下深厚的沪藏情谊。

西藏疫情形势逐渐严峻，日喀则市全域静默管理措施多次延长。8月22日，我院再次与日喀则有关方面联系，得知防疫物资已出现普遍短缺的情况。日喀则市自然资源局向我院发来了求助信息。院领导班子对此高度重视，童学锋书记、周俭院长第一时间做出指示，准备从我院物资储备中紧急拨付日喀则急需和短缺的相关防疫用品发往日喀则。

这场接力赛经过数次的航班延误和取消预警，最终经过了二十个小时日夜兼程后，承载着同济规划院深情厚谊的防疫物资于8月26日下午顺利抵达日喀则和平机场。

此时正值抗疫关键时刻，日喀则市自然资源局的全体人员或在隔离封控中、或在抗疫第一线，全局上下克服重重困难，及时协调有关方面，当天迅速将物资运抵局里。

这批物资极大缓解了日喀则市自然资源局的物资短缺困境，更为打赢这场抗击新冠肺炎疫情的战争提供了精神动力。8月27日，日喀则市自然资源局给我院来信，对我院展现出的社会情怀和责任担当表达了衷心感谢和诚挚谢意。

携手并肩，同心抗疫，助力建设团结富裕文明和谐美丽的社会主义现代化新西藏；沪藏一家，众志成城，终将在这场疫情防控阻击战中取得全面胜利！

喜迎二十大，奋进新征程：同济规划院以实际行动迎接党的二十大胜利召开

同济规划院以习近平新时代中国特色社会主义思想为指导，坚持党的领导，积极参与国家重大项目服务国家战略。用奉献践行使命，以服务展现担当。

规划院持续参与雄安新区、北京城市副中心、海南省 、云南云龙县定点扶贫等国家重大战略地区建设；以党建引领抓生产、提质量，获多个规划设计奖项，如“雄安新区创新产业空间布局的规划技术指南研究”“北京城市副中心总体城市设计方案”“上海2035规划传导机制和实施框架体系 ”等相关国家战略规划设计项目获全国、省市级优秀城乡规划设计一等奖。

规划院党委聚焦青年规划师群体，开展党建与专业双融合、双促进，邀请专家举办学术讲座，着力提升规划师学术能力；规划院党员深入社区和学校，普及学科知识。

规划院积极践行“人民城市人民建，人民城市为人民”理念，《杨浦滨江空间无障碍建设导则》配合杨浦区“杨浦滨江空间无障碍创新示范区”的创建工作获杨浦区政府常务会议审议通过。疫情防控中，规划院党员勇于担当、甘于奉献，积极参与社区志愿服务，在抗疫复产中起模范带头作用。

我院联合体获得「想象力之心」宁波象山人民广场片区实施性城市设计和概念性建筑与景观设计国际竞赛冠军

2022年10月7日，“想象力之心”宁波象山人民广场片区实施性城市设计和概念性建筑与景观设计国际竞赛的终审会与颁奖仪式于宁波象山成功举办，历时5个月的国际竞赛终于圆满落下帷幕。

经过慎重的评审过程，最终三家参赛单位从七强中脱颖而出。其中，隈研吾（Kengo Kuma）建筑都市设计事务所、同济大学建筑设计研究院（集团）有限公司、上海同济城市规划设计研究院有限公司所组成的联合体获得一等奖。

同济规划院成功举办2022全国大学生乡村规划方案竞赛成果评审及作品展

疫情绵连，依然挡不住我们坚定推进的行动。2022年11月20日，上海同济城市规划设计研究院有限公司在严格执行疫情防控规定的前提下，如期承办全国高等院校大学生乡村规划方案竞赛的成果评审活动，包括上海基地的村庄规划方案单元和全国乡村设计方案单元两部分，这也是疫情背景下上海同济城市规划设计研究院有限公司克服困难连续第四年提供承办支持。

尽管不同程度受到疫情防控影响，大多参赛各校团队仍然积极克服困难，高质量完成和提交成果，乡村设计方案单元共收到103个团队提交的方案，上海崇明基

地村庄规划方案单元共收到19个团队提交的方案。

本次竞赛及评审活动，已经纳入教育部产学合作协同育人项目。该活动及上海崇明竞赛基地，同时还得到了高校城乡规划帮扶联盟、上海市崇明区中兴镇人民政府、世界自然基金会（WWF）、上海脉策数据科技有限公司、上海市崇明东滩自然保护区管理事务中心、深圳市一个地球自然基金会、阿拉善SEE东海项目中心、深圳市红树林湿地保护基金会（MCF）、第一财经等机构的大力支持。

深化校企合作、助力学科建设，同济大学产教融合系列合作项目签约活动顺利举行

为深入校企合作，助力学科建设，2022年12月20日，同济大学产教融合系列合作项目签约活动在同济规划院举行，建筑与城市规划学院、职业技术教育学院、继续教育学院、同济大学出版社及上海同济城市规划设计研究院有限公司等单位携手深入开展系列合作。副校长雷星晖出席了本次活动。

活动包括“同济规划院—建筑与城市规划学院产教融合学科发展基金”“大学生实践——云龙发展基金”捐赠仪式；城乡规划学科发展出版工程签约仪式、同济出版社—职业技术教育学院合作签约仪式、同济出版社—继续教育学院（网络教育学院）合作签约仪式、教育部重点实验室—同济规划院联合科研签约仪式以及“自然资源部国土空间智能规划重点实验室”“中国技术经济学会低碳智慧城市专业委员会”“杨浦区博士后创新实践基地”揭牌仪式等，共九个产教融合项目。

其他出席本次活动的有同济大学对外联络与发展办公室常务副主任、上海同济大学教育发展基金会副秘书长陆英楠、党委宣传部副部长运迪；建筑与城市规划学院党委书记刘颂、副院长兼高密度人居环境生态与节能教育部重点实验室主任石邢、城市规划系系主任卓健、城市规划系教授兼中国技术经济学会低碳智慧城市专业委员会主任委员颜文涛；中德工程学院与职业技术教育学院党委书记冯一平；继续教育学院（网络教育学院）党委副书记张俊生；同济大学出版社党委书记董事长段存广、常务副总编辑高晓辉、总经理助理吕炜；上海同济城市规划设计研究院有限公司党委书记童学锋、院长张尚武、党委副书记纪委书记王晓庆、党委副书记肖达、常务副院长王新哲、院长助理财务部主任宋丽慧。

国家重点研发计划项目“国土空间优化与系统调控理论与方法”启动会成功举办

2022年12月24日，隶属于国家十四五重点研发计划“城镇可持续发展关键技术与装备”重点专项的“国土空间优化与系统调控理论与方法”项目启动暨实施方案论证会，以线上的方式成功举办。

该项目由我院院长张尚武教授担任负责人，联合南京大学、中国科学院地理科学与资源研究所、中国城市规划设计研究院、北京大学、浙江大学、国家基础地理信息中心、自然资源部第一海洋研究所、上海同济城市规划设计研究院有限公司、浙江省国土空间规划研究院共同开展。项目由多位院士、设计大师团队参与，形成多学科多专业联合，优势团队协同攻关模式，拟面向系统构建新时代国土空间规划理论方法，开展国土空间及经济社会活动形流规律认知和形流关系优化方面的研究。项目涵盖基础研究、应用研究和规划实践，形成产学研用全链条组合，下设五个课题，分别由同济大学、南京大学、中科院地理所和中国城市规划设计研究院专家领衔。

项目启动会由同济大学建筑与城市规划学院副院长袁烽主持，中国21世纪议程管理中心战略研究与区域发展处副处长孙新章、同济大学副校长童小华和同济大学建筑与城市规划学院院长李翔宁分别致辞。

专家组成员审阅了相关材料，对项目实施方案进行了质询讨论，认为项目围绕国土空间格局优化与系统调控这一国家重大战略需求，提出了理论研究、关键技术及应用示范三个板块的研究任务安排，技术路线科学，实施进度合理，组织保障措施有力及管理机制健全，符合项目指南及任务书要求，一致同意项目及课题实施方案通过论证。各位专家对研究目标任务、内容和价值提出了宝贵意见和建议，希望在执行阶段进一步聚焦重点，加强课题协同，项目负责人张尚武教授代表项目组就意见做了简要回应。

同济大学科研管理部杨华副部长，以及国家基础地理信息中心地理信息分析部副主任周治武、浙江大学吴宇哲教授、北京大学许立言研究员、上海同济城市规划设计研究院有限公司常务副院长王新哲、自然资源部第一海洋研究所刘大海主任、浙江省国土空间规划研究院副院长滕龙妹等六十余名项目骨干参加了启动会和讨论。

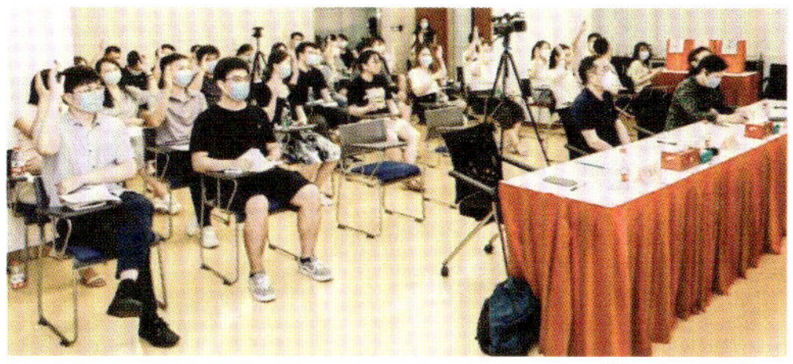

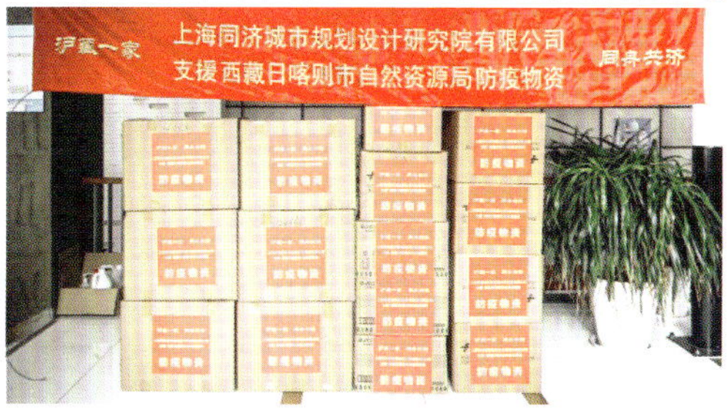

IDEALSPACE 理想空间合作单位

上海市城市规划设计研究院

负责人：张帆　职务：院长
Tel：021-62475904
Fax：021-62477739
地址：上海市铜仁路 331 号
邮编：200040
网址：http://www.supdri.com

北京市城市规划设计研究院

负责人：马良伟　职务：副院长
联系人：陈少军《北京规划建设》编辑部
Tel：010-68020386
Fax：010-68021880
地址：北京市西城区南礼士路 60 号
邮编：100045
网址：http://www.bmicpd.com

主编简介

刘　晓

同济大学城市规划学士，中欧国际工商学院EMBA，国家注册城市规划师，高级工程师，城市开发规划研究院启明规划设计所所长。从业20年，主持完成180余项规划设计项目，获得国家优秀城乡规划设计奖2项，发表论文10余篇，长期从事城市总体规划、风景旅游规划、控制性详细规划、城市设计，乡村规划的研究与规划实践。2018年获得上海市十佳青年规划师称号。曾主编《理想空间——新农村与城乡统筹发展》。

严国泰

1994年同济大学城市规划（风景园林方向）毕业，获工学硕士学位，2003年同济大学城市规划（历史文化名城保护方向）毕业，获工学博士学位。同济大学建筑与城市规划学院景观学系教授、博士生导师。曾任中国风景名胜区协会专家理事、中国地质学会旅游地学与地质公园专业委员会委员、上海市旅游协会常务理事、旅游教育分会副会长、住房和城乡建设部风景园林专家委员会成员。研究方向包括风景名胜区规划理论与实践、旅游规划理论与方法、历史城镇遗产保护与旅游开发等。出版著作《宝鸡天台山风景区总体规划》《江西龟峰风景区总体规划》《城市旅游发展规划案例研究》《历史城镇旅游规划理论与实务》《旅游规划理论与方法》等。